中等职业教育经济管理类改革创新教材

沟通能力训练

（第三版）

主　编　杨秀丽　刘凤芹

科学出版社

北　京

内 容 简 介

本书采用任务式结构从“乐于沟通”“准确表达”“积极倾听”“有效反馈”四个维度对人际沟通进行了知识提供和基本的能力训练，同时对“上司”“同事”“客户”，以及特定情境下的沟通行为也设置了重点训练。本书在内容的选取上尽可能考虑受众的阅读兴趣和学校教育的教学需求，在理论指导的基础上突出实践层面的可操作性，以任务为载体，融知识性、趣味性和可读性为一体。

本书既可以作为中等职业学校相关专业的教材，又可以作为培训机构或企事业单位的培训用书，对希望提升自身沟通能力的职场人士也有一定的参考价值。

图书在版编目（CIP）数据

沟通能力训练/杨秀丽，刘凤芹主编．—3版．—北京：科学出版社，2022.3
（中等职业教育经济管理类改革创新教材）

ISBN 978-7-03-070299-9

Ⅰ．①沟…　Ⅱ．①杨…　②刘…　Ⅲ．①人际关系学-教材　Ⅳ．①C912.11

中国版本图书馆 CIP 数据核字（2021）第 220034 号

责任编辑：薛飞丽 / 责任校对：王　颖
责任印制：吕春珉 / 封面设计：东方人华平面设计部

科学出版社出版
北京东黄城根北街 16 号
邮政编码：100717
http://www.sciencep.com
北京中科印刷有限公司 印刷
科学出版社发行　各地新华书店经销
*
2010 年 7 月第 一 版　2022 年 3 月第十六次印刷
2013 年 12 月第 二 版　开本：787×1092　1/16
2022 年 3 月第 三 版　印张：14 1/2
字数：343 000

定价：43.00 元

（如有印装质量问题，我社负责调换〈中科〉）
销售部电话 010-62136230　编辑部电话 010-62135120-2005

第三版前言

纵观人类的发展史，相较于其他物种，人类能够进化得更为迅速和充满智慧有很多因素，但是不可否认，一个非常重要的原因是人类具备复杂的语言沟通能力。通过语言沟通，即便是陌生人之间也能够快速通过语言进行信息交流和合作，这促使人类文明向前迈出了一大步。没有沟通就没有人际关系的互动，随着信息化时代的到来，工作和生活节奏越来越快，社会分工越来越细，信息层出不穷，沟通的重要性愈发凸显。不论沟通是否有效，沟通都无可争议地构成日常工作和生活的主要部分。有数据显示，管理工作中 70%的错误是沟通不畅造成的，成功的管理者通常会将 90%以上的工作时间用于部属之间的良性沟通。

职业教育作为一种教育类型，有别于普通教育的显著之处在于，其定位是在义务教育的基础上培养技能型人才与高素质劳动者。中等职业学校培养的学生将直接走上工作岗位，进入社会。学生在就读职业学校期间要获得职业能力和社会适应能力，为从学生变为职业人或社会人做好准备，沟通能力是最关键的基础能力。相关调查显示，绝大多数学生虽然有与人沟通和改善人际关系的愿望，但沟通意识和沟通技能欠缺，在人际交往过程中往往陷入困窘尴尬的境地。这些直接制约着他们各方面的发展。因此，大多数中职学校的专业培养目标包含沟通能力要求，并开设沟通课程。

为使本书更加适应时代的发展和满足读者的需求，编者在前两版的基础上微调了体例，修正了疏漏，强化了细节的把控，同时根据社会发展变化，补充了新的内容，如微信沟通形式的使用和技巧等。

本书由杨秀丽、刘凤芹担任主编并负责统稿，具体编写分工如下：张蕾编写项目一；牛羽编写项目二；杨秀丽编写项目三和项目四；刘凤芹编写项目五；余红霞编写项目六，项目七的任务三、任务四和项目八的任务四；刘秀丽编写项目七的任务一和任务二；马增良编写项目八的任务一和任务二；徐慧珍编写项目八的任务三。

由于编者的经验和水平有限，本书不足之处在所难免，恳请各位读者提出宝贵意见。

编　者

2021 年 3 月

第三版前言

第一版前言

沟通，是为了一个特定的目标，把信息、思想和情感在个人或群体间传递，并且达成共同协议的过程。有人曾说："沟通能力从来没有像现在这样成为个人成功的必备条件！一个人成功的因素，75%靠沟通，25%靠天分和能力。"在现代社会中，工作、生活节奏加快，人际交往趋于频繁，沟通可以让我们增进个体与社会的联系，形成一条牢固的情感纽带；也可以让我们通过与他人的信息交流，促进相互间的合作。因此，美国著名化工企业杜邦公司总裁夏皮罗感慨："没有一项对企业的作用力比得上适当的沟通。"沟通能力已经成为 21 世纪人才的重要素质之一。

作为一项重要能力，沟通是思维方法、认知水平、情商高低的具体体现。良好的沟通能力不是与生俱来的，只有在社会化过程中不断地接受系统训练才能习得。因此，本书的目标：实现"做中学"，通过运用沟通方法和知识去完成精心设计的案例、任务，使学生领悟沟通是什么，沟通为什么重要，如何成为沟通高手，并能在日常生活、学校生活和职业生活中努力强化主动沟通意识，养成及时沟通的习惯，运用正确沟通的方法，时时进行有效沟通，成为受上司信任、同事信赖、客户尊敬的职场人员及社会上受欢迎的人。

本书每个单元采用任务式的结构设计，每个任务由以下十一个部分构成。

名人名言：与任务内容有关，现代与古代、东方与西方、中国与外国的名句兼顾，并考虑学生的接受度和认同度，有激励和启发作用。

任务目标：明确任务目标。

任务描述：从社会生活、工作需要中提取典型任务，描述任务的效果或重要性。

任务分析：分析任务的内容，介绍完成任务的过程与方法，并启发探索解决问题更好方法的动机和兴趣。

相关知识：介绍必需、够用的沟通知识或管理知识。

相关链接：介绍相关的知识点。

拓展与提高：与任务间接联系的延伸的知识，或实现该任务的窍门、个性化经验、引发思考与行动的测试题等。

案例分析：所编或选的案例内容充分考虑学生的思维水平和接受能力，紧扣学习目标、贴合工作实际，对学生建构沟通意识和能力能产生一定的冲击和影响。

完成任务：绝大多数以表格形式呈现。任务或活动涵盖学习目标，具体，可操作，学生确实能"做"，通过"做"，学生确实能强化沟通意识，学到沟通的方法。"完成任务反馈表"便于学生归纳、整理、记录自己的感悟。

能力评价：采用三方评价，评价紧贴学习目标，具体，写实。学生自评包含自己的优势、劣势、努力目标和具体措施。这其实是秘书自我管理意识和能力的训练，也是提高沟通能力的良好途径。

课后训练：具体的沟通任务，与家庭成员、同学或社会上的职业人沟通，并做好记录，或在全班展示。

根据文秘专业的整体课程安排，本书不含书面沟通内容。

本书由刘凤芹、杨秀丽统稿，参加编写的有刘凤芹、杨秀丽、申磊（北京华娱无线科技有限公司副总经理）、兴华（East IP 集团行政经理）、余红霞、马增良、牛羽、张蕾、徐慧珍、刘秀丽等。林安杰、原素钢、焦东方、谢风来、童以鸿、高金宇、石含洲、杨伟博、黄玉华、牛立萍、叶军、肖颖、钟铮等对本书出版也做出了贡献。本书为“国家社会科学基金‘十一五’规划课题‘以就业为导向的职业教育教学理论与实践研究’子课题‘以就业为导向的中等职业教育文秘专业教学整体解决方案设计与实践研究’”的研究成果，课题总负责人邓泽民教授全程给予了悉心指导，子课题组组长林安杰对本书的编写工作给予了大力支持。

对本书学时的安排，编者建议：单元 1 为 12 学时，单元 2 为 16 学时，单元 3 为 12 学时，单元 4 为 12 学时，单元 5 为 16 学时，单元 6 为 12 学时，单元 7 为 12 学时，单元 8 为 12 学时，机动 4 学时，总计 108 学时。

由于编者水平有限，本书难免有不妥和疏漏，恳请广大读者批评指正。

目　　录

项目一 乐于沟通

当今时代是一个沟通的时代。通过沟通，今天水火不容的对手，明天可能变成共同合作的伙伴。只要有信心、有诚心、有爱心、有耐心，肯自己先退一步，沟通就有可能。要知道，这个世界不完全属于你，你也不可能全都是对的。如果将自己的底线放低些，着眼于利益共享、团结共荣，沟通就能成功。沟通能力训练的首要任务就是做好沟通前的准备，乐于沟通，树立信心，端正态度，明确目的，选择策略。

名人名言

假如人际沟通能力也是同糖或咖啡一样的商品的话，我愿意付出比太阳底下任何东西都珍贵的价格购买这种能力。

——约翰·戴维森·洛克菲勒

学习目标

- 能树立沟通的信心。
- 能端正沟通的态度。
- 能明确沟通的目的。
- 能选择沟通的策略。

任务一 树立信心

任务目标

1）能进行积极的自我心理暗示。

2）能鼓起勇气主动与人交流。

任务描述

小鹿刚参加工作不久，在与人沟通的过程中发生了一些误会，造成了工作损失，因此对自己的沟通能力产生怀疑，意识到自己在沟通方面存在着不足。于是，她从相关书籍中学习，在实践中积累沟通经验，认识到只要相信自己，并坚持不懈地学习、训练，自己就可以成为沟通高手。

名人名言

只要你充分地确信，并能按照你的信念去行动，那么，不管你想成为什么样的人，你都能办得到。因为头脑信的、想的，都是它能办到的。

——拿破仑·希尔

■任务分析

在潜意识里拒绝与人交流或害怕当众说话，并不是某一个人独特的心理，大多数人是这样，只是程度不同而已。即使是职业演说者，也不可能完全克服登台的恐惧，他们在演讲开始时或多或少地会表现出紧张，只不过他们能够迅速调整自己，进入镇静的状态。因此，你大可不必胆小地躲在自己给自己设定的框框里，那样只会使恐惧增多，从而使你的思维受到阻滞，言辞不够流畅，甚至连肌肉也会抖动起来无法控制，最终严重破坏你讲话的效果。因此，在为顺利沟通所做的准备中，首先要做的就是树立起自己的信心，相信自己能够成为沟通高手。具体来说就是，要学会积极进行自我心理暗示，并鼓起勇气主动与人交流。

相关知识

一、进行积极的自我心理暗示

1. 将“成为沟通高手”设定为目标

苏格拉底（Socrates）说过：“世间有一种能力可以使人很快完成伟业，并获得世人的认可，那就是令人喜悦的说话能力。”提高说话能力真的那么重要吗？答案是肯定的。

1）良好的说话能力可以受到别人的赞赏。每个人都可能有在公开场合发言、讲话甚至演讲的机会。试想一下，当你自信地站在讲台上，面对着台下全神贯注的听众，发表一番深入浅出、幽默诙谐、思想深刻的演讲时，将会得到多么热烈的掌声、多少赞许的目光和由衷的赞叹。

2）可以结交更多的朋友。如果你每天都抬着下颚，脸上挂着微笑，眼睛里闪烁着真诚，主动向他人问候；在与人的交谈中，你能够恰如其分地表达自己的想法，恰到好处地回答他人的提问，艺术地提出请求或批评；聚会时，你能用幽默和智慧给大家带来欢乐……做到这些，你还担心结交不到好朋友吗？

3）有助于身心健康。当你试着和别人说话并且感觉良好的时候，你的自信心会随之增强，性格会变得越来越温和，这就表示你已经能够很好地驾驭自己的情绪，而良好的情绪又会使你的身体更加健康。所以，只要有机会，就主动与别人说话。这样做，不仅会使你的说话能力越来越好，还会让你感到神清气爽、精神焕发。

由此可见，“成为沟通高手”会给你带来许多好处，所以你一定要将“成为沟通高手”设定为自己的目标，并努力去实现它。

2. 给自己积极的心理暗示

对大脑进行的最新研究表明，只要有足够积极的自我暗示和设想，加上适当的训练，一个人就能够学会做任何事情。要想实现“成为沟通高手”的目标，你可以从以下几个方面进行积极的心理暗示。

（1）相信一切皆有可能

比尔·盖茨（Bill Gates）大学肄业却成为世界首富；斯蒂芬·J. 凯纳尔（Stephen J. Cannell）患有阅读困难症，却能建立起自己的电视剧本工作室，雇用2000多人为他工作，后来还写作并出版了11本畅销书。他们首先做的就是相信自己能行，并开始行动。相比较而言，“成为沟通高手”对你来说应该是比较容易的事。

（2）把“我不能”抛到脑后

“我不能”或“我真希望我能”之类的话会让人变得软弱。人的大脑天然的功能就是解决人们给它指定的种种问题，达到种种目的。人的所想所说，会在实践中影响人的行为。因此，当你说“我不能”的时候，你就不会指派大脑去做那些需要的事，当然也就无法达到成功的目的。因此，要把“我不能”抛到脑后。

（3）别太在意别人的看法

有时别人的看法会影响一个人对自己的判断，如果太在意别人的看法，你就很难给自己积极的心理暗示。实际上，人们总是忙着关心自己的生活，而不会总是想着你。请记住“18/40/60原理”：在你18岁的时候，你总是担心周围人怎么看待你；等你到了40岁的时候，你才不会理会其他人怎么看待你；等你到了60岁的时候，你终于知道，根本没人会在意你。

（4）赶走消极的自我暗示

美国心理学家的一项调查表明，在宴会上与陌生人接触时，大约有3/4的人会感到局促不安。当你在许多场合与人交流时，不管准备得是否充分，都可能会有不自信的感觉袭来，带给你消极的暗示：虽然已准备得相当充分，但还是担心会疏漏什么；担心听众比自己的水平高，自己所讲的内容不会引起他们的兴趣；担心可能会出现突发事件；担心在说话过程中有人打断；等等。对待这些消极的暗示，你要毫不留情地将它们赶走，不去想象那些不好的事；看着对方的眼睛，信心十足地说话，不让自卑感或羞怯感占上风。

二、鼓起勇气主动与人交流

1. 增强意志力

要实现“成为沟通高手”的目标，只有积极的心理暗示还不够，还需要专心致志的训练、坚持不懈的努力、不达目的不罢休的韧劲，归根到底就是需要顽强的意志力。练习沟通能力和练习其他任何能力一样，都不可避免地会遇到困难、挫折。那些沟通高手中只有极少数拥有与生俱来的沟通天赋，更多的则是普通人。他们成功的原因在于他们在遇到困难的时候，从未对自己失去信心，坚信自己一定能实现目标；他们愿意迎接挑战，说服自己坚持下去。

2. 用别人的成功激励自己

其实你的身边一定有许多这样的人：他们本来内向害羞、不善言辞，但经过一段时间的学习和训练后，他们消除了恐惧，能够在聚会上侃侃而谈，甚至能当众发表精彩演讲。试着去了解他们的经历，你就会得到激励。当你对自己的沟通能力产生怀疑时，可以这样想：他能做到，为什么我不能做到？这样你就能鼓起勇气。

3. 不放过每个练习的机会

不下水就永远学不会游泳，不主动与人交流也永远不会成为沟通高手。不论你懂得多少关于沟通的理论知识，都不能说明你已经成为沟通高手，只有通过反复练习、实践才能真正掌握沟通技巧。大文豪乔治·伯纳德·萧（George Bernard Shaw）向别人介绍自己提高沟通能力的经验时说："我借鉴了自己学溜冰的方法——让自己一个劲儿地出丑，直到学会为止。"不怕别人笑话，抓住每个练习的机会，逐渐地就能在他人面前从容不迫地讲话。实际上，说话的机会到处都有。例如，在参加一些活动的时候，主动做一些需要讲话的工作；在聚会上可以站起来说几句，哪怕只是随声附和；在开会时命令自己勇敢地站起来说话，而不是躲在角落里一言不发。

相关链接

信心来自成功体验的积累，而成功的沟通与你的思维方法、知识结构、记忆牢固程度和经验积累有很大关系。

1. 训练思维

语言是思维的外化，语言表达的是思维活动的结果。如果思维不严密、不清晰、不敏捷，沟通就不会顺畅。因此，对思维方法进行有针对性的训练，有助于增强沟通能力。

（1）定向思维

定向思维是一种按照在生活中积累的经验进行常规的思考的思维方式。例如，火是热的，会烫伤人的皮肤，所以你不会主动碰它。定向思维的特征是任何问题都有经验可循，不需要过多的思考；或者任何问题都有一个框框，不能打破这个框框。

（2）逆向思维

逆向思维也称求异思维，是一种对司空见惯的似乎已成定论的事物或观点反其道而进行思考的思维方式。例如，人们的习惯性思维是从已知条件推出结论，但是逆向思维会将其反过来，从结论往回推，倒过来思考，从求解回到已知条件。反过来思考问题，也许你会发现问题可以更简单，因此解决起来也就变得轻而易举。许多聪明的人正是运用逆向思维，才得到重大发现，创造出惊天动地的奇迹。司马光砸缸的故事大家都很熟悉，有个小孩儿掉进水缸，常规的思维模式是救人离水，而司马光面对紧急情况，运用了逆向思维，果断地用石头把缸砸破，让水离人，救了小伙伴的性命。

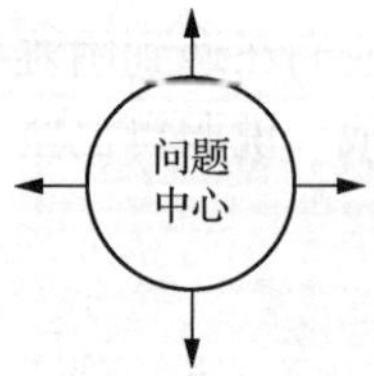

图 1-1 发散思维

（3）发散思维

发散思维又称"辐射思维""放射思维""多向思维""扩散思维"，是一种从一个目标出发、沿着各种方向思考、探求多种答案的思维方法。发散思维如图 1-1 所示。不少心理学家认为，发散性是创造性思维最主要的特点，是测定一个人创造力的主要标志之一。从不同方面思考同一个问题，如一题多解、一事多写、一物多用等方式，可以培养一个人的发散思维能力。

2. 积累素材

善于沟通的人在与人交谈的时候，一般会选择自己熟悉的题材。有人将题材与素材的关系比作你想吃的水果和你的篮子里所拥有的水果之间的关系。如果你积累了很多的素材，就可以在说到不同话题时信手拈来，而不会搜肠刮肚，找不出话题。积累素材的方法通常有以下几种：①从书本中学来；②从生活中得来；③搜集名言警句；④灵活加以运用。

3. 牢记人名

人都是最关心自己的，如果你能在一次见面后就记住别人的姓名，对方会觉得你很在意、尊重他。记清楚他人的姓名，通常应做到以下几点。

1）用心记住对方的姓名。把记住别人的姓名当作一件重要的事情。每当认识新朋友时，一定要听清楚对方的姓名，并牢牢记住；如果没有听清楚，你可以让对方将其姓名写下来。因为汉字中的同音字很多，让对方写下来，不仅显示你对他的尊重，还有利于你的记忆。

2）姓名和具体的人要对应起来。别太信任自己的记忆力，在接到对方名片后，先把他的特征、嗜好、专长、生日等记在名片背后，以帮助记忆。若能配合照片另制资料卡，则更理想。

3）反复使用，协助记忆。重复一个人的姓名能够加强记忆。因此，在初次谈话中，要有意识地多叫几次对方的姓名。如果对方的姓名中含有比较难写的生僻字，不妨请教其姓名的写法或取名字的经过。以姓名作为话题交谈更能加深印象。

拓展与提高

沟通兵法

一、以退为进

当沟通陷入僵局，或者摸不到对方的底，让你觉得对方高深莫测的时候，打破僵局的一种好办法就是自己先退一步，静观其变。

关于这一方法，意大利艺术家米开朗基罗•博那罗蒂（Michelangelo Buonarroti）的做法值得我们学习。

米开朗基罗•博那罗蒂最伟大的作品，应该是他的大理石雕刻大卫像，但当他刚雕刻好大卫像时，主管这项工作的官员跑去看，竟然不满意。

“有什么地方不对吗？”米开朗基罗•博那罗蒂问。

“鼻子太大了！”那位官员说。

“是吗？”米开朗基罗•博那罗蒂站在雕像前看了看，高声说道：“可不是吗？鼻子是大了一点，我马上改。”说着就拿起工具登上架子，叮叮当当地敲打起来。

随着米开朗基罗•博那罗蒂的凿刀，许多大理石粉掉落下来，那官员不得不躲到一边去。

过一会儿，米开朗基罗•博那罗蒂修改完了，爬下架子，请那位官员再去检查：“您看，现在可以了吗？”

官员看了看，高兴地说：“是啊！好极了！这样才对啊！”

送走那位官员之后，米开朗基罗•博那罗蒂马上去洗手，因为他刚才登上架子前先偷偷抓了一小块大理石和一把石粉，爬到上面后只是做做样子，他根本就没有改动原来的雕刻。

如果米开朗基罗不这样做，而跟那位官员争执，会有这么完满的结果吗？

在沟通的过程中，许多事情只可意会，不可言传，经常没有能够遵循的标准，而只能凭感觉，所以“感觉”在沟通中非常重要。很多情况下，你主动让一步，让对方的感觉变好，问题也就容易解决了。嘴上不饶人的人，往往会吃大亏。

例如，两个人吵架，只要有一方先说对不起，沟通就成功了一半。如果两边争执，只要有一边知道先让步，无论是出于真心还是假意，事情就会变得顺利许多。常留三分空间给别人，能使彼此都获得更大的天空。

二、拉近距离

沟通的第一步是要找到切入点，而这个切入点通常就是彼此的共同兴趣、共同利益，回避一切可能产生分歧的东西，抓住一切能够引起共鸣的题材。这一步做好了，接下来的事就好办了。在切入交谈之后，应寻找一些只有少数人有共鸣、别人没感觉的东西，这也是拉近距离的好方法。

下面这段对话虽然发生在夫妻之间，但是对我们有重要的借鉴意义。

一对夫妻吵架，谁也不理谁。

“今天女儿考得好不好？”丈夫先开口了。

“不好！”太太还没好气。

“唉！其实我小时候功课也不好。不过这孩子可是真聪明。我看呐，比我聪明。”

“希望也比我聪明，将来别挑个牛脾气的老公。”

“噢！对了，她那个拼图拼好了吗？”

“拼好了。”

“真的啊？你有没有帮忙？”

“我哪有闲工夫？”

“都是她自己拼的？”

“当然！”

“太厉害了！在哪里？带我看看，我真的很想看看。”

“自己去看。”

“拜托嘛！我找不到。”

于是太太带着老公推开小孩的房门。

“你瞧！女儿睡觉的样子多美。”丈夫说道。

“是啊！”

“就像你，希望将来脾气也像你，别让她丈夫欺负了。”

“扑哧”……太太笑了。

三、学会幽默

很多人可能会思考，世上最好的沟通方法是什么？答案应该是幽默。想一想，在一个棘手的问题面前，如果能够用几句幽默的话使大家会心一笑，不是太高明了吗？幽默，常常不直接面对问题，而是采取迂回的方式，所以不会给人太尖锐的感觉。幽默更多时候是一种机智，在突发事件面前，在紧张的气氛中发生，这才真正反映了幽默者的智能，令人叹服。当人们在叹服时，往往就已经对你产生好感，也自然就容易接受你的意见。所以在西方社会，幽默被当作一种杰出的能力。

下面让我们通过两个故事来感受、学习幽默的沟通。

1. 幽默救命

坊间有一个广为流传的小故事。在英法战争打响的时候，偏偏法国著名的哲学家伏尔泰（Voltaire）正在英国旅行，落在了愤怒的英国人手里。伏尔泰被抓起来，带上绞刑台。“把他吊死！把他吊死！”英国人喊着。幸亏他的英国朋友及时赶来，大叫：“他是学者，不参加政治，不能把他处死。”

“但他是法国人！”愤怒的群众吼道：“是法国人就该死。”

双方争执不下的时候，伏尔泰举起双手，说道：“能不能让我这个要死的人，说几句真心话？”现场一下子安静了。“各位英国朋友！”伏尔泰对着群众鞠了个躬，“你们要惩罚我，只因为我是法国人，但是各位想想，我生为法国人，却不能生为高贵的英国人，这件事本身，对我的惩罚还不够吗？”

英国人全笑了起来。伏尔泰最终被释放。

2. 机智解危

皇帝久病，有一天突然病情好转，精神大振。已经很久没有操心政事的皇帝早就焦急不已，立刻召百官上殿。

京城的大道上，路过一辆又一辆马车。百官都以最快的速度赶往皇宫向皇上恭祝龙体康泰，唯恐慢人一步。结果，最后一个到达的是当朝宰相。

皇帝火冒三丈，责问道：“朕今天好不容易舒服些，召你们进宫，你身为宰相，反而最后到达，你难道不为朕高兴？你是何居心？”

“请皇上息怒！”宰相从容不迫地说，“皇上，您久病，举国上下都为您忧心，突然看见各官员的马车，急急忙忙地往宫里来，百姓的心里就疑惑不安了。”宰相又趋前一步，恭敬地说，“所以臣特地叫车子慢慢走，做出从容、祥和的样子，于是，百姓一下子都由忧转喜，现在举国都在为您龙体大安庆祝呢！”

原本怒气冲冲的皇帝，听了宰相的一番话，反而高兴起来，笑道：“宰相毕竟是宰相，朕没看错人呐！”

以上沟通技巧都可以在日常生活中加以运用。此外，沟通的技巧还有很多，在后面的内容中，本书会一一进行介绍。

案例分析

某公司一个要害部门的经理位置空缺，部门里全是一等一的人才，大家争得头破血流。最后，居然来了“空降兵”，小王从别的部门被调来担任新的经理。

小王上任那天，大家摩拳擦掌，准备给小王一点颜色。“凭什么让一个外行人来领导我们。”几个原来争权的主管竟然团结在一起。

在就职会上，小王笑着深深一鞠躬：“我能到这里来担任经理，全要感谢大家。因为这里的能人太多，据说提升谁当经理，都是不公平的。所以公司领导就派我这么一个有傻福的傻人来了。”下面发出一阵笑声。

小王继续说：“傻人就像蜡烛的芯，处在蜡烛的最高点、最中心，看起来最亮。其实啊，他最惨了，被火烧得焦黑焦黑的。你们看看我这么瘦，能被火烧几下啊？”大家又笑了。

小王再鞠一躬恳切地说道：“最重要的一点，蜡烛芯自己烧不了多久，全靠四周的蜡油。所以，拜托！拜托！各位先生，我全靠你们了，请大家帮忙，别让我被烧焦了！”

一屋人都笑弯了腰，把要修理小王的事全忘了。

（资料来源：佚名，2018.感悟沟通[EB/OL].（2018-05-19） [2021-01-15]. https://wenku.baidu.com/view/d59b7e1f182e453610661ed9ad51f01dc28157a8.html.）

分析：

1）小王为什么没被“修理”？

2）从小王的话中分析，他提前做了哪些准备？

3）你愿意用小王来激励自己吗？

完成任务

1）试着像小王一样做一次当众致辞。

2）请与学校的一些部门工作人员沟通，然后填写部门工作人员调查表，如表 1-1 所示。（至少五个部门，每个部门至少两人）

表 1-1 部门工作人员调查表

部门	工作人员姓名	职务	工作内容	个人兴趣爱好	对方签名
德育处					
教务处					
校办					
图书馆					
招生办					
就业办					
后勤处					

3）将完成任务 2）的情况填入完成任务反馈表，如表 1-2 所示，并在全班或组内交流。

表 1-2　完成任务反馈表

沟通次数		沟通地点			
项目	遇到的困难	①	②	③	
积极的心理暗示					
如何说服自己坚持					
运用的沟通技巧					
得到的结果					
对自己的认识					
我怎样成为沟通高手				签名	
教师意见				签名	

能力评价

一、自我评价

学生填写“树立信心”能力学生自我评价表，如表 1-3 所示。

表 1-3　“树立信心”能力学生自我评价表

主要内容		自我评价等级（在符合的情况下面画“√”）			
		全都做到了	大部分做到了	基本做到了	没做到
能进行积极的自我心理暗示					
能鼓起勇气主动与人交流					
自检评价	我的优势				
	我的劣势				
	我的努力目标				
	我的具体措施				

二、小组评价

组长填写“树立信心”能力小组评价表，如表 1-4 所示。

表 1-4　“树立信心”能力小组评价表

主要内容	自我评价等级（在符合的情况下面画“√”）			
	全都做到了	大部分做到了	基本做到了	没做到
能进行积极的自我心理暗示				
能鼓起勇气主动与人交流				
建议：				
组长签名：				年　月　日

三、教师评价

教师填写“树立信心”能力教师评价表，如表 1-5 所示。

表 1-5 “树立信心”能力教师评价表

评价等级	评价标准	备注
优秀	很好掌握了树立信心的方法，能够自信地进行有效沟通	
良好	较好掌握了树立信心的方法，能够自信地进行沟通	
合格	基本掌握了树立信心的方法，基本能够自信地进行沟通	

职业能力拓展

1）“朝三暮四”这个成语我们都知道，在沟通中，“朝三暮四”与“朝四暮三”有分别吗？在小组或全班同学面前阐述你的理由。

朝 三 暮 四

有个养猴子的人对猴子说：“早上给你三个果子吃，晚上给你四个果子吃。”猴子们都不高兴。养猴子的人马上改口说：“这样吧！早上给四个，晚上给三个。”猴子们马上开心了。

2）记录一次参加聚会与人沟通或当众讲话的经历，在课上与全班同学分享。

任务二 端 正 态 度

名 人 名 言

己所不欲，勿施于人。

——孔子

任务目标

1）能够做到不自私、不自我、不自大。

2）能够主动关心对方。

3）能够积极响应对方。

任务描述

秘书小辛这几天很高兴，她草拟的集团公司年度工作会议方案顺利通过领导的审查，没做多少修改就获得批准。会议的各项准备工作井井有条地展开了。领导又安排小辛草拟会议通知，交集团公司领导审核、签发后，尽快印发下去，以便与会人员提前做好准备。

任务分析

人们通常认为沟通需要的是技巧，而事实上“态度决定一切”，每次成功的沟通都是以“心”作为起点的。很多人不注重内心修养的提高，一味地注重技巧，这其实是一种本末倒置。如果你没有一颗沟通的“心”，不能端正自己的态度，即使掌握了沟通技巧，也是没有用的。

相关知识

一、不自私、不自我、不自大

“你的事情与我无关！”“我都说得这么明白了，你怎么还问？”“我都说了要这么做，你还啰嗦什么？”这些话表露出一种自私、自我、自大的心态，每个人听到都会反感。但在生活中，我们经常会听到这样的话。如果你以这样的态度和别人沟通，沟通的效果当然不会很理想。所以在沟通之前，要调整好心态，做到不自私、不自我、不自大。

1. 多为别人着想

在沟通之前，除了要确定自己的沟通目的，还要站在对方的角度进行思考，考虑对方是否乐于和你沟通，考虑对方通过此次沟通会得到什么等。多为对方着想，让对方感受到你的真诚，将有助于双方之间进行有效沟通。

2. 肯定别人，欣赏别人

以欣赏的眼光看待别人，了解并肯定别人的价值，这样才能接纳对方的思想、建议甚至意见，从而让沟通更有效。

二、主动关心对方

1. 了解对方的背景

在沟通之前，要提前了解对方的背景信息，如民族、宗教信仰、籍贯、生活习惯等。你不仅可以依据这些背景信息向对方表示真诚的关心，还能够确保在沟通中不会冒犯对方，避免引起不必要的误会。

2. 关注对方的情绪

人的情绪有高涨、有低落。在沟通之前，你只有捕捉到对方的情绪变化，进而洞察他的内心所想，才能给予他真正需要的关心，后面的沟通才会有效；相反，若你忽视对方的情绪，则可能会造成对方的不满，甚至引发冲突。

3. 关注对方的困难

在沟通之前，要了解对方的困难、问题、痛苦、需求与不便。这样，你就能有的放矢地关心对方，尽力帮助对方解决困难，让对方感到你的诚意，沟通也就水到渠成了。

三、积极响应对方

除了你主动与别人沟通的情况，有时候也会有人主动和你沟通。这种情况下，你必须以积极主动的态度去响应对方，切忌态度冷淡、消极、推诿、逃避甚至敌对。积极响应通常表现为表情亲切，言语温和，肢体语言恰当、得体，态度友好等。

相关链接

保持良好沟通心态的技巧

1. 控制情绪

众所周知，并不是所有的沟通都能够畅通无阻，当在沟通过程中遇阻时，一定要控制好自己的情绪，避免情绪紧张而导致攻击性行为或防御性行为的出现。此时可以适度转移注意力，同时用语言表达自己对对方观点的理解。控制好自身的情绪也有助于影响对方的情绪。

2. 问题聚焦

在沟通过程中，如果双方观点不一致，那么要把焦点放在不赞成对方的观点或思想上，而非针对对方本人。同时，避免轻率地将对方的观点全盘否定，也许那只是不同的人对待不同事物的方式有异而已。

3. 足够耐心

在沟通过程中双方具备足够的耐心是非常必要的。缺乏耐心容易导致沟通中断甚至破坏性争执的出现。足够的耐心至少能体现出对于双方沟通的尊重和重视。

4. 保持谦逊

谦逊的态度对于解决问题尤其是冲突问题将大有裨益。要知道每个人都有可能会犯错误，我们自己也不例外，但如果你对他人保持一贯的谦逊态度，将会有助于赢得对方的尊重和信任，他们会更容易宽恕和原谅你偶尔出现的失误。在沟通过程中，如果出现冲突要保持谦逊，以理智的方式加以处理。

5. 制订沟通计划

需要面对特定的或重要的沟通时，可以提前制订沟通计划，做好准备工作。例如，调查收集重要数据，准备一些书面材料，预设谈话的关键要素等。制订沟通计划时一定要充分获取对方的相关信息，力争做到有的放矢，以期达到良好的沟通效果。

6. 合作共赢

沟通的目的是双方观点达成一致，所以一定要把对方看成合作伙伴，而非对手。沟通双方不一定是朋友，但一定不是敌人。共赢才是沟通的终极目标。

拓展与提高

人是社会的动物，社会是人与人相互作用的产物。卡尔·马克思（Karl Marx）曾经说过："一个人的发展取决于和他直接或间接进行交往的其他一切人的发展。"因此，沟通能力是一个人生存与发展的必备能力，也是一个人成功的必要条件。

一、沟通能力的重要性

沟通能力在当今社会中的重要性主要表现在以下几个方面。

1）职业活动需要沟通能力。随着时代的发展，各行业的人员不仅需要专业知识和技能，还越来越需要与他人沟通的能力。

2）社会活动需要沟通能力。人们每时每刻都离不开实践活动，因此就不可避免地要与他人沟通，因为现实的实践活动需要有一定的沟通能力。

3）个人身心健康需要沟通能力。沟通也有助于个人身心的健康。与家人沟通，你能够享受亲情的温暖；与恋人沟通，你能够品尝到爱情的甘甜；在孤独时，沟通会使你得到安慰；在忧愁时，沟通会使你得到快乐。

二、提高沟通能力的方法

要想提高一个人的沟通能力，通常应掌握以下几种方法。

1）悉心倾听，不打断对方，眼睛不躲闪，全神贯注地听对方说话。

2）勇敢表达，坦白地讲出自己的内心感受、想法和期望。

3）不能口出恶言，恶言伤人往往会招致灾祸。

4）对事不对人，你在表达自己的看法时，要以当下发生的事情为焦点，不要多说不相干的话。

5）理性沟通，有情绪时避免沟通。

6）敢于认错，勇于承担责任。

7）要有耐心，也要有智慧。

8）学会拒绝，当遇到自己不能答应的提议时，应当委婉又坚决地拒绝对方。

三、经典的沟通原则

与人沟通的主要原则包括以下几点。

1）讲出自己内心的感受，哪怕是痛苦和无奈。

2）不批评、不抱怨，批评和抱怨是沟通的刽子手，只会让沟通的结果更糟糕。

3）尊重他人，如果对方不尊重你，你就要适当地要求对方尊重。

4）有情绪的时候不要与人沟通，更不要向别人承诺，或者轻易做决定。

5）适时说声对不起，这是沟通的软化剂。

6）当事情陷入僵局时，要耐心等待转机。

案例分析

有家工厂即将倒闭，几百名工人面临失业。他们不但拿不到遣散费，而且可能拿不到工厂欠的工资。工人们齐聚在厂长办公室的门口抗议，要工厂拿出解决办法。

“工厂就在大家的眼前。”厂长说：“你们都看到了，也看到过去两年产量的低下。现在就算把工厂拍卖，只怕都没人买。就算卖掉，先还银行贷款，大家也只能分到较少的钱。”

怎么办？让工人把厂里的计算机、空调搬回家？把工厂烧了泄愤，然后被警方拍照、搜集证据之后去坐牢？还是冷静善后？

厂长用了最聪明的方法，他说：“工厂是大家的。如今工厂拖欠大家钱，我们就组成项目委员会，把工厂按比例分给大家，人人都是股东、老板。少拿点薪水，努力工作，先坚持几个月看看。赚了，是大家的；赔了，再关门也不迟。”

工人们想了想，现在把工厂砸了，什么也拿不到，不如自己当老板，继续工作。

6个月下来，因为人人觉得是在为自己做事，所以特别卖力，工厂居然起死回生了，而且越来越兴旺，不久便还了债，还发展成更大的工厂。

（资料来源：刘墉，刘轩，2003. 双赢的沟通[J]. 生存（12）：32-33.）

分析：

1）厂长是以怎样的态度与工人进行沟通的？

2）工厂的起死回生和厂长的沟通能力有关系吗？

完成任务

1）记录沟通事例，填写端正态度案例分析记录表和端正态度能力记录表，如表 1-6 和表 1-7 所示。

表 1-6　端正态度案例分析记录表

沟通的心		是否做到	具体证据
能够做到不自私、不自我、不自大	多为他人着想		
	肯定、欣赏他人		
能够主动关心对方	了解对方的背景		
	关注对方的情绪		
	关注对方的困难		
能够积极响应对方			

表 1-7　端正态度能力记录表

沟通事件	不自私、不自我、不自大的表现及语言	关心对方的表现及语言	积极响应对方的表现及语言
①			
②			
③			
④			

2）在完成以上任务后填写完成任务反馈表，如表 1-8 所示。

表 1-8　完成任务反馈表

项目		内容			
沟通前的准备	目的				
	态度				
	策略				
沟通中的表现	沟通次数		沟通地点	①　②　③	
	遇到的困难				
	解决的办法				
	最后的结果				
沟通后的反思	得到的收获				
	存在的问题				
	改进的措施				
对方意见				对方签名	

能力评价

一、自我评价

学生填写“端正态度”能力自我评价表，如表 1-9 所示。

表 1-9　“端正态度”能力自我评价表

主要内容		自我评价等级（在符合的情况下面画“√”）			
		全都做到了	大部分做到了	基本做到了	没做到
能够做到不自私、不自我、不自大					
能够主动关心对方					
能够积极响应对方					
自检评价	我的优势				
	我的劣势				
	我的努力目标				
	我的具体措施				

二、小组评价

组长填写“端正态度”能力小组评价表，如表 1-10 所示。

表 1-10　“端正态度”能力小组评价表

主要内容	自我评价等级（在符合的情况下面画“√”）			
	全都做到了	大部分做到了	基本做到了	没做到
能够做到不自我、不自大				
能够关心对方				
能够积极响应对方				
建议：				
组长签名：				年　月　日

三、教师评价

教师填写“端正态度”能力教师评价表，如表 1-11 所示。

表 1-11　“端正态度”能力教师评价表

评价等级	评价标准	备注
优秀	沟通态度端正，很好掌握了端正沟通态度的方法和技巧	
良好	沟通态度比较端正，较好掌握了端正沟通态度的方法和技巧	
合格	沟通态度比较端正，基本掌握了端正沟通态度的方法和技巧	

职业能力拓展

欣赏别人。

从身边的家人、同学或教师中选择 5～10 人，寻找他们身上的优点，填写人物的优点及评价表，如表 1-12 所示。

表 1-12　人物的优点及评价表

人物	优点	评价

任务三　明确目的

名人名言

说话不考虑，
等于射击不瞄准。
——塞万提斯·萨维德拉

任务目标

1）能提前确定沟通的目的。

2）能坚持实现沟通的目的。

3）能努力分辨对方的沟通目的。

任务描述

小鹿从职业学校商务文秘专业毕业后来到秋实公司担任总经理秘书。在一次参加讨论员工绩效考核的会议时，有一个领导说：“人力资源部门的绩效考核应该与员工培训挂钩。”于是，大家便脱离了绩效考核这一主题，把话题转向培训。这样，会议 1/3 的时间都被用于讨论培训，原本要讨论的绩效考核却没有得出讨论结果。因此，小鹿认识到无论干什么事情，明确目的都是非常重要的。

任务分析

沟通是人与人之间进行信息传递的过程，在这个过程中，信息发出者和接收者都是沟通的主体，信息发出者也是信息产生的源泉。信息的沟通可以以语言、文字或其他形式为媒介，沟通的内容除了信息所包含的内容，也包括情感、思想和观点的交流。每次沟通都会有一个目的或目标，即想通过这次沟通达到什么目的或实现什么目标。其他的交流都是为实现这个目的服务的，因此在沟通的过程中必须时刻注意交流内容是否符合这个目的。

相关知识

一、提前确定沟通的目的

每次沟通之前，你需要考虑这样的问题：“我为什么要进行这次沟通？我这次沟通的目的是什么？”在沟通之前确定沟通的目的有两个好处：一是可以使沟通更有针对性，从而提高沟通的效率；二是有助于选择正确的沟通对象、时机和策略等。通常可以从以下几个方面确定沟通的目的。

1. 流通信息

当今时代被称为信息时代，全面准确地掌控各种信息，对于每个人来说都是至关重要的。因此，沟通就是为了让信息始终保持通畅，防止信息链断裂导致信息丢失。

2. 影响对方

通过陈述某些事实引起对方的思考，以使对方的见解受到影响。

3. 表达情感

向对方表露自己的感受、态度、看法、观点及见地，使自己的情感能渗入对方的内心，从而使对方产生共鸣。

4. 建立关系

通过暗示彼此间的交情、友谊，建立友善或敌对的关系，敌对的关系可能会引起对方巨大的反应，有时也会有利于沟通。

二、坚持实现沟通的目的

忘记沟通目的会导致沟通失败。在沟通的过程中，许多人会出现“一沟通就忘了沟通的目的”的问题。沟通之前，原本确立了明确的目的，但在沟通过程中被一些细枝末节或毫无意义的琐事分散精力，扰乱思路，以致中途停顿下来，或走上岔路，忘记原先追求的目的，导致沟通无效。因此，能够坚持预定的沟通目的非常重要。

在沟通过程中，坚持预定的沟通目的通常应注意以下几点。

1. 时刻牢记沟通的目的

有意识地注意沟通的全过程，随时问自己：我的沟通目的是什么？现在跑题了吗？用这种方法不断地自我提醒来确保对沟通内容、对象、策略等的选择，始终都是为了实现沟通的目的服务的。

2. 发现跑题应该及时转回

当发现跑题时，应当及时将话题转入自己需要的话题。这时，为了不伤害对方，你可以使用这样的表达方式：“您的建议很好，但是我们现在先讨论……”“这个问题的确需要重视，我们可以会下再讨论。” “对不起，打断一下，我们先谈……可以吗？”“我们还是回到正题吧。”“咱们言归正传。”

3. 坚持目的的同时兼顾情感的维系和关系的保持

在沟通中，如果双方的观点或立场发生重大分歧，为了维系情感和保持关系，你要学会妥协、让步，适当调整沟通的目的。一般可以这样说：“对不起，刚才我可能太着急了，没有考虑你的感受，你看我们是不是可以……”同时向对方提出一个可选择的方案，或者说：“看来你不同意我的说法，那你说说你的想法吧。”

三、努力分辨对方的沟通目的

当有人主动与你沟通时，你需要努力分辨对方的沟通目的，并根据对方的沟通目的和自身的实际情况确定自己的沟通目的。分辨对方的沟通目的的方法通常有以下几种。

1. 从对方的言谈中分辨

每个人在沟通之前的目的不一定很明确，所以不要在对方说第一句话时就草率地认为自己明白了对方的沟通目的，而是要认真倾听，从对方的言谈中分辨其真实的沟通目的。

2. 从对方的表情神态、肢体语言中分辨

最常用的问候语“您好”配以微笑和主动地上前握手与配以冷脸一张所传递出的沟通目的有着天壤之别。因此，你应当学会察言观色的本领，从对方的表情或举止中发现对方的沟通目的。

3. 从你对对方的了解中分辨

相当大一部分沟通对象是你所熟悉的人，对于这些人，你可以根据对方的性格、人品、身份地位、为人处世的习惯等方面来分辨其沟通目的。

4. 从所处的不同场合分辨

同样的一句话，在公开场合说和私下说表达的沟通目的可能不同。例如，如果领导在公开场合说：“小宋，你可要努力了。”这显然就是对小宋的一种批评或警告。如果在私下说这种话，就是对小宋的提醒或关心。

相关链接

在沟通之前确定自己的目标是非常重要的。如果没有明确的目标，沟通者就没有必要浪费时间去进行沟通。确定目标可以使沟通更有针对性，从而提高沟通效率。沟通目标可以分为以下三个层次。

一、总体目标

总体目标是沟通的总目的，它是沟通者预期的一切目标的概括性陈述。

二、行动目标

为了更好地实现沟通者的总体目标，沟通者应确定自己具体的行动目标。它是指导沟通者走向总体目标的具体的、可度量的并有时间限制的阶段性目标，即到某一具体时间达到的某一具体目标。

三、沟通目标

沟通目标是更为具体的目标。它以行动目标为基础，确定沟通者希望对方如何对自己的口头沟通和书面沟通做出反应。

拓展与提高

从一般意义上讲，沟通就是信息发出者通过一定的渠道将信息传递给接收者，并寻求反馈以达到相互理解的过程。它包括以下几层含义。

一、沟通是信息的传递

沟通首先是信息的传递，信息通常包括语言信息和非语言信息两种。

1. 语言信息

语言信息包括口头语言信息和书面语言信息，两者所表达的是一种事实或个人态度。口头语言信息沟通是所有沟通形式中最直接的一种，其优点是快速传递和即时反馈。这种传递方式可以使信息在最短的时间内被传递，并在最短时间内得到对方答复。书面语言信息则具有便于展示和保存等优点。在表达上，书面语言信息比口头语言信息更周密，逻辑性更强，条理更清楚，而且有利于信息的复制和广泛传播。

2. 非语言信息

非语言信息是指通过除语言和文字外的其他媒介符号传递的信息，包括副语言信息和身体语言信息等。语言在沟通中起到方向性或规定性的作用，非语言信息则能够准确反映话语的真正思想和感情。同样的一句话，如果语气、语速、语调，声音的高低不同，面部表情和体态动作不同，那么其所反映的思想和感情内容也不同。非语言信息在沟通中可以起到支持、修饰或否定语言信息等作用，有时还可以直接代替语言信息，甚至表达出语言难以表达的情感内容。

二、信息不仅要被传递，还要被充分理解

在完美的沟通过程中，信息经过传递后，接收者所感知到的信息内容应与发出者发出的信息内容完全一致。这就要求信息在传递过程中保持完整，而接收者也必须准确领会发出者的原意。

三、有效的沟通并不仅是沟通双方达成一致的意见，还是准确地理解信息的含义

在沟通过程中，并不是一定要让别人接受自己的观点才算沟通有效。如果一方明确地理解了对方所说的意思，即便不同意对方的看法，也算是有效的沟通。

四、沟通是一个双向、互动的反馈和理解过程

人们每天都在进行沟通，但这并不意味着每个人都是成功的沟通者。沟通不是一个纯粹单向的活动，沟通的目的不在于行为本身，而在于结果。如果沟通的结果是对方并没有对你所发出的信息做出反馈，就不能称为沟通，而只能称为传播。

案例分析

宋秘书是天宇房地产公司的新闻发言人。一天，他接到电视台的来电，邀请公司派人过去做一个专访，并承诺在黄金时间播出。宋秘书心想："上电视为公司做宣传，而且不花一分钱，这应该是好事。"就答应了电视台接受专访。

进了演播室，宋秘书开始紧张起来。记者似乎并不是要为天宇公司做正面的宣传，而是一味地追问天宇公司开发的住宅小区工期延误的真正原因，并请来了几位没能按期拿到房子的业主出面声讨。面对记者的逼问和业主们不依不饶的责难，宋秘书出于安抚的目的，不得不透露公司财务周转出现困难的情况。

该期节目播出后，引起了极大的反响，更多的业主聚集到公司办公楼前要求退房，天宇公司的股票因此大跌。经理得知后，大发雷霆，当即决定解雇宋秘书。

（资料来源：编者根据相关资料整理。）

分析：

1）宋秘书的目的是什么？电视台的目的是什么？

2）宋秘书是否坚持了他的目的？

3）如果你是宋秘书，你会怎样处理电视专访这件事？

完成任务

组织义卖活动，用义卖的收入捐助贫困山区失学儿童或本地福利院的孤残老人。同时完成下列任务。

1）组织小组讨论，确定义卖活动的主题、口号、行动方式（时间、地点、物品、负责人）等。每组选出一位记录员，用录音工具或笔记的形式，记录小组讨论的实况并填写义卖活动讨论记录，如表 1-13 所示。

表 1-13　义卖活动讨论记录

内容	成员							
	成员一	成员二	成员三	成员四	成员五	成员六	成员七	备注
主题								
口号								
时间								
地点								
讨论结果	主题							
	口号							

续表

内容	成员							
	成员一	成员二	成员三	成员四	成员五	成员六	成员七	备注
讨论结果	时间							
	地点							

2）根据实况记录进行分析：在讨论过程中，大家沟通的优劣情况如何，是否始终围绕沟通的目的进行讨论，并达成目的。

3）记录沟通事例，填写沟通事例记录表，如表 1-14 所示。

表 1-14　沟通事例记录表

沟通事例	提前确定的目的	表达目的用语	对方的回应	你认为对方的目的是什么	坚持实现目的的用语
①					
②					
③					
④					

4）在完成以上任务后填写完成任务反馈表，如表 1-15 所示。

表 1-15　完成任务反馈表

项目		内容				
沟通前的准备	目的					
	态度					
	策略					
沟通中的表现	沟通次数		沟通地点	①	②	③
	遇到的困难					
	解决的办法					
	最后的结果					
沟通后的反思	得到的收获					
	存在的问题					
	改进的措施					
本次活动指导教师意见				签名		

能力评价

一、自我评价

学生填写“明确目的”能力学生自我评价表，如表 1-16 所示。

表 1-16　“明确目的”能力学生自我评价表

主要内容	自我评价等级（在符合的情况下面画“√”）			
	全都做到了	大部分做到了	基本做到了	没做到
能提前确定沟通的目的				
能坚持实现沟通的目的				

续表

主要内容		自我评价等级（在符合的情况下面画“√”）			
		全都做到了	大部分做到了	基本做到了	没做到
能努力分辨对方的沟通目的					
自我评价	我的优势				
	我的劣势				
	我的努力目标				
	我的具体措施				

二、小组评价

组长填写“明确目的”能力小组评价表，如表 1-17 所示。

表 1-17 “明确目的”能力小组评价表

主要内容	自我评价等级（在符合的情况下面画“√”）			
	全都做到了	大部分做到了	基本做到了	没做到
能提前确定沟通的目的				
能坚持实现沟通的目的				
能努力分辨对方的沟通目的				
建议：				
组长签名：				年 月 日

三、教师评价

教师填写“明确目的”能力教师评价表，如表 1-18 所示。

表 1-18 “明确目的”能力教师评价表

评价等级	评价标准	备注
优秀	很好掌握了明确沟通目的的方法，能够根据沟通目的进行有效沟通	
良好	较好掌握了明确沟通目的的方法，能够根据沟通目的进行沟通	
合格	基本掌握了明确沟通目的的方法，基本能够根据沟通目的进行沟通	

职业能力拓展

新学期开始了，张玲和王蕾的关系较好，张玲很喜欢打王蕾的头来表示亲昵，王蕾很讨厌这种开玩笑的方式，却不知道怎么表达。有一次，王蕾说了“不要打我的头。”可是张玲觉得她是在开玩笑，还是继续以这种方式跟王蕾打招呼。慢慢地，这对好朋友越来越疏远。

讨论：

1）如果你是王蕾，要怎么说才能解释清楚自己讨厌这种打头的亲昵行为而又不伤害张玲呢？

2）如果你是张玲，想表达与好朋友亲密的感情，但知道对方并不喜欢你的这种表达方式时，你会怎么做？

3）在以往的沟通过程中，你是否和别人发生过误会？误会是怎样发生的？和同桌演练一下当时的情景，尝试采用新的沟通方式来交流，看看有什么效果。

任务四 选择策略

任务目标

1）能选择适当的沟通场合。

2）能选择适当的沟通时机。

3）能选择适当的沟通方式。

任务描述

小鹿经常需要向上司汇报工作，开始她认为这是工作的一部分，是理所当然的事情，所以便根据自己的时间安排来与领导沟通；而且说话直来直去，经常直言不讳地提出自己的看法。有时会赶上上司刚要外出，或者上司心情不好，或者上司正忙着，但是小鹿并没有注意到这些问题。最后，上司终于忍不住了，沉下脸来说：“非要现在说吗？”小鹿这才意识到正确选择沟通策略的重要性。

任务分析

在与人沟通的时候，不仅需要考虑场合、时机及话题，还需要讲究说话的方式。因为在人际交流的过程中，人们注意和感兴趣的不仅是语言本身所表达的内容，还有其与一定的场合相符合的气氛和效应。人只要说话就要受到场合的影响，任何语言对其所处的环境都有一定的依附性。也就是说，同样的语言在不同的场合、时机和对象面前，它的含义是大不一样的。因此，选择的沟通场合、沟通时机和沟通方式不同，所产生的沟通效果也不同。

名人名言

一个人必须知道该说什么，一个人必须知道什么时候说，一个人必须知道对谁说，一个人必须知道怎么说。

——彼得·德鲁克

相关知识

一、选择适当的沟通场合

选择适当的沟通场合是促成有效沟通的重要因素之一。你要从实际出发，根据沟通的目的和对象，选择沟通的场合，让沟通的内容与场合气氛一致，以便对方理解和接受你的意图。

1. 根据沟通目的选择沟通场合

从实现沟通目的的角度出发，选择有利于沟通目的的实现的场合。例如，领导给下级布置工作，大多要把下级叫到自己的办公室里谈话，因为办公室的氛围无形之中给人一种“下级服从上级”“认真看待工作”“一定要顾全大局”之类的心理暗示，从而使领导处于主动地位。同样是谈公务，如果是请有关单位协助配合，就不应当把他们叫到自己的办公室来谈，而是应当主动登门拜访。这样显得对对方更尊重，也充分体现了自己的诚意，使对方更容易接受你的要求。如果不是谈公务，而是对某人表示关心，那么最好到这个人的家里去看望，或邀请对方到一个较为清静和轻松的场合去聊天。

2. 根据沟通对象选择沟通场合

沟通对象的性别、年龄、民族、身份、生活习惯及与自己的关系远近等方面，也是选择沟通场合的重要因素。如果选择的沟通场合不适当，就会影响沟通效果，甚至导致沟通失败。例如，与不喜欢吃西餐的人沟通，就不要选择西餐厅；与喜欢打网球的人沟通，就选择网球馆。

二、选择适当的沟通时机

在合适的时候说合适的话，往往会产生意想不到的沟通效果。当说的时候不说，往往错失良机；不当说的时候乱说，达不到沟通的效果，有时还会堵塞沟通的渠道。可见，选择合适的沟通时机很重要。

1. 根据沟通目的选择沟通时机

对于不同的事情需要选择不同的时间进行沟通，这样才能使沟通更有效。例如，当你要对事物进行说明，希望引起对方的思考，从而影响对方的见解时，你最好选择对于双方来说都比较方便，而且不会被他人打扰的时机，这样才能保证你有足够的时间向对方进行充分地解释说明，对方也有足够的时间来理解和接受我们，确保实现沟通目的。

2. 根据沟通对象选择沟通时机

最好不要选择对方正在紧张工作的时候去沟通，因为这时候他没有充分的时间与你沟通。如果在有限的时间内仓促地沟通，很有可能达不到沟通的目的，甚至还可能因沟通不充分而产生误会。当对方感到焦急的时候，如果你的沟通目的不是缓解对方的焦急心情，就不要沟通，因为这时对方根本没有心情听你讲话。当对方盛怒的时候，如果你不能使对方息怒就贸然前去沟通，一定会遭到拒绝或受到斥责，不仅达不到沟通的目的，还可能给对方留下不好的印象。当对方与你在一起娱乐的时候，他的心情可能比较轻松愉快，这时与他进行沟通很容易达到理想的效果。

三、选择适当的沟通方式

1. 根据沟通目的选择沟通方式

沟通的方式多种多样，从实现沟通目的的角度出发，选择适当的沟通方式，往往可以使难以实现的目标变得很容易；反之，则可能出现任务描述中提到的尴尬结局。因此，与人沟通时，应当根据不同的目的选择不同的沟通方式，具体包括以下几种。

（1）语句温和

希望对方接受你的想法时，可以在陈述句后面加上语气助词“吧”“吗”“啊”等，这样能够使语气显得温和，给人以商量的感觉。例如，“价格就这样了。”改为“价格就这样了吧！”“这个问题我们就不谈了。”改为“我们不谈这个问题好吗？”后者的语气显得温和，不那么生硬，更容易被对方接受。

（2）先扬后抑

在沟通中需要表达不同意见时，应该选择先扬后抑的沟通策略，即以赞成的内容开头，以否定的内容结尾，这样说虽然也提出与对方意见不同的看法，但给对方的感觉并非彻底否定，容易使人接受。例如，“你讲得很有道理，但是……”“我完全同意你对问题的分析，不过……”。

（3）巧妙推脱

在表示拒绝时，你可以把“不行”改成“这件事目前办理有困难”“对不起！我们帮不了您，我们可以帮您找找其他的方法”等，这样说既可以巧妙推脱，又不会伤害对方。

2. 根据沟通对象选择沟通方式

在与人沟通的时候，要根据沟通对象的性别、年龄、性格、身份、思维习惯、认知水平及其与自己的关系亲疏等因素，选择适当的沟通方式。这样可以使沟通更加顺畅、有效地进行。与不同的对象沟通，可以采用以下两种方式。

（1）单刀直入

如果双方熟悉，用不着过多的寒暄，不妨以“无事不登三宝殿”的姿态，开门见山，直接说明要办什么事情，存在什么问题，有什么要求，等等。但是直来直去，往往会显得很生硬，所以，对不是很熟悉的人，或者在不了解对方心情的情况下，直来直去可能会使人产生唐突的感觉，因此应当避免使用这种方式。

（2）委婉曲折

对于不是很熟悉的人，可以先不动声色地聊家常，讲一些新闻，说一些笑话，等到气氛比较融洽，双方谈得比较投机的时候，引入正题。这样显得顺理成章、水到渠成，因此更容易被对方接受。

相关链接

沟通是一个双向、互惠互利的过程，无论采用哪种方式进行沟通，都要学会从对方的角度考虑问题，懂得换位思考，形成双赢的沟通理念。

一、单方面有利的沟通会造成潜在的不良后果

通过要小聪明损害他人的利益而得到的东西都是暂时的。这样做不但不会得到大的收获，反而会埋下日后可能随时爆发的某种危机。如果在与人交往过程中贪图小便宜，一旦被对方发觉，失去的将不仅仅是一个朋友，更是自己做人的原则和人格。

二、沟通的双方都应该是受益者

沟通本身就是双方进行思想上、情感上的交流，从而实现互利互惠的目的的过程。站在对方的角度思考问题，把“双赢”作为双方沟通的目标，是沟通的一种境界。

三、树立替他人考虑的态度

在与人沟通的时候，除了考虑自己，还应当考虑对方。具体应当做到以下几点。

1）从对方的角度看问题。

2）尊重对方。

3）维护对方的自尊心。

4）强调对方希望了解的事情。

5）关注对方的需求。

四、有效沟通的制约因素

要想达到有效沟通的目的，就应当去除不利于沟通的制约因素。因此，在沟通之前，你应当先从以下两个方面考虑各种可能的制约因素。

1）作为沟通主体，你应当思考如下问题：遇到不喜欢的人，但为了工作又需要去沟通，我该怎么办？在沟通过程中，应当首先替他人着想，满足他人的需要是一种付出，我能做到吗？心甘情愿的付出，并且要心理平衡，我能做到吗？沟通的过程本身就是树立自我形象的过程，我想过这个问题吗？

2）作为沟通客体，你应当思考如下问题：在沟通过程中我会感到心情舒畅吗？对方能站在我的角度上考虑问题吗？我的人格能够得到尊重吗？在交往过程中，对方能够接纳我吗？

没有人愿意和“以自我为中心”的人打交道。在与人沟通的过程中，如果事事从自己的角度来考虑问题，再高明的沟通技巧也于事无补。

拓展与提高

自　　评

1）当你阐述自己的重要观点时，别人却不想听你说，你会（　　）。

A. 马上气愤地走开

B. 很生气，停止阐述

C. 等等看还有没有说的机会

D. 仔细分析自己的原因，找机会用另一种方式去说

2）去参加老同学的婚礼回来，你很高兴，而你的朋友对婚礼的情况很感兴趣，这时你会（　　）。

A. 详细诉说从你进门到离开时所看到和听到的一切相关细节

B. 说些自己认为重要的

C. 朋友问什么就答什么

D. 告诉他自己很累了，没什么好说的

3）你正在主持一个重要的会议，而你的一个下属在玩弄他的手机并有声音干扰了会议现场，这时你会（　　）。

A. 幽默地劝告下属不要玩手机

B. 严厉地叫下属不要玩手机

C. 装作没看见，任其发展

D. 给那位下属难堪，让其下不了台

4）你正在向老板汇报工作时，你的助理急匆匆地跑过来说有一个你的重要客户的长途电话，这时你会（　　）。

A. 让助理告诉对方你在开会，稍后再回电话过去

B. 向老板请示后，去接电话

C. 说你不在，让助理问对方有什么事

D. 不向老板请示，直接跑去接电话

5）去与一个重要的客人见面，你会（　　）。

A. 与平时一样随便着装

B. 只要穿得不太糟就可以

C. 换一件自己认为很合适的衣服

D. 精心打扮一番

6）你的一位下属已经连续两天下午请了事假，第三天上午快下班的时候，他又拿着请假条过来说下午要请事假，这时你会（　　）。

A. 详细询问对方请假的原因，然后做决定

B. 告诉他今天下午有一个重要的会议，不能请假

C. 很生气，什么都没说就批准了他的请假

D. 很生气，不理会他，不批准他的请假

7）你刚到一家公司就任部门经理，上班不久，你就了解到本来公司中有几个同事想担任你的职位，老板不同意，才招了你。对这几位同事你会（　　）。

A. 主动认识他们，了解他们的长处，争取成为朋友

B. 不理会这个问题，努力做好自己的工作

C. 暗中打听他们，了解他们是否具有与你进行竞争的实力

D. 暗中打听他们，并找机会为难他们

8）与不同身份的人讲话，你会（　　）。

A. 对身份低的人说话，你总是漫不经心

B. 对身份高的人说话，你总是有点紧张

C. 在不同的场合中，你会用不同的态度与之讲话

D. 不管在什么场合中，你都是一样的态度与之讲话

9）在听别人讲话时，你总是会（　　）。

A. 对别人的讲话表示很感兴趣，记住所讲的要点

B. 请对方说出问题的重点

C. 在对方讲没必要的话时立即打断他

D. 在对方不知所云时走神或做别的事

10）在与人沟通前，你认为比较重要的是，应该了解对方的（　　）。

A. 经济状况、社会地位

B. 个人修养、能力水平

C. 个人习惯、家庭背景

D. 价值观念、心理特征

评分方法：

题号为1、5、8、10者，选A得1分，B得2分，C得3分，D得4分；其余题号选A得4分，B得3分，C得2分，D得1分；将10道测验题的得分加起来，就是你的总分。

结果分析：

如果你的总分为10~20分，说明你经常不能很好地表达自己的思想和情感，所以你也经常不被别人了解；许多事情本来是可以很好地解决的，却因为你采取了不合适的方式把事情弄得糟糕。但是，只要你学会控制自己的情绪、改掉一些不良的习惯，就能够获得他人的理解和支持。

如果你的总分为21~30分，说明你懂得一定的社交礼仪，能够尊重他人；能通过控制自己的情绪来表达自己，并能实现一定的沟通效果。但是，你缺乏高超的沟通技巧和积极的主动性，许多事件只要你再努力一点，就可以大功告成。

如果你的总分为31~40分，说明你很稳重，是控制自己情绪的高手，所以他人一般不会轻易知道你的底细；你能不动声色地表达自己，有很高的沟通技巧和人际交往能力；只要你能明确意识到自己性格的不足，并努力优化，就能取得更好的成绩。

案例分析

在一家医院的病房里，医务人员正在抢救一个危重病人。这时，一位前来接班的医生指着病人向另一个医生问道："他还有戏没戏？"在场的病人家属听了这句话后很生气，不依不饶地责怪："怎么，你们拿我们的性命当儿戏呀？"因此引起了一场风波。

（资料来源：戴尔·卡耐基，2006. 演讲与口才[M]. 刘祜，译. 北京：中国城市出版社.）

分析：

1）病人家属为什么会生气？

2）我们通常会在什么情况下说"有戏没戏"这句话？你能举个例子吗？

3）如果你是这位医生，你会怎样说、怎样问、怎样处理这场风波？

完成任务

运用所学知识并结合生活实际，填写"选择策略"任务表，如表1-19和表1-20所示。

表 1-19　“选择策略”任务表

主要内容		场合		时机		方式		备注
		合适	不合适	合适	不合适	合适	不合适	
任务一	向父母提出假期外出游玩的请求							
任务二	教师批评了你，可是事实上教师了解到的情况和实际情况有出入，因此你要和教师进行进一步的沟通							
任务三	作为办公室秘书，向上级领导汇报工作并沟通感情							

表 1-20　完成任务反馈表

<table>
<tr><th colspan="2">项目</th><th colspan="5">内容</th></tr>
<tr><td rowspan="3">沟通前的准备</td><td>目的</td><td colspan="5"></td></tr>
<tr><td>态度</td><td colspan="5"></td></tr>
<tr><td>策略</td><td colspan="5"></td></tr>
<tr><td rowspan="4">沟通中的表现</td><td>沟通次数</td><td></td><td>沟通地点</td><td>①</td><td>②</td><td>③</td></tr>
<tr><td>遇到的困难</td><td colspan="5"></td></tr>
<tr><td>解决的办法</td><td colspan="5"></td></tr>
<tr><td>最后的结果</td><td colspan="5"></td></tr>
<tr><td rowspan="3">沟通后的反思</td><td>得到的收获</td><td colspan="5"></td></tr>
<tr><td>存在的问题</td><td colspan="5"></td></tr>
<tr><td>改进的措施</td><td colspan="5"></td></tr>
<tr><td colspan="2">本次活动指导教师意见</td><td colspan="2"></td><td>签名</td><td colspan="2"></td></tr>
</table>

能力评价

一、自我评价

学生填写“选择策略”能力自我评价表，如表 1-21 所示。

表 1-21　“选择策略”能力自我评价表

<table>
<tr><th colspan="2" rowspan="2">主要内容</th><th colspan="4">自我评价等级（在符合的情况下面画“√”）</th></tr>
<tr><th>全都做到了</th><th>大部分做到了</th><th>基本做到了</th><th>没做到</th></tr>
<tr><td colspan="2">能选择适当的沟通场合</td><td></td><td></td><td></td><td></td></tr>
<tr><td colspan="2">能选择适当的沟通时机</td><td></td><td></td><td></td><td></td></tr>
<tr><td colspan="2">能选择适当的沟通方式</td><td></td><td></td><td></td><td></td></tr>
<tr><td rowspan="4">自检评价</td><td>我的优势</td><td colspan="4"></td></tr>
<tr><td>我的劣势</td><td colspan="4"></td></tr>
<tr><td>我的努力目标</td><td colspan="4"></td></tr>
<tr><td>我的具体措施</td><td colspan="4"></td></tr>
</table>

二、小组评价

组长填写“选择策略”能力小组评价表，如表 1-22 所示。

表 1-22 “选择策略”能力小组评价表

主要内容	小组评价等级（在符合的情况下面画“√”）			
	全都做到了	大部分做到了	基本做到了	没做到
能选择适当的沟通场合				
能选择适当的沟通时机				
能选择适当的沟通方式				
建议：				
组长签字：			年　月　日	

三、教师评价

教师填写“选择策略”能力教师评价表，如表 1-23 所示。

表 1-23 “选择策略”能力教师评价表

评价等级	评价标准	备注
优秀	① 能够很好掌握沟通策略的选择 ② 在小组活动中积极主动，协作性强	
良好	① 较好掌握沟通策略的选择 ② 在小组活动中比较积极主动，协作性较强	
合格	① 基本掌握了沟通策略的选择 ② 在小组活动中基本上积极主动，协作性较强	

职业能力拓展

为了更好地帮助自己认识沟通的意义，提高沟通能力，请在课后完成下列任务。

1）浏览本校的校园网网页，了解网站想要传达的信息，并查看哪些信息对自己有益。

2）结合所学知识，填写沟通策略案例表，如表 1-24 所示。

表 1-24 沟通策略案例表

案例	休闲散步	同学关系	会上发言	请示上级	批评下属
选择温和语句的具体表现					
选择先扬后抑语句的具体表现					
选择巧妙推脱语句的具体表现					
选择单刀直入语句的具体表现					
选择委婉曲折语句的具体表现					
选择其他策略语句及其具体表现					

项目二
准确表达

在工作和生活中，要想准确表达自己的思想和感情，就必须使用语言。语言是人类分布最广泛、最普遍的一种能力，语言表达能力是现代人才必备的基本素质之一。语言表达除了口头表达，还包括声情表达、肢体表达和服饰表达。语音语调、面部表情、眼神、动作、手势和服装打扮等都能辅助我们传递需要表达的信息。

名人名言

要训练你善于辞令，你必先提起兴趣，同时注意对方的兴趣，而所说的问题要有道理、有层次，说话的声音要清楚、婉转，态度要和气。

——戴尔·卡耐基

学习目标

- 掌握口头表达的技巧。
- 掌握声情表达的技巧。
- 掌握肢体表达的技巧。
- 掌握服饰表达的技巧。

名人名言

好的口才，就是在交谈、演讲或谈判等口语交际活动中，说话者能够根据一定的目的，根据具体的环境和对象，采取不同的说话艺术，准确生动地表达自己的意思，并且达到交际目的的一种能力。

——戴尔·卡耐基

任务一 口头表达

任务目标

1）能够进行有效的口头表达。

2）能够在不同场合中熟练运用不同的语言。

3）能够在不同对象面前进行自如的语言表达。

■ **任务描述**

小鹿作为刚到公司不久的新人，在工作中一直谨言慎行，虽然以往在语言表达方面接受过良好训练，但是还没有在实际工作环境中实践。在昨天公司的接待会上，小鹿虽然已经做了很充分的准备，但是还是出现了错误，不但说话紧张，语句表达不连贯，而且没能清楚地表达主旨意思，只是在来宾面前很机械地做讲解和介绍。经过这件事情后，小鹿明白了自己应该加强在工作环境中的口头表达训练。

■ **任务分析**

口头表达是有效沟通的第一步。在不同的场合，面对身份不同、关系不同的人，用合适的语言，有效表达自己想要或需要表达的思想和情感，是每个人应具备的基本沟通能力。“不学礼，无以立身”“礼多人不怪”，在沟通中恰当使用礼貌用语能起到事半功倍的作用。

相关知识

一、有效口头表达的方法

要想进行有效的口头表达，通常应该掌握以下几种方法。

1. 说话要清楚

话说不清楚，就会造成对方的费解或误解。因此，逻辑清晰、表达清楚是沟通的首要一环，简单地说就是要用标准普通话；要使用准确的词汇；说话要前后一致、有条有理、主次分明、全面系统。

2. 说话要生动

俗话说：“以无情之语而欲动人之情，难矣。”

说事情经过要用第一人称，以亲身经历的角度叙述是特别生动的，能够为听者重新营造一种氛围，从而使听者感受到你的感受。

一些诗词、歌词和散文为我们提供了新的表达方式，如果能够恰当地引用，会使对方听起来觉得更新鲜，更激动人心。

3. 说话要有力量

直接表明观点，能够体现说话者的激情、热情，因此听起来更可信，更有吸引力和说服力，更容易感染听众，是有力量的说话方式。

运用有力的说话方式，应该避免以下一些特定的沟通行为。

1）避免说模棱两可的话和使用比较含糊的修饰词语。例如，“我猜想”“某种……”等表达方式容易削弱说话的力量。

2）消除如“啊”或“你知道”这类含糊的表达形式，这些词语容易使对方觉得你的表达中含有许多不确定的因素。

3）避开附加提问，即以陈述开始、以问题结束的表述。例如，“搞一次聚会非常重要，是吗？”附加提问使说话者显得不够果断。

4）不要否定自己的表述，即不要使用辩解或请求听者原谅自己的表达方式。例如，“我知道你或许不同意我的观点，但是……”“我今天确实没有做什么准备”等。

二、在不同场合运用不同语言

在不同场合应当运用不同类型的语言。

1. 仪式语言

说话者运用仪式语言往往期待听者做出例行性的反应。例如，问候是一种仪式，你听到后做简要的应答即可，所以通常只需把一半的注意力放在听上，同时做自己的事也没关系。

通常使用的仪式语言是由语言环境决定的。例如，在葬礼上，你应该对死者的家属说：“他是一个好人，我们会想念他的”，也就是说，要说死者的好话；在婚礼上，你应说祝福新郎、新娘幸福，夸新娘美丽等。

任何社会的仪式语言都是由这个社会的文化观念决定的。在中国的婚礼上，人们常说“早生贵子”“多子多福”的话来表示吉利。在美国，这种问候方式却被认为极不恰当。

2. 工作语言

在职业场合，要使用严谨、理性、专业的工作语言，与同事、客户等进行工作沟通。工作语言包括体现职业素养的专业概念、术语、话术等。这就要求平时自觉学习掌握专业语言，并在工作沟通中主动运用。

3. 情感语言

不论是在家庭还是在工作场合，都需要进行感情、情绪的表达。

人的情感可以分为对物情感、对人情感、对己情感三大类，每类情感都要通过相应的语言表达出来。

8 种对物情感：留恋、厌倦；满意、失望；愉快、痛苦；企盼、焦虑。

16 种对人情感：怀念、痛惜、怀恨、轻蔑、佩服、失望、妒忌、庆幸、称心、痛心、嫉妒、快慰、信任、顾虑、顾忌、嘲笑。

8 种对己情感：自豪、惭愧、得意、自责、开心、难堪、自信、自卑。

在沟通中，我们必须选择适合语言环境的语言，在一种环境下使用的语言，放在另一种环境下未必能发挥应有的作用。人们在成长的过程中，就能渐渐明白在某种特定的环境下用什么样的语言。

三、面对不同对象的语言表达

在与不同对象进行沟通时应当注意以下几种差异。

1. 性别差异

对男性需要采取较强有力的劝说语言，对女性则需要采用较温和的语言。

2. 年龄差异

对年轻人应采取激励性、号召性的语言；对中年人应讲明利害，让他们斟酌；对老年人应该采用商量或请教的口吻，尽量表达出自己的尊重。

3. 地域差异

不同地域的语言表达也有差别。例如，对北方人，可采用豪放的态度；对南方人，则应细腻一些。

4. 职业差异

如果运用与对方职业关联较紧密的语言与之交谈，对方对你的信任感就会大大增强。

5. 性格差异

若对方性格豪爽，则可以采用开门见山的语言表达方式；若对方性格比较细腻，则要“慢工出细活”；若对方生性多疑，则切忌处处表白，而应不动声色，使其疑惑自消等。

6. 文化程度差异

一般来说，对文化程度较低的人采用的语言应简单、明确，多使用一些具体数字和例子；对文化程度较高的人，则可采用抽象说理的方法。

相关链接

在语言交谈中，要知道如何说话才不失分寸。要做到这一点，除了提高自身文化素养和思想修养，还必须注意以下几点。

1. 态度要诚恳、亲切

热情、坦诚的态度能让交谈对象感到亲切、自然，因此对方也能够畅所欲言，使谈话在轻松愉快的氛围中进行。在交谈中虚情假意、装腔作势、言不由衷，会让对方反感，使交谈不欢而散。以诚相待是人际交往的基本原则。

2. 用语要文明

用语文明是指在语言交流中使用尊重与友好的词语。用语文明是尊重他人的具体表现，是友好关系的敲门砖。在适当场合文明用语，可以释放善意和美好，使人与人之间的关系多一些和谐与安宁，少一些摩擦与争执；多几分温馨和友爱，少几分冷漠与无助；使我们的生活环境变得更加和谐，会给人与人之间的交往带来意想不到的惊喜，对调和融洽人际关系会起到意想不到的作用。

牢记一些敬语、谦语、雅语，如“您好”“请”“拜托”“打扰了”“谢谢”“对不起”“您辛苦了”“请多关照”“这是我应该做的”“您先请”“我能帮您做什么”“给您添麻烦了”“抱歉”“请多指教”等，在不同场合、不同时间，针对不同的交谈对象使用。

3. 音量要适当，语气要平和

在社交场合中，毫无顾忌地大声说话，是缺乏修养的表现。与人交谈，声音的音量应当以对方能听清楚你的话为度。语气、声调要平和、沉稳，尽量少用“嗯”“啊”等语气词。

4. 交谈要符合身份、关系

任何人在任何场合说话都有自己的特定身份，也就是自己当时的“角色定位”。例如，在自己家里，对父母你是子女，对兄长你是兄弟（妹）。你应当使用符合自己身份的语气说话，如果用对弟弟、妹妹说话的语气对老人或长辈说话就不合适。

5. 讲述要尽量客观

客观就是尊重事实，事实怎么样就怎么说，实事求是地反映客观事实。有些人喜欢主观臆测、信口开河，结果往往会把事情办坏。

拓展与提高

一、称呼用语

1）在社交场合中，普遍的称呼是“先生”“太太”“女士”。通常“先生”用来称呼男性宾客，而不论其年龄大小；“太太”用在已知对方已婚的情况下对女子的尊称；若不了解女性来宾的婚姻状况，则可称“女士”，对不知其婚姻状况的外国女性可称“女士”。

2）在日常生活或非正式场合中，称呼应当亲切、自然，在不同场合，面对不同对象应使用恰当的称呼，如“大爷”“大妈”“叔叔”“阿姨”“大姐”“大哥”“姑娘”“小朋友”等。

3）当获悉交往对象的姓名时，称呼前应加上姓名或姓氏，如“王明先生”或“王先生”，以示重视、尊重。当知道对方的职务、职称时，称呼一般是在姓氏后面加上职务、职称，如“刘处长”“张经理”“李教授”“田律师”“杨医生”等。在社交场合中，这样称呼显得庄重、规范。

4）称呼一般同事，可以用“老”或“小”加在姓氏前，对于关系密切的人，可以直呼其名而不称姓。

5）对教师、长辈要用“您”而不用“你”，以示敬意，不可直呼其名。

6）对于初次见面或相交不深的人，用“您”而不用“你”，以示谦虚与敬重。

7）老朋友、熟人见面，不必使用敬称“您”，以免给人以生疏、拘谨之感。

8）称呼任何人都要尽可能了解其民族习惯、地域特点，做到尊重对方，不伤害对方的感情。

二、问候用语

1）与交往对象初次相识，应说声“您好，见到您很高兴”“您好，能认识您非常荣幸”等。

2）一天中不同的时间遇到同事或熟人可分别说“早上好”“下午好”“晚上好”。

3）根据工作需要，在使用上述问候语的同时，加上一些礼貌用语，效果会更好。例如，“晚上好，刘教授，一路辛苦了，我们的车就在前面，请这边走。”“您好，赵小姐，需要我帮忙吗？”这样能使对方感到亲切。

4）探望病人时，应使用这样的问候语：“哦，今天气色好多了”“今天感觉怎样”“请多保重”“祝您早日康复”。

5）在日常生活中，可以使用一些传统的问候语，如“还没休息啊”“吃过了吗”“你出去啊”等。

不论在何种场合，问候时表情应该自然、和蔼、亲切，给人以大方、热情的感觉。相反，不论是何人以何种方式向自己问候，只要对方是善意的都应作答，毫无表示是十分失礼的。

三、礼貌应答用语

1）交往对象询问时，要全神贯注地聆听，不能侧身目视他处，心不在焉。

2）回答对方提问时应面带笑容亲切热情，不能表情冷漠反应迟钝，必要时可以借助表情和手势加强语意。

3）如果对方语速过快或含糊不清，可以亲切地说：“对不起，请您说慢点好吗”“对不起，我没听清楚，请您再说一遍好吗”，而不能说：“我听不懂您的话”“你的话太难懂了，你不能说慢点吗”。不耐烦、急躁的表现会使对方失去对你的信任，从而影响交往效果。

4）当对方向你表示感谢或表达歉意时，你应说：“没关系，这是应该的”“您不必客气”“还请您多指教”等。

四、礼貌感谢用语

得到别人帮助时，要诚恳地说声“谢谢你”“非常感谢”“麻烦您了”。在接受别人的礼物或款待时，应该说“谢谢，我非常喜欢”“谢谢您的热情款待”等。

五、礼貌道歉用语

麻烦了别人或自己做错了事，应及时道歉说：“对不起，实在抱歉”“真是失礼了”“对不起，打扰了”等。

当对方向你道歉时，你也不应该不依不饶或不理不睬，而应该说一声：“没有关系。”

六、礼貌赞美用语

在人际交往中，学会恰当地赞美对方是很有必要的。例如，去别人家拜访，可以赞美一下主人房间的装饰；看见别人穿了新的衣服，可以赞美“你今天真漂亮，这衣服很称你的肤色”等。表示赞美时要坦诚、真挚，切忌言不由衷、语气夸张的阿谀奉承。

案例分析

美国前总统罗纳德·威尔逊·里根（Ronald Wilson Reagan）一次在国会开会前，为了试试麦克风是否好用，张口便说：“先生们请注意，5分钟以后，我将对苏联进行轰炸。”此语一出，众人皆哗然。里根只是随口开了一个玩笑，为此，苏联政府提出强烈的抗议。

（资料来源：佚名，2016.关于幽默得体的原则[EB/OL].（2016-07-19）[2021-01-10]. http://www.51yanjiang.org/post/4566.html.）

分析：

1）在以上案例中，里根在讲话中犯了什么样的错误？

2）你认为在严肃的场合讲话应该注意哪些方面？

完成任务

为初次到学校来参观的一位中年女宾客（家长）、两位男青年（初中即将毕业的学生）和一位长者（男性）介绍学校和本专业的情况（以小组的形式完成），并填写接待情况表和完成任务反馈表，如表2-1和表2-2所示。

表2-1 接待情况表

主要内容		中年女宾客	两位男青年	老者（男性）
迎接和送别	问候用语			
	称呼对方用语			
	自我介绍用语			
	应答用语			
	感谢用语			
	告别用语			
介绍学校环境用语				
介绍专业特色用语				

表2-2 完成任务反馈表

项目		内容				
沟通前的准备	信心					
	目的					
	态度					
	策略					
沟通中的表现	沟通次数		沟通地点	①	②	③
	遇到的困难					
	解决的办法					
	最后的结果					
沟通后的反思	得到的收获					
	存在的问题					
	改进的措施					
指导教师意见				教师签名		

能力评价

一、自我评价

学生填写“口头表达”能力学生自我评价表，如表2-3所示。

表 2-3 “口头表达”能力学生自我评价表

评价内容		自我评价等级（在符合的情况下面画“√”）			
		全都做到了	大部分做到了	基本做到了	没做到
有效的口头表达方法					
在不同场合运用不同语言的技巧					
对不同对象的语言表达有不同的表达技巧					
自检评价	我的优势				
	我的劣势				
	我的努力目标				
	我的具体措施				

二、小组评价

组长填写“口头表达”能力学生小组互评表，如表 2-4 所示。

表 2-4 “口头表达”能力学生小组互评表

评价内容	小组互评等级（记下符合下面情况的成员的姓名）			
	全都做到了	大部分做到了	基本做到了	没做到
有效的口头表达方法				
在不同场合运用不同语言的技巧				
对不同对象的语言表达有不同的表达技巧				
建议：				
组长签名： 年 月 日				

三、教师评价

教师填写“口头表达”能力教师评价表，如表 2-5 所示。

表 2-5 “口头表达”能力教师评价表

评价等级	评价标准	备注
优秀	① 熟练掌握口头表达技巧 ② 在不同场合能够熟练运用不同语言 ③ 熟练掌握对不同对象运用不同的语言表达的技巧 ④ 在小组活动中积极主动，协作性强	
良好	① 较熟练掌握口头表达技巧 ② 在不同场合能够较熟练运用不同语言 ③ 比较熟练掌握对不同对象运用不同的语言表达的技巧 ④ 在小组活动中比较积极主动，协作性较强	
合格	① 基本掌握口头表达技巧 ② 在不同场合能够基本运用不同语言 ③ 基本熟练掌握对不同对象运用不同的语言表达的技巧 ④ 在小组活动中基本上积极主动，协作性较强	

职业能力拓展

在校园迎新生活动中，运用熟练的语言表达技巧，为新入学的学生及其家长做相关介绍。

任务二 声情表达

任务目标

1）学会在沟通中应用声音的技巧。

2）学会在沟通中应用目光交流的技巧。

3）学会在沟通中应用微笑的技巧。

任务描述

小鹿接到经理交代的一项任务，要她与同事灵灵和翻译莉莉一同去机场接一位法国客人，然后她与同事们到机场很顺利地迎接了这位法国客人罗伯特（Robert）。通过莉莉的介绍，罗伯特认识了开朗的灵灵和腼腆的秘书小鹿。罗伯特自然亲切的目光和礼貌平和的微笑使小鹿最初对外国陌生客人的紧张、忐忑一下子消失了。但是由于是第一次见面，语言不通，小鹿还是显得有些尴尬，声音、表情也显得拘谨，不够自然。相比之下，灵灵就表现得很自如，虽然她也不会说法语，但是她的声音、目光交流、微笑的表情十分自然得体，让人感觉亲切又轻松。经过这件事后，小鹿决心提高自己在沟通中应用声音与表情的技巧。

任务分析

对于秘书来说，声音和表情是沟通中非常重要的两种表达方式。在与人交流时，声音（声调、语速、语气）和表情（目光、微笑）的变化传递的信息往往给人以直观、真实的感觉，可以弥补语言表达内容的不足。

名人名言

要训练你善于辞令，你必先提起兴趣，同时注意对方的兴趣，而所说的问题，要有道理、有层次，说话的声音要清楚、婉转，态度要和气。

——戴尔·卡耐基

相关知识

一、声音的表现——声调、语速、语气

为了更加有效地沟通，我们应该了解声音所传达的信息。事实上，沟通效果有30%来自声音。说话者的声调、语速和语气不恰当，会弱化语言信息，阻碍沟通。相反，说话者运用恰当的声调、语速和语气，可以强化语言信息，让沟通更有效。

每个人的声音都有其独特的魅力，也都蕴含了丰富的信息。若想真正地了解声音的不同表现技巧，需要在以下几个方面加以关注。

1. 声调

声调的高低是表达信息的一种方式。用不同的声调说话，往往表达不同的含义，传达不同的心声。一般来说，性格外向的人讲话声音洪亮；性格内向的人说话声音柔和。柔和的声调表示坦率和友善；高且尖的声调表示不满和愤怒；颤抖的声调表示情绪激动；缓慢、低沉的声调则表示对他人的安慰和同情。无论说什么话，阴阳怪气，就显得不礼貌，可能会让他人觉得你是在冷嘲热讽；用鼻音哼声往往表现傲慢、冷漠、恼怒和鄙视，是缺乏诚意的表现，会引起他人不快；句末使用疑问语气，往往表示提问。在进行人际交往时，声调技巧运用的好坏决定能否顺利的交往。恰当地运用声调的高低、强弱辅助语义表达，有助于达到沟通效果。

2. 语速

语速是指说话时的速度，可以在一定程度上反映一个人的观点与态度。在人际交往中，语速应当适当，既不能太快又不能太慢。太快会让人听不清楚，太慢会让人心情急躁。只有语速适中才会给人舒服的感觉。因此，在与人交谈时要注意调整自己的语速。把握良好的讲话节奏，是成功与人沟通的重要因素之一。

3. 语气

说话时首先要做到和气、文雅、谦逊，语气要保持柔和、自然、亲切和自信，这也是交谈的基本礼仪要求。同样的话语用不同的语气表达，会给人留下不同的印象。例如，用轻松快速的语气说“您放心，我可以的”，表现得自信而又愉悦；用沉闷慢速语态说“您—放—心，我—可—以—的”，则给人以无精打采、心不在焉的感觉。

从某种意义上讲，声音是人的第二外貌。人们能够通过声音“阅读”到许多内容。据调查，说话可信度的84%是通过语气、语速和声调进行判断的。作为秘书，声音的表现将会展现自己与众不同的修养与气质。

二、表情的传达——目光、微笑

人的表情是十分丰富的，面部表情中最具表现力的地方是眼睛和嘴，人们可以透过它们了解沟通者的思想感情。因此，在沟通过程中，柔和的目光和自然的微笑是人与人之间最能传神的非言语信息。

一个人的表情虽然是无声的，但它能传递信息。特别是下意识的表情，往往更能传递丰富而真实的信息，它有时候比口头语言更容易引起沟通对象的共鸣；但另外一些情况下又可能引起对方的反感，影响沟通效果。

1. 目光

心理学家发现，在一般的文化背景中，人们相互之间频频的目光对视是一种亲切的交往，但直愣愣地盯住对方往往是一种失礼行为，上下打量人更是一种轻蔑和挑衅的表示。因此，在人际交往中，应尽量避免以好奇的目光打量对方或过于直白地凝视对方。

在一般的社交性沟通中，听者应目视对方，以示尊重；说话者不宜凝视对方的目光，只有在说完最后一句话时，才将目光移向听讲者的眼睛，以表示一种询问："你认为我讲得对吗？"或者暗示对方"现在轮到你讲了"。在空间较大的社交场合中，目光还有一个作用，即可以通过相互对视而弥补交往距离过远的不足，从而使整个沟通气氛更为融洽和亲切。

2. 微笑

微笑本身就是人际沟通成功的秘诀。微笑来自快乐，又能带来并创造快乐。真诚的微笑是沟通心灵的桥梁。在沟通过程中，相视一笑，双方都会从微笑中获得这样的信息：我是你的朋友。微笑虽然无声，但是能够表示许多意思，如高兴、欢悦、同意、尊敬。作为一名秘书，请你时刻微笑。

相关链接

一、练习发声

练习发声的注意事项如图 2-1 所示。

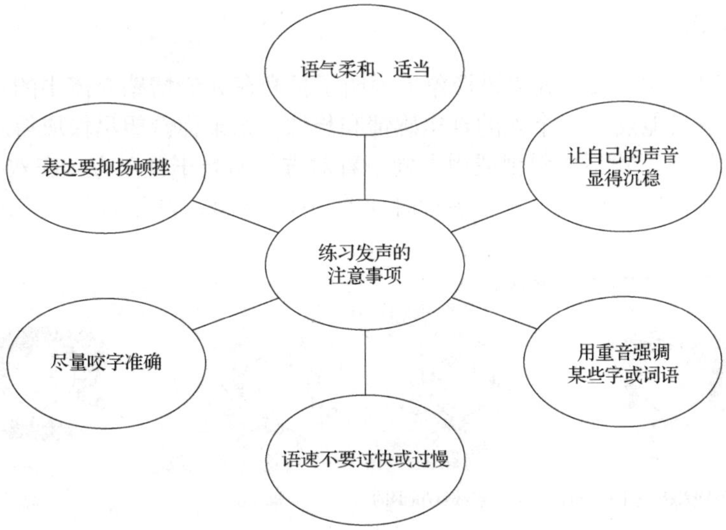

图 2-1　练习发声的注意事项

1）语气柔和、适当。语气是你说话时的圆润程度。音色好的人说话很动听，但不是每个人都有好的音色。其实，只要你在说话的时候带着友善的感情，说话的语气自然就会变得柔和起来，因为言为心声。

2）表达要抑扬顿挫。讲话时要注意语调的抑扬顿挫，这会使你的话语变得生动、有吸引力。

3）尽量咬字准确。说话时要尽量做到发音准确，使对方能听清楚，含混不清易使对方产生犹疑或反感。

4）语速不要过快或过慢。语速过慢会让人感到拖沓，过快会让人跟不上你的速度，从而造成理解上的障碍。

5）用重音强调某些字或词语。用重音强调某些字或词语，但不能强调太多。强调太多就达不到突出重点的目的，反而会使听者不知所云。

6）让自己的声音显得沉稳。尽量使用低沉的声音，低沉的声音庄重严肃，会让听者的思想也随着紧张起来。尖利或粗暴刺耳的声音给人的印象是行为失控，应尽量避免使用。

要想在沟通中自如地驾驭声音，平时就要注意训练。最终你会发现，在沟通中灵活地运用声音技巧将会使你的沟通更加顺畅。

二、保持微笑

在现实生活中，人们脸上的微笑总是没有自己想象得多，如果你想在人际沟通中得心应手，就需要从以下几个方面练习自己的微笑。

1）在紧张的气氛中，轻松地微笑，可以缓和气氛、打破僵局。

2）当你拒绝他人时，边摇头边委婉地微笑，可以不得罪对方。

3）当你示意道歉时，要真诚地微笑，伴着笑容的“对不起”，能博得对方的谅解。

4）随身带一面小镜子，每当生气消沉或无精打采的时候，强迫自己制造笑容。

5）练习微笑，试着用你的整个脸微笑。

6）当你感觉最不喜欢笑的时候，就是你应该笑得最多的时候。

拓展与提高

“眉目传情”“暗送秋波”等成语形象地说明了目光在人们情感交流中的重要作用。眼睛是心灵的窗户，它最能反映一个人的真实感情和想法。如果你希望尽快取得对方的信赖，与对方进行有效的沟通，就不要斜视或由上向下看对方，而要平视对方。在双方谈话过程中，目光注视对方面部的时间应当占整个谈话时间的30%～60%。注视时间太多或太少都会被视为不礼貌。

常见的面部表情如图2-2所示。

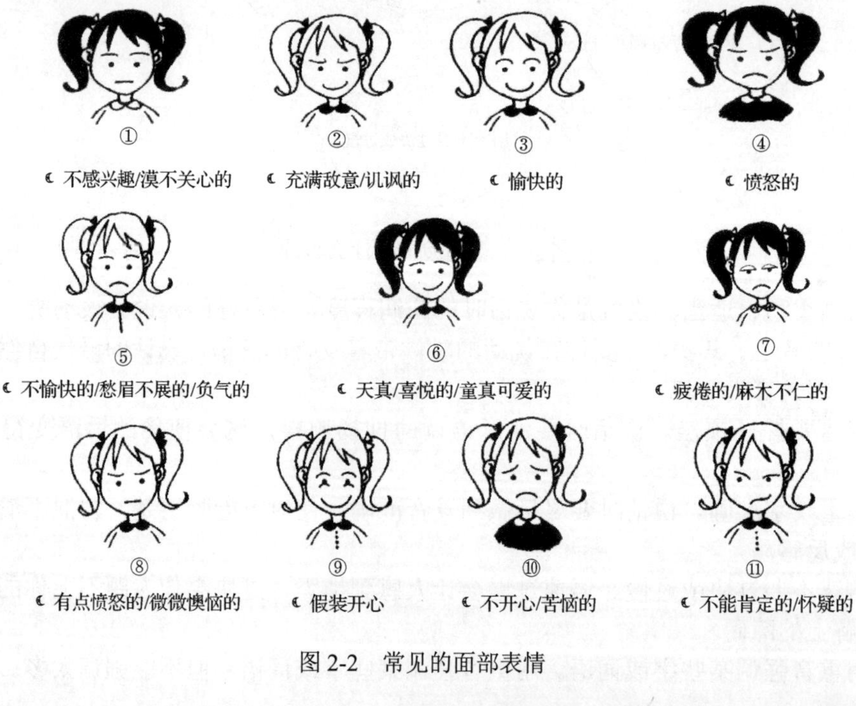

图2-2 常见的面部表情

案例分析

静静是一个不爱说话也不爱笑的女生，在和别人说话时总是喜欢低着头，从不与他人有目光交流，而且说话声音小、语速慢、面无表情。这使她与别人交流的时候总是没有太多的话，时间久了，很多同学便不太愿意与她交流。在一次小组活动中，每个人都积极踊跃地思考、讨论、相互交流，唯独静静一言不发。不是静静不想与大家讨论，而是她的语速和语气使大家感觉她似乎不愿多说话，这使静静很难过。

（资料来源：彭丽萍，2012．口语交际训练[M]．2版．北京：中国劳动社会保障出版社.）

分析：

静静要想使自己说话生动起来，让更多的同学喜欢她，应该从哪几个方面进行改进？

完成任务

关注你所喜欢的人物（主持人、演员、身边的人等）的声音（声调、语速、语气）表达特色及表情（目光、微笑），填写声情表达调查表和完成任务反馈表，如表2-6和表2-7所示。

表2-6　声情表达调查表

<table>
<tr><td rowspan="2">声情表达</td><td rowspan="2">人物一</td><td>姓名：</td><td rowspan="2">人物二</td><td>姓名：</td><td rowspan="2">人物三</td><td>姓名：</td></tr>
<tr><td>身份：</td><td>身份：</td><td>身份：</td></tr>
<tr><td>声调</td><td colspan="2"></td><td colspan="2"></td><td colspan="2"></td></tr>
<tr><td>语速</td><td colspan="2"></td><td colspan="2"></td><td colspan="2"></td></tr>
<tr><td>语气</td><td colspan="2"></td><td colspan="2"></td><td colspan="2"></td></tr>
<tr><td>目光</td><td colspan="2"></td><td colspan="2"></td><td colspan="2"></td></tr>
<tr><td>微笑</td><td colspan="2"></td><td colspan="2"></td><td colspan="2"></td></tr>
</table>

表2-7　完成任务反馈表

<table>
<tr><td colspan="2">项目</td><td colspan="4">内容</td></tr>
<tr><td rowspan="4">沟通前的准备</td><td>信心</td><td colspan="4"></td></tr>
<tr><td>目的</td><td colspan="4"></td></tr>
<tr><td>态度</td><td colspan="4"></td></tr>
<tr><td>策略</td><td colspan="4"></td></tr>
<tr><td rowspan="4">沟通中的表现</td><td>沟通次数</td><td></td><td>沟通地点</td><td colspan="2">①　　　②　　　③</td></tr>
<tr><td>遇到的困难</td><td colspan="4"></td></tr>
<tr><td>解决的办法</td><td colspan="4"></td></tr>
<tr><td>最后的结果</td><td colspan="4"></td></tr>
<tr><td rowspan="3">沟通后的反思</td><td>得到的收获</td><td colspan="4"></td></tr>
<tr><td>存在的问题</td><td colspan="4"></td></tr>
<tr><td>改进的措施</td><td colspan="4"></td></tr>
<tr><td colspan="2">指导教师意见</td><td colspan="2"></td><td>教师签名</td><td></td></tr>
</table>

能力评价

一、自我评价

学生填写"声情表达"能力自我评价表，如表2-8所示。

表2-8 "声情表达"能力自我评价表

评价内容		自我评价等级（在符合的情况下面画"√"）			
		全都做到了	大部分做到了	基本做到了	没做到
掌握声音表达中声调的应用技巧					
掌握声音表达中语速的应用技巧					
掌握声音表达中语气的应用技巧					
掌握表情表达中目光的应用技巧					
熟悉表情表达中微笑的应用技巧					
自检评价	我的优势				
	我的劣势				
	我的努力目标				
	我的具体措施				

二、小组评价

组长填写"声情表达"能力小组评价表，如表2-9所示。

表2-9 "声情表达"能力小组评价表

评价内容	小组互评等级（记下符合下面情况的成员的姓名）			
	全都做到了	大部分做到了	基本做到了	没做到
掌握声音表达中声调的应用技巧				
掌握声音表达中语速的应用技巧				
掌握声音表达中语气的应用技巧				
掌握表情表达中目光的应用技巧				
熟悉表情表达中微笑的应用技巧				
建议：				
组长签字：				年 月 日

三、教师评价

教师填写"声情表达"能力教师评价表，如表2-10所示。

表2-10 "声情表达"能力教师评价表

评价等级	评价标准	备注
优秀	① 全面理解声情表达的知识，很好掌握并能够熟练应用声音表现和表情传达的技巧 ② 在小组活动中非常积极主动，协作性强	

续表

评价等级	评价标准	备注
良好	① 较好理解声情表达的知识，掌握并能够较好应用技巧 ② 在小组活动中比较积极主动，协作性较强	
合格	① 基本理解声情表达的知识，基本掌握了声音表现和表情传达的技巧 ② 在小组活动中基本上积极主动，协作性较强	

职业能力拓展

仔细观察、列举并模仿你喜爱的职业人的声音表达特点及表情变化，多方面分析并总结其在声情表达方面成功沟通的要素。

任务三 肢体表达

> **名人名言**
>
> 精神应该通过姿势和四肢的运动来表现。
>
> ——达·芬奇

任务目标

1）能够在沟通中应用得体、规范的手势技巧。

2）能够在沟通中应用良好体态传达信息内容。

任务描述

与求职者的谈话结束后，人事部经理站起来和求职者握手，并说道："请回吧，我们研究一下，会告诉你消息的，再见。"这个场景恰巧被小鹿和公司的资深秘书灵灵看到，灵灵对小鹿说："看来他跟咱们公司没缘了！"小鹿很惊奇地看着灵灵说："结果还没出来呢！你怎么知道经理的想法？"灵灵笑了笑说："其实经理已经在面试时告诉求职者。在谈话时，经理的右手总是撑在脸上，中指封在嘴上，食指伸直指向右眼角，左臂又横在胸前，目光很少对着这位求职者。因此，我认定他不可能被录用。"结果确实如灵灵所说，那位求职者没有被录用。通过这件事，小鹿认识到肢体语言传递的信息在某些时候胜过有声语言。于是小鹿暗下决心，她要读懂肢体语言，并正确使用肢体语言。

任务分析

在商务沟通中，秘书常常需要通过肢体语言了解他人传递的信息。一个人的手势、体态及所表现出的举止动作，都可以泄露他的思想和心理，也可以直接反映这个人的性格、气质和修养。

肢体语言又称身体语言，是指经由身体的各种动作，从而代替语言借以达到表情达意的沟通目的。广义言之，肢体语言包括面部表情；狭义言之，肢体语言只包括身体与四肢所表达的信息。掌握一般的肢体语言是职业秘书应当具备的基本技能。职业秘书不仅需要从常见的肢体语言中获取信息，还需要规范地使用肢体语言。

相关知识

一、手势

手势表达的意义、传递信息的能力并不亚于眼睛，甚至可以说手是人的第二双眼睛。手势表现的含义非常丰富，表达的感情也非常复杂、微妙。例如，招手致意、挥手告别、拍手称赞、拱手致谢、举手赞同、摆手拒绝；再如，手抚是爱、手指是怒、手搂是亲、手捧是敬、手遮是羞；等等。手势的含义十分广泛，既可以发出信息，又可以表示喜欢或厌恶，还可以恰当地表情达意，为你的交际形象增辉。

1. 手势应简洁、明确

简洁是指在人际交往中手势不宜过多。一般情况下，手势只是语言的点缀和辅助，切不可喧宾夺主，因动作或姿势过多，降低听众对你说话的注意力；许多人的动作过多，而使听众的注意力更多地转移到他的动作上。

明确是指手势所表达的意义应使别人易于理解，多余、意义不明的手势不仅于事无补，反而有损说话人的整体美感。

2. 手势的幅度、速度要适度

手势的幅度过大有做作的嫌疑，过小又会使人觉得猥琐。一般手势的上界不要超过对方的视线，下界不要低于胸区，左右摆幅不要太宽，手势应在自己的胸前或右方进行。使用手势宜亲切自然，手势的曲线宜柔软平滑，不宜僵硬刻板，动作表现切忌过于突然和猛烈，款款的手势会使人感到亲切。

3. 手势应准确、规范，符合礼节

一般情况下，不要用拇指指自己的鼻尖或者对他人指手画脚。谈到自己时应用手掌轻按自己的左胸，会显得端庄、大方、可信。对他人指指点点的手势是不礼貌的。

一般来讲，掌心向上的手势有诚恳、尊重他人的含义；掌心向下的手势意味着不够坦率、缺乏诚意等；攥紧拳头暗示进攻和自卫，也表示愤怒；伸出手指来指点，是要引起他人的注意，含有教训人的意味。在介绍某人，为某人引路或指示方向，以及请人做某事时应该掌心向上，以肘关节为轴，上身稍向前倾，以示尊敬。

在职场交往中，手势能起到直接沟通的作用。例如，如果对方向你伸出右手，你也伸出右手迎上去握住对方的手，就能表示你的友好与交往诚意；如果你伸出两只手迎上去紧握对方的手，就能表示你的热情；如果你不情不愿地握住对方的手，或者干脆不伸手，就意味着你不想与他交朋友。另外，向对方伸手的姿势也有讲究。例如，伸手时把五指张开，表明了你的豁达、热情；伸手时把五指并拢，表明了你的严谨、达礼；伸手时只有大拇指单独离开，其余四指全部并拢，表明你是一个出色的社交家。当然，这些是指与同性之间的握手。异性之间的握手往往要注意分寸，不要握得太紧，否则是鲁莽之举；男女握手稍微触碰一下对方的食指和中指，如果在对方的小拇指和无名指上多用了力，就是无礼的表现。再如，向对方伸出拇指是表示夸奖，伸出小指则是贬低对方。这些都是不言自明的、不可滥用的交往手势。

4. 使用手势时应注意各个国家、地区及民族的不同习惯

不同地区和民族有着不同的习俗，因此同一个手势在不同的地区表达的意思不同，有的时候甚至完全相反，所以与不同国家或地区的人交往时应慎用手势，如果想要使用手势，应事先了解该地区的风俗习惯。

5. 注意戒除不良手势

在日常生活中，有些人不知不觉染上了一些不良手势。例如，当着众人或客人的面搔头皮、掏耳朵、抠鼻孔、剔牙缝等。这些动作是不文明、不雅观、不礼貌的。因此，如果发觉自己也会做这些动作，就应经常提醒自己尽快加以戒除。

二、体态

在沟通过程中，如果你想给对方留下良好的第一印象，那么你在第一次与对方见面的时候就应该重视自己的姿态表现。在人际沟通中，人的一举一动都能体现特定的态度，表达特定的含义。身体各部分肌肉绷得紧紧的，说明内心紧张、拘谨，在与地位较高的人交往时常会如此。然而，过度紧张往往会影响自己的姿态和发挥，因此，必须注意调整自己的心态和姿态，力求给对方留下良好的第一印象。

体态会反映人的思想感情，略微倾向于对方，表示热情和感兴趣；微微起身，表示谦恭有礼；身体后仰，表示轻慢；侧转身子，表示嫌恶和轻蔑；背朝对方，表示不屑理睬；拂袖离去，表示拒绝交往。如果你与人见面时耷拉着脑袋、无精打采，对方就会感到自己不受欢迎；如果你不正视对方，而是左顾右盼，对方就会怀疑你的诚意。

不良的体态包括手臂交叉、手插口袋或者手上总在做小动作，它们都会影响沟通效果。例如，双臂交叉显得你对对方非常警惕，那么对方也会对你产生戒心。

相关链接

肢体语言又称身体语言，是指运用身体的各种动作代替语言以达到表情达意的沟通目的。哈佛大学曾经对人的第一印象做了行为研究报告，报告指出，人的第一印象55%来自肢体语言，37%来自声音，8%来自说话的内容。相比口头语言，肢体语言所传递的信息要多得多，而且所传递的信息有着加强或减弱的作用。常见的肢体语言代表的意义如表2-11所示。

表2-11 常见的肢体语言代表的意义

肢体语言	意义	肢体语言	意义
来回走动	发脾气或受挫	眉毛上扬	不相信或惊讶
扭绞双手	紧张、不安或害怕	抖腿	紧张
身体向前倾	注意或感兴趣	晃动拳头	愤怒或富攻击性
懒散地坐在椅子上	无聊或放松	鼓掌	赞成或高兴
抬头挺胸	自信果断	坐在椅子边上	不安或紧张
轻拍肩背	鼓励、恭喜或安慰	坐不安稳	不安、厌烦、紧张或提高警惕
搔头	迷惑或不相信	环抱双臂	愤怒、不欣赏、不同意、防御或攻击
捂嘴	不确定或欺骗	双手紧端水杯	非常用心地倾听（多见于女性）
抬眉毛	怀疑、不相信	频频地看时间	焦急或不感兴趣

拓展与提高

秘书在与人交流沟通的过程中，不仅要熟悉基本的肢体语言，还要能运用肢体语言帮助自己达到最佳的沟通效果。下面介绍几种秘书的优雅仪态。

一、站姿

站姿是最容易表现个人气质的姿势。

基本站姿为头正、颈直，两眼平视前方，肩平，收腹挺胸，两臂自然下垂，手指并拢、自然微曲，中指贴压裤缝，两腿挺直，膝盖靠拢，脚跟相碰，两脚尖张开夹角45°，身体重心落在两脚正中，从整体上给人一种精神饱满的感觉。切忌头下垂或上扬，收胸含腰，背屈膝松，臀部后突，手插在衣裤口袋里或搓脸，弄头发，脚打拍子，身靠柱子、餐桌、柜台或墙壁歪斜站立。

二、坐姿

坐姿是秘书活动中最重要的身体姿势，其包含的信息也是非常丰富的。

入座要娴雅、文静、柔美，若穿裙装，则应用手将裙子稍稍拢一下再坐下。坐在椅子上，要立腰、挺胸，上体自然挺直。双肩平正放松，两臂自然弯曲放在腿上，亦可放在椅子或沙发扶手上，以自然得体为宜，掌心向下。双膝自然并拢，双腿正放或侧放，双脚并拢或交叠或呈小“V”字形。脚态可取小八字步或稍分开以显自然洒脱之美，但不可张开角度过大，那样会显得粗俗和傲慢。如长时间端坐，可双腿交叉重叠，但要注意将上面的腿内收，脚尖向下。

三、走姿

走姿是站姿的延续动作，是在站姿的基础上展示人的动态美。无论是在日常生活中还是在社交场合中，走路都是最引人注目的肢体语言，也是最能表现一个人的风度和气质的肢体语言。

走路的基本姿势为头要抬起，目光平视前方，双臂自然下垂，手掌心向内，并以身体为中心前后摆动。上身挺拔，基本保持站立的标准姿势，挺胸收腹，腰背笔直；两臂以身体为中心，前后自然摆，前摆约35°，后摆约15°，手掌朝向体内；腿部伸直，脚步要轻盈且富有弹性和节奏感。起步时身子稍向前倾，重心落在前脚掌，膝盖伸直；脚尖向正前方伸出，行走时双脚踩在一条线缘上。女士还要注意步履匀称、轻盈，姿态端庄、文雅，显示自己的温柔之美。

案例分析

一个人走进饭店点了一桌酒菜，吃完后摸口袋发现忘了带钱，便对店老板说：“店家，很抱歉我今日忘了带钱，改日送来可以吗？”店老板连声说道：“不碍事，不碍事。”并恭敬地把他送出门。

这个过程被一个无赖看到了，他也走进饭店点了一桌酒菜，吃完后摸了一下口袋，对店老板说：“店家，今日忘了带钱，改日送来行吗？”。

谁知店老板脸色一变，说道：“没带钱你吃什么饭？”说着便揪住他，非剥他的衣服不可。

无赖不服，说道：“为什么刚才那人可以赊账，我就不行？”。

店家说："人家吃菜，筷子在桌子上找齐，喝酒一盅一盅地慢慢喝，斯斯文文，吃罢掏出手绢揩嘴，是个有德行的人，岂能赖我几个钱。你呢？筷子往胸前找齐，狼吞虎咽，吃得兴起，脚踏上条凳，端起酒壶直往嘴里灌，吃罢用袖子揩嘴，分明是个居无定室、食无定餐的无赖之徒，我岂能饶你！"

一席话说得无赖哑口无言，只得留下外衣，狼狈而去。

（资料来源：根据相关资料整理得到。）

分析：

1）为什么面临同样的事情，店老板会对两个人采取两种截然不同的对待和处理方式？

2）你得到哪些启示？

完成任务

关注你身边的人（教师、同学、朋友等）或你喜欢的名人的手势和体态表达特色，填写表 2-12 所列项目，并填写完成任务反馈表（表 2-13）。

表 2-12 人物的手势和体态表

人物	手势	体态

表 2-13 完成任务反馈表

项目		内容				
沟通前的准备	信心					
	目的					
	态度					
	策略					
沟通中的表现	沟通次数		沟通地点	①	②	③
	遇到的困难					
	解决的办法					
	最后的结果					
沟通后的反思	得到的收获					
	存在的问题					
	改进的措施					
指导教师意见			教师签名			

能力评价

一、自我评价

学生填写"肢体表达"能力自我评价表，如表 2-14 所示。

表 2-14 “肢体表达”能力自我评价表

评价内容		自我评价等级（在符合的情况下面画“√”）			
		全都做到了	大部分做到了	基本做到了	没做到
能够在沟通中应用得体、规范的手势技巧					
能够在沟通中应用良好体态传达信息内容					
自检评价	我的优势				
	我的劣势				
	我的努力目标				
	我的具体措施				

二、小组评价

组长填写“肢体表达”能力小组评价表，如表 2-15 所示。

表 2-15 “肢体表达”能力小组评价表

评价内容	小组互评等级（记下符合下面情况的成员的姓名）			
	全都做到了	大部分做到了	基本做到了	没做到
能够在沟通中应用得体、规范的手势技巧				
能够在沟通中应用良好体态传达信息内容				
建议：				
组长签字：				年 月 日

三、教师评价

教师填写“肢体表达”能力教师评价表，如表 2-16 所示。

表 2-16 “肢体表达”能力教师评价表

评价等级	评价标准	备注
优秀	① 熟练掌握常见手势传达的信息内容，熟练掌握得体、规范的手势技巧 ② 熟练掌握常见体态传达的信息内容，熟练把握良好体态的要领 ③ 在小组活动中主动沟通，协作性强	
良好	① 掌握常见手势传达的信息内容，掌握得体、规范的手势技巧 ② 掌握常见体态传达的信息内容，较好把握良好体态的要领 ③ 在小组活动中比较主动沟通，协作性较强	
合格	① 较熟悉常见手势传达的信息内容，了解得体、规范的手势技巧 ② 较熟悉常见体态传达的信息内容，基本把握良好体态的要领 ③ 在小组活动中基本上主动沟通，协作性较强	

职业能力拓展

请观察身边同学或好朋友的习惯性肢体语言，并分析哪些是好的，哪些是不好的，并填写观察对象肢体语言表，如表 2-17 所示。

表 2-17 观察对象肢体语言表

<table>
<tr><td rowspan="2">观察对象</td><td></td><td>身份</td><td></td><td>联系电话</td><td></td></tr>
<tr><td colspan="3">良好的肢体语言</td><td colspan="2">不良的肢体语言</td></tr>
<tr><td rowspan="4">手势</td><td colspan="3"></td><td colspan="2"></td></tr>
<tr><td colspan="3"></td><td colspan="2"></td></tr>
<tr><td colspan="3"></td><td colspan="2"></td></tr>
<tr><td colspan="3"></td><td colspan="2"></td></tr>
<tr><td rowspan="4">体态</td><td colspan="3"></td><td colspan="2"></td></tr>
<tr><td colspan="3"></td><td colspan="2"></td></tr>
<tr><td colspan="3"></td><td colspan="2"></td></tr>
<tr><td colspan="3"></td><td colspan="2"></td></tr>
</table>

任务四 服 饰 表 达

任务目标

1）能够根据秘书的职业特点选择得体的服饰。

2）能够正确运用服饰的 TPO 原则。

任务描述

小鹿今天陪同张经理来到某公司与该公司的负责人进行业务洽谈。到了这家公司后，他们被引领到会议室，一进门便看到这家公司的几位职员在那里等候，这几位职员个个无精打采，歪着头在聊天，看到小鹿和张经理，上下打量了一番后，只是点头示意，并没有起身问好。这些都让张经理感到不悦。这时该公司的徐经理走了进来并与张经理握手寒暄，那几位职员立刻恭敬地站立着。原来由于张经理和小鹿穿着朴素，没有着正装，使得几位职员没有意识到他们的身份。这件事后，小鹿决定学习在不同场合的着装要领，以建立第一感官沟通，得体地展现自己的风采。

任务分析

秘书人员作为领导的直接辅助者，经常要协助领导接待各方面的来客，在经常直接与社会广泛接触的外向型岗位上工作，有必要学会得体的着装技巧。运用得体的服饰塑造良好的秘书形象是职场沟通中的第一步，对于搞好对外关系、协调工作具有不可忽视的作用。服饰表达的是一个人的外在形象，在职场的沟通中起着十分重要的作用。

名 人 名 言

你的衣服往往表明你是哪一类人，它代表你的个性，一个与你会面的人，往往会自觉不自觉地根据你的衣着来判断你的为人。

——索菲亚·罗兰

相关知识

一、秘书服饰的要求

服饰是指人的服装穿着、饰品佩戴、美容化妆几个方面的统一，狭义上讲也可以单指衣着穿戴。秘书人员的着装既要体现实用性，又要体现装饰性，还要体现个体自身的审美素质和组织形象。要把服饰的自然属性、社会属性、情感属性与秘书公关活动的礼仪属性结合起来，尽可能避免因自己着装不当而使企业的声誉蒙受损失。

1. 服饰必须体现个性

常言道："鞋合不合适，只有脚知道。"说的就是着装要因人而异。同样一件衣服穿在不同的人身上会产生不同的效果，是由不同的人的性格气质不同造成的。因此，穿什么衣服应根据个人的特点而定，只有使衣着与自己的年龄、性别、肤色、体形等特点相适应，特别是和自己的性格、气质、个性特征相吻合才是得体的。如果在着装上不顾个人的特点和自身条件，一味地赶时髦，不仅不能展示自己的良好气质，还会闹出东施效颦的笑话。

2. 选择服饰要扬长避短

秘书人员选择服饰一定要注意扬长避短，尽量避免穿戴与自己体形不协调的服饰，这样才能充分展示自己身材的长处，使自己充满自信地出现在各种社交场合。服饰的穿戴还要体现民族特色。改革开放以来，我国各领域的对外交往日益扩大，秘书人员在各种对外交往活动中与其穿西式服装，不如穿民族服装，这样既不落俗套又易于引起对方的注意。在每年召开的亚太经济合作组织领导人非正式会议上，与会各国领导人都穿戴举办国的民族服装，这就表明民族服饰是受人欢迎和尊重的。

3. 选择服饰要以简洁为美

简洁是当今服饰发展的大方向，服饰越简洁、越流畅，其美学效果就越好。秘书人员工作比较繁重，服饰过于烦琐不但会影响工作效率，还会让人以"花瓶""摆设"看待。简洁的服饰则会给人一种轻松明快之感，易于被他人接受。

秘书人员是公关活动的主体，穿戴、修饰会直接影响公众心理，影响公关活动的过程和结果。

二、服饰的 TPO 原则

TPO 是英文 time、place、object 三个单词首字母的缩写。T 代表时间、季节、时令、时代；P 代表地点、场合、职位；O 代表目的、对象。着装的 TPO 原则是世界通行的着装打扮的基本原则。它要求人们的服饰应力求和谐，着装要与时间、季节相吻合；要与所处场合环境，与不同国家、区域、民族的不同习俗相吻合；要符合着装人的身份；要根据不同的交往目的、交往对象选择服饰……从而给人留下良好的印象。

根据服饰的 TPO 原则，着装时应注意以下几个问题。

1）着装应与自身条件相适应。选择的服装首先应该与自己的年龄、身份、体形、肤色、性格和谐统一。

年长者、身份地位高者，选择服装款式不宜太新潮，款式简单且面料质地比较高档的服装易与身份年龄相吻合。

青少年着装则着重体现青春气息，以朴素、整洁为宜，清新、活泼的款式是理想的选择。

形体条件对服装款式的选择也有很大影响。身材矮胖、颈粗、脸圆的人宜穿深色低"V"字形领或大"U"形领套装，浅色高领服装则不适合；身材瘦长、颈细长、长脸形者宜穿浅色、高领或圆形领服装；方脸形者则宜穿小圆领或双翻领服装；身材匀称，形体条件好，肤色也好的人，着装范围则较广。

2）着装应与职业相协调。着装与职业相协调是不可忽视的原则。工作时间着装应遵循端庄、整洁、稳重、美观、和谐的原则，这样能给人以愉悦感和庄重感。单位职员的着装和精神面貌能体现这个单位的工作作风和发展前景。现在越来越多的组织、企业、机关、学校开始重视统一着装，这是很有积极意义的举措，这不仅增加着装者的自豪，同时又增加其自觉和约束，成为一个组织、一个单位的标志和象征。

3）着装应与场合、交往对象、目的相适应。在正式社交场合中，着装宜庄重大方，不宜过于浮华；参加晚会或庆典，可穿明亮、艳丽的服饰；节假日休闲时间着装应随意、轻便，西装革履则显得拘谨而不合时宜；在家庭生活中，穿休闲装、便装更有益于与家人之间沟通感情，营造轻松、愉悦、温馨的氛围，但不能穿睡衣拖鞋到大街上购物或散步，那样做是不雅和失礼的。此外，着装还应与交往对象、目的相适应。与外宾、少数民族相处，更要格外尊重他们的习俗禁忌。总之，着装最基本的原则是体现“和谐美”——上下装呼应和谐，饰物与服装色彩相配和谐，服饰与身份、年龄、职业、肤色、体形和谐，与时令、季节环境和谐等。

相关链接

服装的色彩搭配

不同的色彩有不同的象征意义。

暖色调——红色象征热烈、活泼、兴奋、富有激情；黄色象征明快、鼓舞、希望、富有朝气；橙色象征开朗、欣喜、活跃。

冷色调——黑色象征沉稳、庄重、冷漠、富有神秘感；浅蓝色象征深远、沉静、安详、清爽、自信而幽远；深蓝色象征高傲、神秘。

中间色——黄绿色象征安详、活泼、幼嫩；红紫色象征明艳、夺目；紫色象征华丽、高贵。

过渡色——粉色象征活泼、年轻、明丽而娇美；白色象征朴素、高雅、明亮、纯洁；淡绿色象征生命、鲜嫩、愉快和青春等。

服装的色彩搭配是着装成功的重要因素。服装配色以“整体协调”为基本准则。全身着装的颜色最好不超过三种，而且应当以一种颜色为主色调，颜色太多则显得乱而无序，给人的总体感觉很不协调。灰、黑、白三种颜色在服装配色中占有重要地位，几乎适合和任何颜色相配。

着装配色和谐有以下几种比较保险的办法。

1）上下装同色，套装，以饰物点缀。

2）同色系配色，即利用同色系中深浅、明暗度不同的颜色搭配，使整体效果比较协调。

3）利用对比色搭配（明亮度对比或相互排斥的颜色对比），对比配色运用得当，会产生相映生辉、令人耳目一新的亮丽效果。

年轻人穿上深下浅的服装，显得活泼、飘逸、富有青春气息；中老年人穿上浅下深的服装搭配，显得稳重、沉着。

服装的色彩搭配还要考虑与季节的沟通，与大自然对话也会收到出其不意的理想效果。

同一件外套，利用衬衣的样式与颜色的变化与之相衬托，会表现出不同的风格，能以简单的打扮发挥理想的效果，本身就说明着装人内在的充实与修养。利用衬衣与外套搭配应注意衬衣颜色不能与外套相同，明暗度、深浅程度应有一定的对比。

着装配色要遵守的一条重要原则，就是根据个人的肤色、年龄、体形选择颜色。肤色较黑的人，不宜穿颜色过深或过浅的服装，而应选用与肤色对比不明显的粉红色、蓝绿色的服装，最忌穿色泽明亮的黄橙色或色调极暗的褐色、黑紫色的服装。肤色黄的人，不宜穿半黄色、土黄色、灰色的服装，否则会显得精神不振、无精打采。脸色苍白的人，不宜穿绿色服装，否则会使脸色更显病态。肤色红润、粉白的人，适合穿绿色服装。白色衣服与任何肤色搭配效果都不错，因为白色的反光会使人显得神采奕奕。体形瘦小的人适合穿色彩明亮度高的浅色服装，因为这样显得丰满；体形肥胖的人穿明亮度低的深颜色服装则显得苗条。大多数人的体形、肤色属中间混合型，所以颜色搭配没有绝对性的原则，最重要的是在着装实践中找到适合自己的搭配颜色。

拓展与提高

女士的服装比男士的服装更加丰富多彩、新颖别致。因此，女性通过服饰不仅可显示自己美好的体态，还可表现自己的修养和风格。

一、职业女装

就职业女装而言，基本可分为三种类型：套裙、夹克衫或不成型的上衣及连衣裙或两件套裙。但每种类型都要考虑颜色和面料的搭配。

裙式服装最能体现女性的魅力，恰到好处的裙子能充分显示女性的美感与气质。作为职业女性，其在工作场所的着装应当有别于其他场合的着装，在代表一个企业、一个组织形象时，更要追求大方、简洁、纯净、素雅的风格。

（1）套裙的款式

套裙有两件套和三件套之分，套裙上装以西服式样居多，也有圆领、“V”字领等式样，上衣的长度既可短至腰际，也可长至臀部以下；下装是长短不同的各式裙子。套装的整体变化不大，但套装上衣的袋盖、衣领、袖口、衣襟，下装的开衩、收边等，都可以在细致之处见风格。

（2）套裙的着装规范

蓝色套裙，尤其是深蓝色套裙是学校和公司制服中使用最广泛的一种服饰。深蓝色不但可以掩饰人体形上的许多缺点，使身材看起来纤细一些，而且可以使皮肤看起来更白皙一些。粉红色、粉蓝色、火黄色、草绿色等颜色则更能显示女性的柔美气质。

（3）套裙的选择

套裙选择的主要原则是整洁与高雅。职业套裙应避免领口开得过大，臂膀过于裸露；同时，不宜选用透明、耀眼和织有金丝、银丝及带亮片的服饰。

1）西服套裙。西服套裙是女性的标准职业着装，可塑造出强有力的形象。单排扣上衣可以不系扣，双排扣上衣则应将所有扣子都扣上（包括内侧的纽扣）。职业套裙的最佳颜色为黑色、藏青色、灰褐色、灰色和暗红色，并可配以精致的方格、印花和条纹。慎重选择红色、黄色或淡紫色的两件套裙，因为它们过于抢眼。面料首选羊毛制品，四季皆宜，经久耐穿。夏天最好穿棉织品；亚麻制品要选择混有人造纤维的，如聚酯纤维、人造丝或丙烯纤维，否则很容易起褶子。

2）衬衫。衬衫可以是任何颜色，只要与套装相匹配就可以了。白色、黄白色和米色可与大多数套装搭配。最好的衬衫面料是丝绸，其次是纯棉。

3）鞋袜的选择。在正式或非正式场合，女性一般着黑色半高跟皮鞋，露脚趾的皮凉鞋是绝对禁止在礼仪场合穿着的。否则会被认为不礼貌、缺乏教养。

在正式场合，应穿长筒丝袜或裤袜，白天可穿肉色或淡色的，晚间活动可穿颜色稍深的，但是不宜穿短袜。在办公室或工作场所应另外预备一两双袜子，以备袜子破损时换用。

二、饰品的选择与佩戴

为了充分展示人体的美，展示生活的富足与乐趣，现代人总不忘利用帽子、墨镜、耳环、项链、胸花、戒指等饰物来装饰自己，这就大大地丰富了服饰文化。

1. 帽子的选择与佩戴

帽子款式的选择要与人的脸型、体形相适应。长脸形不宜戴高帽子，而圆脸型戴顶端微凸的帽子就比较顺眼；矮个子戴稍凸的帽子会显高一些。

一般来说，参加各种活动及上门做客，进入室内场所都应脱帽，并视情况脱下大衣、风雨衣、套鞋等。任何情况下男士在室内都不得戴帽子、手套。女士的纱手套、纱面罩、传统礼帽、披肩等，作为服装的一部分则允许在室内穿戴。

2. 墨镜的选择与佩戴

礼仪规范对佩戴墨镜的要求：在参加室内活动时，不要戴墨镜；在室外，遇礼仪性活动，也不应戴墨镜。因有眼疾必须戴墨镜时，应向主人或客人说明并致歉意。在与人握手、说话时，应将墨镜摘下，离别后再戴上。

3. 耳环的选择与佩戴

选择耳环应当主要考虑自己的脸型、发式、服饰等方面。例如，长脸形，特别是下颌较尖的脸型应佩戴面积较大的扣式耳环，以使脸部显得圆润丰满；脸较宽的方脸型，宜选佩面积较小的耳环。如果服饰色彩比较艳丽，那么耳环的色彩也应当艳丽，同时，要考虑两者之间色彩的适当对比。一般来说，金银耳环可以搭配任何衣服。

4. 项链的选择与佩戴

选配项链，首先要考虑的是自己的经济实力，然后就是自己的体型、脸型、脖子的长度及衣服的颜色等。例如，体型较胖、脖子较短的人宜佩戴较长的项链，而不宜选择短而宽的项链，否则会“雪上加霜”，更让人觉得膀大腰圆；相反，身材苗条修长、脖子细长的人最好佩戴宽且粗的短项链，不宜佩戴细长的项链，否则会更显单薄和纤弱。就色泽而言，为了不致“埋没”项链的存在，项链的颜色应与服饰、肤色有较大的对比度。

5. 胸花的佩戴

一般情况下，胸花应佩戴在左胸部位，也可按服饰设计要求和服饰整体效果将其佩戴于肩部、腰部、前胸或发髻等处。佩戴胸花时最好将花茎向下，使之与自然开放的姿态相同。另外，选择胸花时应考虑自己的身高。个子矮小的人适宜选用小一点的花，并将其佩戴得稍微高一点；个子高大的人可以选用大一些的花，佩戴位置则可稍微低一点。

6. 戒指的佩戴

戒指根据质地不同可以分为钻石戒指、珍珠戒指、金戒指、银戒指等。此外，戒指的形状、大小、色彩也各异。

佩戴戒指最主要的注意事项，是搞清自己应将戒指戴在哪只手的哪根手指上。因为戒指佩戴在不同的手指上有不同含义，所以必须注意严格区分，以便正确把握自己，了解对方，避免失礼。

7. 女性小型手提包和轻便小袋的选择与携带

小型手提包和轻便小袋是女性日间出席正式场合时使用的重要饰物。精美的小型手提包和轻便小袋使人赏心悦目，可以显示出自己独特的魅力，因此，自古以来它们就受到高雅女性的青睐。小型手提包和轻便小袋的面料种类很多，如金属、漆皮、塑料、串珠、刺绣、抛光的布制品等，其款式应是可以拿在手中的小皮包型或手提型。选择小型手提包和轻便小袋的原则是小巧、新颖、别致、协调。

案例分析

由于公司业绩喜人，老板决定在美丽的海滨城市大连召开年终经理级会议，并吩咐 Mary 将会议的气氛策划得轻松愉快一些。在这次会议中 Mary 将担任主持人的角色，Mary 非常出色地完成了前期准备工作，然后按照预定行程高兴地乘机到达大连。

会议当天，Mary 早早来到会场，上身穿一件橘色的吊带装，下身着米白色九分裤，那些与 Mary 比较熟悉的同事们调侃地对她说：“呵！Mary，这样的装扮真的很像来度假嘛。”不少来自分公司的同事们面对 Mary 的笑脸，都急急收起了惊诧之色，礼貌地同 Mary 打招呼。

当 Mary 脚蹬一双无后带的高跟凉鞋款款走到主持位宣布会议开始并请总经理发表致辞时，总经理满脸挂着温和的笑容，以轻松的语调和完美的措辞做了演讲，最后他笑呵呵地看着 Mary 说：“如果知道可以像 Mary 穿得这样休闲，今天早晨我也不必斟酌戴哪条领带了。Mary 啊，以后再有这种事不要忘了通知大家哟。”

Mary 的脸“腾”地红了。

Mary 后悔不迭，开始只想到会期短，游玩时间长，收拾行装时也就忘了考虑自己的职业角色，给老板和同事留下了职业秘书不职业（不专业）的印象。

（资料来源：佚名，2015. 白领着装风格应与身份相宜[EB/OL].（2015-11-17）[2021-01-08]. https://www.315hyw.com/kaidian/dapei/117528.html.）

分析：

1）Mary 的着装有什么问题？

2）如果你是 Mary，在这样的场合会怎样着装？

完成任务

根据不同的情况为自己选择得体的服饰，并填写服饰选择表，如表 2-18 所示。

表 2-18 服饰选择表

场合	会议	宴请	旅游	聚会
服装的选择				
配饰的选择				

能力评价

一、自我评价

学生填写“服饰表达”能力自我评价表，如表 2-19 所示。

表 2-19 “服饰表达”能力自我评价表

评价内容		自我评价等级（在符合的情况下面画“√”）			
		全都做到了	大部分做到了	基本做到了	没做到
能够根据秘书的职业特点，选择得体的服饰					
能够正确运用服饰的 TPO 原则					
自检评价	我的优势				
	我的劣势				
	我的努力目标				
	我的具体措施				

二、小组评价

组长填写“服饰表达”能力小组评价表，如表 2-20 所示。

表 2-20 “服饰表达”能力小组评价表

评价内容	小组互评等级（记下符合下面情况的成员的姓名）			
	全都做到了	大部分做到了	基本做到了	没做到
能够根据秘书的职业特点，选择得体的服饰				
能够正确运用服饰的 TPO 原则				

续表

评价内容	小组互评等级（记下符合下面情况的成员的姓名）			
	全都做到了	大部分做到了	基本做到了	没做到
建议：				
组长签名：				年　月　日

三、教师评价

教师填写“服饰表达”能力教师评价表，如表 2-21 所示。

表 2-21 “服饰表达”能力教师评价表

评价等级	评价标准	备注
优秀	① 熟练掌握个人职业着装的要求和服饰的 TPO 原则 ② 在小组活动中积极主动，协作性强	
良好	① 掌握个人职业着装的要求和服饰的 TPO 原则 ② 在小组活动中比较积极主动，协作性比较强	
合格	① 基本掌握个人职业着装的要求和服饰的 TPO 原则 ② 在小组活动中基本上积极主动，可以与他人协作	

职业能力拓展

根据秘书的工作特点，收集职场服饰的搭配图片，并按照 TPO 原则对其进行分类整理。

项目三 积极倾听

要做一个善于辞令的人，只有一种办法，就是学会倾听他人说话。沟通高手在尝试让人了解自己的看法和意见之前，会把倾听他人和了解他人列为第一目标。

名 人 名 言

自然赋予人类一张嘴、两只耳朵，也就是要我们多听少说。

——苏格拉底

学习目标

- 能采用积极的倾听方式进行沟通。
- 能通过察言观色提高沟通效率。
- 能深度领会对方的言外之意。
- 能主动克服自身的倾听障碍。

任务一　主 动 倾 听

任务目标

1）能以积极主动的心态去倾听。

2）善于使用主动倾听的技巧。

任务描述

秘书小鹿在工作过程中逐渐认识到有效沟通必须是双向的，不仅要表达意见，还要接受意见。只有自己主动认真倾听，对方才会向你袒露心迹。在陈述自己的主张，说服对方之前，先让对方畅所欲言并认真聆听，是解决问题的有效途径。

任务分析

沟通是信息输入与输出的过程，倾听是信息输入的重要方式。只有以积极的心态主动倾听才能获得更有价值的信息。

名 人 名 言

不要打断别人说话，让他把话都说出来，哪怕他是在抱怨。如果你打断他，便是暗示他所说的不值得倾听。

——戴尔·卡耐基

相关知识

一、调整心态，做好积极倾听的心理准备

1. 情绪积极，全情投入

好的倾听者不仅要精力充沛，还要感情充沛。如果感觉自己不能集中精神或情绪难以稳定，可以深呼吸，自我放松情绪。在倾听过程中要时刻保持注意力集中，随时留意对方谈话的重点，表现出一种饶有兴趣的、关心的、赞同的态度，以一种高度负责任的态度来对待对方，这样能增加你与对方对话成功的概率。倾听对方说话本来就是一种礼貌，愿意倾听表示我们愿意客观地考虑对方的看法，这会让对方觉得你很尊重他的意见，使对方有一种自己得到认同的强烈感受，这有助于双方之间建立融洽的关系，彼此接纳。

2. 不要先入为主

如果你一开始就抱有对方很无趣的成见，你就会不断地从对话中去验证自己的观点。结果你所听到的，留下较深印象的谈话都会是无趣的。所以在与人沟通之前，应该先倾听对方的来意，然后想应对之策。如果凭自己的臆测就确定对方的意思，很可能会陷入尴尬的境地。

顾客到商店买化妆品，刚出商店的门口又折回来对售货小姐说：“小姐，你刚才的钱找错了……”。话还没说完，售货小姐急忙说道：“我们商店可是钱货两清的。”结果顾客无奈地说道：“那好，多谢你多找了我 50 元钱。”说完就走了，那个售货小姐就愣在那里。

3. 不能以自我为中心

以自我为中心会不自觉地被自己的想法缠住，从而漏掉对方所传递的信息。这会妨碍有效倾听。要学会站在对方的立场仔细倾听。每个人都有其独特的立场及价值观，不要用自己的价值观去指责或判断对方的想法，要与对方保持相互理解的态度，试着从对方的角度思考问题。

4. 接受对方

良好的沟通不一定要以友谊作为前提。与意见相左的人进行有效的交流，比同自己喜欢的人打交道要难，但也因此重要得多。对某些人来说，你可能明智的决定不跟他有任何的纠缠，并明确地拒绝他。但如果你想和对方合作，就必须把对方当作合作伙伴，排斥对方显然不是明智之举。你在意、关注对方，愿意倾听对方的意见，愿意同对方合作，目的是解决问题。无论你对对方的行为有多么不满意，也没有必要将对方看得一无是处。为了更好地处理双方之间的分歧，你应当学会求同存异。

5. 鼓励对方先开口

鼓励对方先开口可以显示你对对方的尊重，更重要的是能够保证你专心掌握重点，从而使你有机会在表达意见之前，掌握与对方意见的一致之处。这可以让你在说话的时候，更有针对性地说服对方。

二、采用积极倾听的方式与人沟通

1. 积极倾听的非语言表达形式

在与人沟通之前，可以先倾听对方的话语，这时候你可以采用一些积极的非语言信号表示你的关注、赞同等。常用的表示积极倾听的非语言信号如图 3-1 所示。

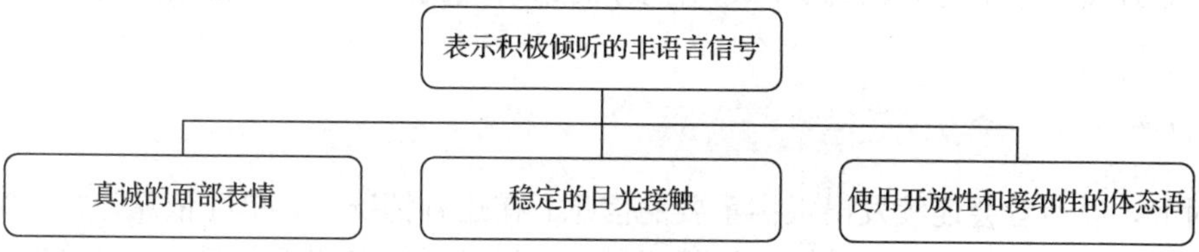

图 3-1 表示积极倾听的非语言信号

（1）真诚的面部表情

倾听者的面部表情应当随着谈话内容的变化而不同：当听到乐观的信息时应保持微笑；当听到严肃的问题时应表示忧虑；当说话者抱怨或发泄情绪时应表示同情和保持耐心。

（2）稳定的目光接触

眼睛是心灵的窗口，双方交谈时用柔和的目光不时地注视对方的眼睛，表明自己对所讲的内容很感兴趣，并始终将注意力集中在对方谈话的内容上，给对方一个畅所欲言的空间，表现出一种认真、耐心、虚心的态度。对方会根据你的目光判断你是否在倾听和接受其说话的内容。将注意力集中于对方，这不仅有助于你的倾听，同时也能让对方完全相信你在倾听，因而传达了友好的感情和积极鼓励的信息。稳定的目光接触就是告诉对方：我的注意力集中在你的身上，我正留心你在说什么。

（3）使用开放性和接纳性的体态语

在倾听的过程中，倾听者的姿势要放松，手臂不要交叉，不要僵硬不动，而要随对方的语言做出反应。坐着的时候要面向对方，身体略向前倾，可以随着对方的姿势及时调整自己的姿势。另外，可以通过一些非语言信号，如赞同地微笑、肯定地点头、恰当的面部表情与积极的目光接触相配合，或者手势、体态等做出积极的反应，表现出你对谈话内容的兴趣和对对方的接纳与尊重。切忌做出分心的举动和手势。例如，时不时看手机，心不在焉地乱翻材料，随手拿笔乱写乱画等。这些举动会让说话者认为你很不耐烦，对话题不感兴趣。更重要的是，这表明了你没有集中注意力，因此可能会漏掉说话者传达的一些重要信息。

2. 适时发表意见或表达疑问

倾听时要适时地提出一些切中要点的问题或发表一些意见感想来响应对方的说法，一旦听漏了一些地方或者遇到不懂的问题，就要在对方的谈话暂时告一段落时提出疑问，适时用自己的话语查证对方的真实意图。

避免误会的方法是把主要疑问用自己的话表达出来，让对方加以证实。

3. 让对方把话说完，不要立即下判断

当对方停下来的时候，并不一定说明对方已经说完想说的话，所以你应当在确定知道对方完整的意见后再做出反应。让对方把话说完整并且不插话是对对方尊重的表现，同时注意

不要在一件事情还没有搞清楚之前就下结论，要保留对对方的多种判断，直到事实清楚、证据确凿再提出来。

4. 适度沉默

适度保持沉默，静静地听对方倾诉是倾听的最好方式之一。切忌自己滔滔不绝，反客为主，最后导致没有了解对方的想法。尽量把你的话语减到最少，因为说话和聆听是不能同时进行的。

5. 记录

有时候，说话者会连续发出很多重要的信息。在这种情况下，单纯依靠记忆力来记录是不够的，所以你有必要对一些关键点进行记录。做记录不但有利于聆听，而且能够集中话题及取悦对方。如果有人重视你所说的话并做了记录，你会感到受到尊重。当然，在记录的过程中并不是要记下所听到的每句话，而是要记录重要的内容点。同时需要注意的是，在记录的过程中要维持和对方的目光接触，并且阶段性地验证对所接收信息的理解是否准确。

相关链接

积极的心态带来积极的倾听效果

心理学研究表明，在沟通过程中，当事人的情绪或态度会直接影响沟通的效果。情绪不仅会影响个人的感受，还会影响认知能力、思考方式和行为表现，进而直接影响沟通的效果。当情绪状态较好的时候，人的思维处于积极活跃的状态，对周围世界充满兴趣，此时对于沟通的态度也是积极的，因此沟通就会有积极的导向，信息的转换过程就会流畅。除了沟通的过程容易进行，沟通的内容也会有较大的广度和深度。相反，在情绪消极，处于烦躁、悲伤或焦虑状态时，人们对于沟通的要求往往不是很强烈，沟通的导向就会比较消极，沟通常常发生困难，容易出现答非所问的情况，对沟通内容的理解也常常会因偏见而出现误差，甚至引发人际冲突。

拓展与提高

听≠倾听

提起沟通能力，很多人能够想到的往往是“能说会道”，但你是否想过“听”也是一种重要的沟通能力呢？很多人可能不这样认为，因为在语言交流的听、说、读、写各项活动中，“听”似乎是最不费力气的，竖起耳朵听就是了，而且“听”是人们天生所具备的功能，所以有人会联想到“倾听也是与生俱来的本能”。但事实果真如此吗？

倾听的“听”字的繁体字（聽）里有一个“耳”字，说明倾听要用耳朵听；下面还有一个“心”字，说明倾听时还要用“心”听；里面还有一个“目”字，说明你在倾听他人讲话时应看着对方的眼睛；在“耳”的旁边还有一个“王”字，“王”字代表把说话的人当成帝王来对待。

从听字的繁体结构中可以看出，倾听时不仅要用“耳朵”，还要用“心”和“眼睛”，更重要的是要充分尊重对方。

简单的“听”只是一个生理过程，是听觉器官对声波的单纯感受，是一种无意识和被动的行为。倾听不仅仅是生理意义上的听，更是一种积极的、有意识的听觉和心理活动。通过倾听，不仅可以获得信息，还能了解情感。倾听不仅需要通过耳朵听到相应的声音，还需要通过语言和非语言信号回应对方，包括用耳听、用眼观察、用嘴提问、用脑思考和用心灵感受。倾听向对方传递的一种信息是我很想听你说话，我尊重和关心你。因此，倾听是一种情感活动，在倾听过程中应该给予对方充分的尊重、情感的关注和积极的回应。

听既是一种行为，又是一种生理反应。倾听则是一种艺术，一种心智和情绪的技巧。

案例分析

某个圣诞节，一个在外出差的美国男人兴冲冲地乘飞机回家和家人团聚。不料在飞行途中飞机遭遇了猛烈的暴风雨，因此几次面临坠毁的危险。庆幸的是，驾驶员技术很好，最终冷静地驾驶飞机安全着陆。

这个美国男人死里逃生后回到家。他异常兴奋，不停地转着、叫着、喊着，向妻子描述飞机上的经历。然而，他的妻子正和孩子兴致勃勃地准备着过节的一切，对他的讲述没有太大兴趣。男人发现没有人认真听他倾诉，他死里逃生的巨大喜悦与被家人冷落的孤独感形成强烈反差。于是，在妻子准备蛋糕时，他爬上了阁楼，用上吊的方式结束了从险情中捡回来的宝贵生命。

（资料来源：彭丽萍，2012．口语交际训练[M]．2版．北京：中国劳动社会保障出版社．）

分析：

1）这个男人倾诉的目的是什么？

2）这个男人的家人为什么没有认真听他倾诉死里逃生的经历？

3）如果你是他的家人，在他倾诉时会怎么做？

4）如果你是这个男人，发现家人不感兴趣，会怎么做？

完成任务

找到一个有共同兴趣的话题，与你的教师、家人或同学交谈，用上述方法主动倾听，填写“主动倾听”任务表，如表3-1所示。

表3-1 “主动倾听”任务表

<table>
<tr><td>交谈对象</td><td></td><td>身份</td><td></td><td>联系方式</td><td></td></tr>
<tr><td>交谈的主要内容</td><td colspan="5"></td></tr>
<tr><td>你的情绪和心态</td><td colspan="5"></td></tr>
<tr><td>描述自己主动倾听的情况</td><td colspan="5"></td></tr>
<tr><td>自己的倾听效果</td><td colspan="5"></td></tr>
<tr><td>描述对方倾听的状态</td><td colspan="5"></td></tr>
<tr><td>倾听的成功之处</td><td colspan="5"></td></tr>
<tr><td>倾听的待改进之处</td><td colspan="5"></td></tr>
<tr><td>自我评价</td><td colspan="5"></td></tr>
<tr><td>对方评价</td><td colspan="3"></td><td>签名</td><td></td></tr>
<tr><td>教师评价</td><td colspan="3"></td><td>签名</td><td></td></tr>
</table>

能力评价

一、自我评价

学生填写“主动倾听”能力学生自我评价表，如表 3-2 所示。

表 3-2 “主动倾听”能力学生自我评价表

<table>
<tr><th colspan="2" rowspan="2">主要内容</th><th colspan="4">自我评价等级（在符合的情况下面画“√”）</th></tr>
<tr><th>全都做到了</th><th>大部分做到了</th><th>基本做到了</th><th>没做到</th></tr>
<tr><td colspan="2">能清楚地了解主动倾听的重要性</td><td></td><td></td><td></td><td></td></tr>
<tr><td colspan="2">做好了主动倾听的心理准备</td><td></td><td></td><td></td><td></td></tr>
<tr><td colspan="2">掌握了主动倾听的方式</td><td></td><td></td><td></td><td></td></tr>
<tr><td rowspan="4">自检评价</td><td>我的优势</td><td colspan="4"></td></tr>
<tr><td>我的劣势</td><td colspan="4"></td></tr>
<tr><td>我的努力目标</td><td colspan="4"></td></tr>
<tr><td>我的具体措施</td><td colspan="4"></td></tr>
</table>

二、小组评价

组长填写“主动倾听”能力小组评价表，如表 3-3 所示。

表 3-3 “主动倾听”能力小组评价表

<table>
<tr><th rowspan="2">主要内容</th><th colspan="4">小组评价等级（在符合的情况下面画“√”）</th></tr>
<tr><th>全都做到了</th><th>大部分做到了</th><th>基本做到了</th><th>没做到</th></tr>
<tr><td>能清楚地了解主动倾听的重要性</td><td></td><td></td><td></td><td></td></tr>
<tr><td>做好了主动倾听的心理准备</td><td></td><td></td><td></td><td></td></tr>
<tr><td>掌握了主动倾听的方式</td><td></td><td></td><td></td><td></td></tr>
<tr><td colspan="5">建议：

组长签名：　　　　　　　　　　　　　　　　　　年　月　日</td></tr>
</table>

三、教师评价

教师填写“主动倾听”能力教师评价表，如表 3-4 所示。

表 3-4 “主动倾听”能力教师评价表

评价等级	评价标准	备注
优秀	① 牢固树立了主动倾听的意识，很好掌握了积极倾听的方式 ② 在小组活动中积极主动，协作性强	
良好	① 较好树立了主动倾听的意识，掌握了积极倾听的方式 ② 在小组活动中比较积极主动，协作性较强	
合格	① 树立了主动倾听的意识，基本掌握了积极倾听的方式 ② 在小组活动中基本上积极主动，协作性较强	

职业能力拓展

请你分别回忆一下近期你和某个人（同学、朋友、父母或教师）的一次你认为非常愉快和不太愉快的谈话过程，填写表 3-5 和表 3-6。

表 3-5 愉快的谈话过程

谈话人的姓名		身份		联系方式	
谈话的内容					
令人愉快的原因					
描述在你说的过程中对方的倾听状态	①				
	②				
	③				
你对对方倾听的态度和情感					
你和对方未来关系的预期					

表 3-6 不愉快的谈话过程

谈话人姓名		身份		联系方式	
谈话内容					
令人不愉快的原因					
描述在你说的过程中对方的倾听状态	①				
	②				
	③				
你对对方倾听的态度和情感					
你和对方未来关系的预期					

任务二 察 言 观 色

名 人 名 言

要想了解谈话对象真正的情感，你应该仔细观察他的脸部表情，因为驾驭语言比控制面部表情容易多了。

——查斯特·菲尔德

任务目标

1）能察言。

2）能观色。

任务描述

随着工作经验的不断积累，小鹿的观察能力也有了很大的提高。她发现人们的真实意图常常浮现于举手投足之间，暗藏于神态服饰之中。一个人不经意的眼神、动作或手势都可能隐含着其内心的某种状态。在倾听他人谈话的过程中，学会感知对方所暗藏的玄机，对洞察对方心理、提高沟通效率具有非常重要的作用。

■任务分析

科学研究表明，在人际交往中，非语言信息要比有声语言信息的内涵多5倍。面部表情更容易显现出一个人内心的情绪，也是理解对方情绪状态的最有效、最直接的途径。相对于面部表情，从眼睛中所反映出来的情绪状态往往更具真实性。人们可以做出与内心状态不一致的面部表情，但无法随意控制自己的目光。倾听他人谈话的时候，不能简单地听他讲了什么，更要留意他讲话时的神色是否与他讲话的内容相一致，一旦出现两者不协调的情况，凭借非语言传递的信息进行判断就更为准确。有时，宁愿相信自己的眼睛，也不要相信自己的耳朵。

相关知识

一、读懂头部语言

点头和摇头是最基本的头部动作。点头表示同意、肯定或赞许，摇头表示反对、否定或批评。

二、读懂面部表情语

面部表情语是指运用面部器官，如眉、眼、鼻、嘴交流信息、表达情感的非语言符号。体语学的创立者雷•L.伯德惠斯特尔（Ray L. Birdwhistell）指出，人的脸部可做出大约25 000万个表情。可以说，脸部是非语言信息最丰富、最集中的地方。在面部表情语中，最有表现力的当属眉眼语和微笑语。

1. 眉眼语

顾名思义，眉眼语是指运用眉毛、眼睛的动作、姿态所表达的非语言符号。当眼睛在传情达意时，富有表现力的眉毛也会积极配合。眼睛的动作，根据运动的主要部位可以分为以下三种。

（1）眼珠的动作

如果在与人交谈中不注视对方，或者回避对方的视线，一般会传递出负面的信息，如不诚实、有所隐瞒、不自信、没把握、不感兴趣或厌恶等。如果长时间注视对方，通常有两种意思：一种是说明对对方比对谈话内容更感兴趣，另一种是向对方挑衅或施加某种压力，以起到震慑的作用。注视时间太短，则又会有对对方和谈话内容都不感兴趣或厌恶的嫌疑。如果想显示权威和居高临下，那么可采用视线向下，并用眼睛看着对方脸上以双眼为底线、上顶角到前额的三角形区域。如果要营造平等气氛，那么可采用平行的视线，用眼睛看着对方脸上以双眼为上线、以嘴为下顶角的三角形区域（社交注视）。视线停留的部位最好是对方脸上以双眼为上线、以嘴为下顶角的三角形区域。

（2）眼睑的动作

眨眼除了有保护眼睛的作用，还有表情达意的作用。通过眨眼的频率和次数能够判断对方是否处于紧张、焦虑或惶恐不安的状态。因为在这些状态下，眨眼一般会频繁一些。

（3）瞳孔的变化

瞳孔的放大与收缩能分别传达正面和负面的信息。

2. 微笑语

微笑语是指通过略带笑容而不出声地笑来传递信息的非语言符号，是由眼睛、眉毛、嘴、脸部肌肉共同表现出的面部表情。微笑作为世界通用的语言，是最富有吸引力、最有价值的。真诚的微笑会传递友善、关注、尊重、理解等信息。

相关链接

一、非语言信息的价值

在良好的沟通要素中，话语占 7%，音调占 38%，而非语言信号占 55%。非语言信号所表达的丰富信息不是通过“听”来接受的，而是通过“观察”来获取的。平时人们常常会说“看他说什么”，的确，要想真正听明白他人的话语，了解他人的真实想法，必须读懂其发出的非语言信号。

面对面与人进行交流时，语言表达起的是方向作用，而非语言表达能更准确地反映说话者的真实思想和感情。如果你留心观察对方的面部表情，那么你不仅可以比较准确地察觉对方的内心世界，还可以读懂对方此时在向你暗示什么，从而帮助你做出恰当的判断和应对。

二、非语言信息的类型

非语言信息有各种类型，主要包括肢体动作、副语言、空间利用等，如表 3-7 所示。具备认识和辨析这些非语言信息的能力无疑有助于有效沟通。

表 3-7 非语言信息的基本类型

基本类型	解析和例子
肢体动作	手势、脸部表情、眼神、触摸手臂及身体其他部位的动作
个人身体特征	体型、体格、姿势、体味、气味、身高、体重、头发颜色及肤色等
副语言	音质、音量、语速、语调、大笑或打哈欠等
空间利用	人们利用和理解空间的方式，包括座位的布置和谈话的距离等
时间安排	迟到或早退、让他人等候、文化差异对时间的不同理解等
物理环境	大楼及房间的构造、家具和其他摆设、内部装潢、整洁度、光线及噪声等

三、解读非语言信息的注意事项

人的性格、习惯、思维方式等不可能完全一样，因此表达方式也会不同。同时，由于成长背景和客观条件会有所差异，同一个动作会被理解为不同的意思。正确解读非语言信息，还需要考虑对方的个人职业、生活习惯、文化背景及宗教信仰等情况，如图 3-2 所示。

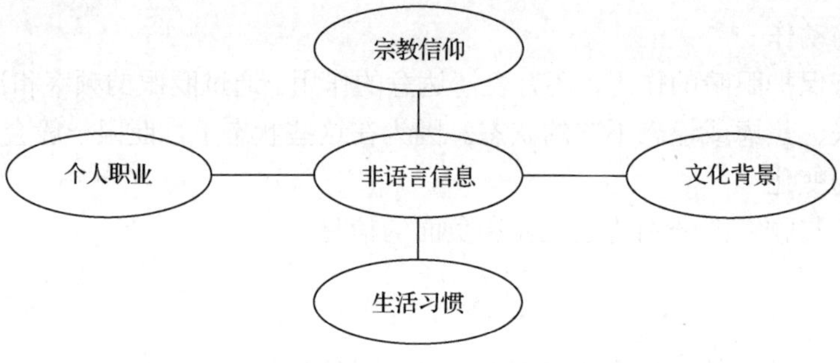

图 3-2　正确理解非语言信息需要考虑的情况

拓展与提高

专注≠积极

$$\frac{\text{事实}}{\text{内容}}+\text{情感}=\text{信息的真实内涵}$$

在沟通过程中，常常会有人简单地将专注于对方理解为积极的倾听方式。专注倾听应做到与说话者保持稳定的目光接触；表现出感兴趣和诚恳的面部表情；点头以示理解；提供简单的口头信息等。当信息都是事实时，专注倾听的效果应该是不错的。

但我们知道，一个人内心的情绪往往体现在非语言行为上。当信息中卷入更多的个人情感时，如果只是专注于听信息，就会造成“我知道你在说什么，但我不完全明白你的意思”的结果。专注倾听不能捕捉完整的信息——事实信息和情感信息。

沟通最难的地方不在于如何把自己的意见、观念说出来，而在于如何听出对方的心声。当对方因为你的倾听而得到鼓励时，不仅会兴致勃勃地讲述他想要与你沟通的事情，还会接受你的情感，沟通双方很容易建立起信任和友好的关系。善于倾听会使对方心情愉快，会换来对方的理解、信任和合作，会使对方吐露内心的苦恼或喜悦；最重要的是，它还能使对方感觉到自身价值的存在。在认真倾听对方讲话时，自己也可以从对方的讲话中得到知识，可以学习更多人的智慧。俗话说：“会说的不如会听的。”多听少说，做一位好听众，你会慢慢发现对方开始愿意接纳你，并且提供你所需要的答案和信息，甚至把他的真正想法告诉你。

只有善于倾听对方的谈话，才能更准确地把握对方的意思、流露的情绪和传播的信息，促使对方更好地继续谈话。

案例分析

詹佳是汇金文化用品有限公司（以下简称汇金公司）的业务员。罗亚是美味食品有限公司的行政经理。当詹佳走进罗亚的办公室时，年近60岁的小个子罗亚正坐在一张很大的皮质沙发上看报纸，手臂和两腿都交叉着。

詹佳：“（走近罗亚，伸出他的手）早上好，罗经理。很高兴见到你，今天你看上去特别精神。”

罗亚：“是的，你迟到了。”

詹佳：“刚才地铁发生了故障，害得我耽搁了，不过只是5分钟。”

罗亚："(用手指摸了摸自己的鹰钩鼻，双臂抱得更紧了）那么好吧，我能为你做什么？"

詹佳："我们公司刚刚进口了一批全新的文具，我想你们可能用得上。"

罗亚："我就实话实说了，我们刚与红星文具社（汇金公司的竞争者）签了一份订单。"

詹佳："(刚从牛皮公文包中拿出产品样本的手在颤抖，音调变高，声音变得结结巴巴）哦，听……听到这太遗憾了。我只是迟到了 5 分钟，我们在电话中都已经谈妥了，你们应该等着我来的，我们公司的定价比他们要低 10% ~ 15%。"

罗亚："(突然松开交叉的手臂和大腿，手托着下巴，身体向前倾斜）是吗？"

詹佳："(站起身，眼睛紧盯着天花板，整理了一下身上的西装）对不起，我想我已经错过一次机会。既然你们已经下了订单，我们就下次再谈吧，好吗？"

不等罗亚回答，詹佳有礼貌地道了声再见，径直走出罗亚的办公室。当詹佳离开时，罗亚刚站起的身子又重重地跌坐在沙发上，目瞪口呆。

（资料来源：佚名，2014. 如何接近目标顾客：市场营销专业实训方案［EB/OL］.（2014-04-09）［2021-01-08］. https://www.docin.com/p-791050516.html.）

分析：

1）詹佳为什么离开了罗亚的办公室，一无所获？

2）你从罗亚的言谈举止中读到了什么？

完成任务

1）和同桌合作，其中一人为说话者，另一人为倾听者。倾听者事先准备好一张写有短句的字条（字条的内容不限，但是不能让说话者看到）。

任务：

① 说话者的任务是在讲话的过程中根据倾听者的反馈情况，在最短的时间内猜出字条上短句的意思。

② 倾听者的任务是不能说话，只能通过肢体语言进行反馈（如点头或摇头等），帮助说话者尽快猜出短句的意思。

讨论：

① 作为说话者，你怎样依靠倾听者的表情和动作得到信息？

② 作为倾听者，你做出怎样的反馈才能让说话者尽快猜到短句的意思？

③ 大家认为在日常沟通中，应该如何做出反馈？

2）填写一周"察言观色"记录表，如表 3-8 所示。

表 3-8 一周"察言观色"记录表

日期	地点	"察言观色"对象	说出来的话	做出来的表情	伴随的肢体动作	他/她表达的真实意思	对方意见	签名

续表

日期	地点	“察言观色”对象	说出来的话	做出来的表情	伴随的肢体动作	他/她表达的真实意思	对方意见	签名
学生自我评价	察言能力							
	观色能力							
	体会或收获							
改进措施								

能力评价

一、自我评价

学生填写“察言观色”能力学生自我评价表，如表3-9所示。

表3-9 “察言观色”能力学生自我评价表

主要内容		自我评价等级（在符合的情况下面画“√”）			
		全都做到了	大部分做到了	基本做到了	没做到
能察言					
能观色					
自检评价	我的优势				
	我的劣势				
	我的努力目标				
	我的具体措施				

二、小组评价

组长填写“察言观色”能力小组评价表，如表3-10所示。

表3-10 “察言观色”能力小组评价表

主要内容	小组评价等级（在符合的情况下面画“√”）			
	全都做到了	大部分做到了	基本做到了	没做到
能察言				
能观色				

建议：

组长签名：　　　　　　　　　　年　月　日

三、教师评价

教师填写“察言观色”能力教师评价表，如表3-11所示。

表 3-11 “察言观色”能力教师评价表

评价等级	评价标准	备注
优秀	① 正确地解读非语言行为表达的内容 ② 在小组活动中积极主动，协作性强	
良好	① 较好地解读非语言行为表达的内容 ② 在小组活动中比较积极主动，协作性较强	
合格	① 基本能够正确地解读非语言行为表达的内容 ② 在小组活动中基本上积极主动，协作性较强	

职业能力拓展

找一位你感兴趣的教师或同学进行交谈，交谈内容不限，填写交谈效果表，如表 3-12 所示。

表 3-12 交谈效果表

交流者		身份		联系方式	
对方愿意与你交流吗？你怎么知道的？					
对方有哪些习惯性动作或表情？					
你觉得在谈话过程中哪些话题令对方感兴趣？哪些信息帮助你得出上述结论？					
你觉得在谈话过程中哪些话题令对方感觉无趣？哪些信息帮助你得出上述结论？					
你认为本次交流成功吗？					
你觉得值得以后借鉴的地方有哪些？					
你觉得需要加以改进或提高的是什么？					
自我评价					
交流者			签名		
教师评价			签名		

任务三 深 度 领 会

任务目标

1）能有意识地进行换位思考。

2）能结合语境领会对方的言外之意。

任务描述

通过不断的学习，小鹿发现沟通过程的实质并不在于自己说了什么，而是在于对方听懂了什么，有效的沟通来源于准确理解对方的信息。因此，领会对方的言外之意是有效倾听的重要任务，同时也是沟通交流过程中的最高境界。

名 人 名 言

站起来发言需要勇气，而坐下来倾听，也需要勇气。

——温斯顿•丘吉尔

■ 任务分析

沟通交流的过程，实际上是信息的表达和解读的过程。人们表达自身意图和目的，有时采用有声语言来表达，但更多的时候会将真实意图隐藏在话语的形式之外，形成隐含的语义。为了避免曲解、误解甚至不解对方表达的真实意图，你可以做好以下几个方面的工作。

相关知识

一、学会换位思考

换位思考是指站在对方的立场上体验和思考问题，将心比心，设身处地地了解对方的感受，理解对方的处境。只有将自己的情感体验和思维方式等与对方联系起来，与对方从情感上进行沟通，才能为增进理解奠定基础。避免因局限于自己的眼光和思路看问题而引起误解。换位思考要求我们从对方的角度看待问题。例如，说话者所要表达的观点是什么？他需要的是什么？他想要解决什么问题？

二、能结合语境进行分析

语境是指沟通交流过程中的情境。同样的话语在不同的语境下的含义可能大不相同。因此，要完整、准确地理解话语的内容，必须结合当时的语境。

语境和背景、情景密不可分，背景包括社会的、文化的、时代的因素，情景则是指具体的交流环境，包括时间、地点、人物、事件等。不同的语境制约着语意的表达。例如，问同样的一句话“你一个月挣多少钱？”对于中国人来说，这是朋友间最平常的一句话，但是西方人可能会认为这句话包含轻视之意。再如，“要下班了”，这句话对埋头苦干的人来说是劝慰；对没完成任务的人来说是催促提醒；对前来办事的人来说又意味着不耐烦。由此可以看出，同样的一句话，在不同的语境中有不同的含义。

相关链接

一、换位思考技巧

换位思考是尊重人、理解人、关心人的重要技巧，学会换位思考的沟通方法，可以使沟通取得更好的效果，同时能使你给对方留下良好的印象。运用换位思考的沟通方法，通常有以下几种技巧，如表 3-13 所示。

表 3-13　换位思考技巧

换位技巧	换位方式	非换位方式
不要强调你为对方做了什么，而要强调对方能获得什么或能做什么	你们需要的东西正在整理中，预计今天下午能完成，届时将准时送达	今天下午我们会把你们所需要的东西准备好的
参考对方的具体要求或指令	你需要的关于沟通方面的书籍……	你的要求……
除非你有把握对方会感兴趣，否则尽量少谈自己的感觉	通过你的努力，你获得了今年的“优秀班干部”称号	我们很高兴授予你“优秀班干部”的称号

续表

换位技巧	换位方式	非换位方式
不要告诉对方他们将会如何感受或反应	你通过了公司的全部考核，你被录用了	你会很高兴听到你被公司录用的消息
涉及贬义内容时，避免使用“你”为主语，以保护对方的自我意识	本机构的工作人员在发表以在这里的工作经历为背景的文章时，必须得到主任的同意	你在发表任何以在该机构工作经历为背景的文章时，必须得到主任的同意
涉及褒奖内容时，多用“你”而少用“我”	作为班集体的一员，你会享受到免费餐具	我们为所有的班级成员提供免费餐具

二、语境对语义的影响

人们常说“上什么山唱什么歌”“对什么人说什么话”。说话的情境很大程度上影响着双方谈话的内容的含义，每句话在不同的语境中所传达的信息不同。

1. 同样的一句话，不同身份的人所表达的语义不同

例如，一位教师说“明天上午八点我去上课”与一个学生说“明天上午八点我去上课”相比，虽然教师和学生都说同样的话，但是因为教师和学生的职务、身份不同，所以两句话的语义就有所不同：教师说这句话的意思是“去讲课”，而学生说这句话的意思是“去听课”。

2. 同样的一句话，在不同的时间、地点、场合有不同的语义

例如，“都八点了！”如果这句话是妈妈早晨站在还在睡觉的孩子床头说的，那么这句话的语义是催促孩子快起床上学。如果这句话是上午八点老师或同学在学校里或在教室里说的，那么这句话的语义是上课的时间到了。如果这句话是在假日或晚上，在公园里说的，那么其意义可能是向同行的朋友提出该回家了。

3. 同样的一句话，在不同的语境中有不同的语义

在面对面的沟通过程中，人们常常会根据双方都知道的前提或背景情况而省略一些成分，以达到言简意赅的目的。因此，在口头沟通交流的语言中，有些句子往往是不完整的、省略的形式，但是说话的人用它可以圆满地表达意图，倾听者也能毫无困难地接收信息，其原因就是语境提供了潜在信息。

例如，以前，在北京的公共汽车上，乘客买车票时常说“两个西单”，很显然，“两个西单”是一种省略的表达形式，但任意一个公交售票员都能理解说话人所表达的意思是“我要买两张到西单的汽车票”。

在特定的交际环境中，交际双方进行的常常是一种“只可意会，不可言传”的交际活动，即“言外之意，弦外之音”。这就需要我们结合语境加以理解。

三、性格因素对语义的影响

不同的沟通对象具有不同的性格，不同的性格又表现出不同的表达特点。例如，当经理向不同的下属布置一项难度较大的任务时，性格沉稳、踏实内向的下属会说：“我尽力吧。”性格张扬、做事毛糙的下属会说：“没问题，您瞧好吧。”回答的程度是不一样的，但作为深知二人性格特点的经理来说，可能对前者会更放心。为此，有时候还需要事先了解对方的性

格特征，以帮助我们深度领会对方表达的真正意义。

拓展与提高

一、倾听的层次

倾听包括以下五个层次，如表 3-14 所示。

表 3-14　倾听的层次

层次	特点	表现
1	听而不闻	不做任何倾听的努力
2	假装倾听	做出倾听的假象
3	选择性倾听	只听自己感兴趣的内容
4	专注倾听	认真倾听并与自己的亲身经历对比
5	设身处地地倾听	用心倾听，认真理解对方讲话的内容和情感

二、自检

以下是关于倾听技巧的一些看法，请判断对错，并分别在题号后的括号内画“√”或“×”。

1）我们自然而然地学习倾听；训练没有必要。（　）

2）有效的倾听是一种技巧，掌握这种技巧对我们大多数人来说是困难的。练习和训练能帮助我们提高倾听的能力。（　）

3）倾听的能力取决于智力。（　）

4）智力与倾听技巧之间没有联系。（　）

5）倾听的能力与听力密切相关。（　）

6）听力是一种生理现象，它与我们所讲的倾听能力几乎没有关系。事实上，听力下降的人却常常能成为非常有效的倾听者。（　）

7）一般来说，大多数的人能边听边阅读。（　）

8）边听边阅读这种技巧很少有人能有效地应用。（　）

9）在大多数情况下，我们善于倾听。（　）

10）大多数人需要提高倾听技巧。（　）

11）所听即所言。（　）

12）所听经常非所言。（　）

13）倾听是一种被动行为。（　）

14）倾听是一种主动行为，需要我们参与和投入其中。（　）

15）性格对倾听能力基本没有影响。（　）

16）性格对倾听能力有重要的影响。（　）

17）倾听是通过耳朵完成的。（　）

18）有效的倾听是通过整个身体完成的。正确的目光接触和身体姿势有助于倾听。（　）

19）倾听注重内容第一、感情第二。 （ ）

20）感情常常比语言本身更重要。我们必须寻找信息包含的感情，它们常常是更真实的信息。 （ ）

案例分析

案例一

小文正在家里悠闲地喝茶、看电视，这时电话铃突然响了，是他最好的朋友打来的电话，听起来明显地感觉到他朋友的情绪很激动："我想辞职，我们经理明明说好的提升我做部门经理，事到临头他却变卦了……"这时候，小文通常可能出现以下三种反应。

1）你不应该这样激动，不是我说你，你的脾气太急了，人跟人相处不是一件容易的事情，说你好多次你就是不听……

2）完成最初的反应之后，小文马上讲述自己曾遭遇过的相似经历，以此来说明他朋友的遭遇不是最糟糕的。

3）在听朋友解释完事情的原委之后，小文说："你们公司那些人真是太可恶了，素质太差。你干脆跳槽算了，找一份新的工作，此处不留人，自有留人处。"

（资料来源：彭丽萍，2012．口语交际训练[M]．2版．北京：中国劳动社会保障出版社．）

分析：

上述三种反应你认为是否合适？你会做出什么样的反应？

案例二

一天，秘书小朗陪老板坐车路过一个菜市场，看见路边的菜摊上摆着一堆新鲜的洋葱。洋葱的皮晒得红红的，上边还沾着很多泥巴。老板是个美国人，小时候经常跟着做农场主的父亲去种洋葱。他来中国已经很久了，但还是第一次见到这么新鲜的洋葱，所以感到很亲切，想起了已去世的父亲和自己的童年时光。回到办公室以后，老板让小朗派人去给他买几个洋葱。

第二天，当小朗把洋葱放到老板桌上的时候，那几个洋葱只剩下中间的那一点小芯儿了。原来，行政部门的办事员将洋葱买回来以后，马上放在水龙头下把洋葱上面的泥巴洗掉了。办事员将洋葱交给行政部门的领导时，领导又把洋葱外面的几层皮剥掉了。行政部将洋葱交给小朗后，小朗怕不卫生，又剥掉了一层洋葱皮。

洋葱还是那些洋葱，但已经不是老板当初想要的洋葱了。老板看着摆在桌上的洋葱，觉得很扫兴，而且对小朗感到很失望。

（资料来源：彭丽萍，2012．口语交际训练[M]．2版．北京：中国劳动社会保障出版社．）

分析：

1）老板为什么会对小朗失望？小朗的失误表现在哪里？

2）老板的真实意图是什么？

3）如果你是小朗，你会怎么做？

完成任务

利用一天的时间细致观察自己的家人、朋友或教师（任选其一），填写观察任务表，如表3-15所示。

表 3-15 观察任务表

<table>
<tr><td>被观察人</td><td></td><td>身份</td><td></td><td>联系方式</td><td></td></tr>
<tr><td rowspan="3">活动内容</td><td colspan="5">①</td></tr>
<tr><td colspan="5">②</td></tr>
<tr><td colspan="5">③</td></tr>
<tr><td>性格特征</td><td colspan="5"></td></tr>
<tr><td>情绪状态</td><td colspan="5"></td></tr>
<tr><td>说话语气</td><td colspan="5"></td></tr>
<tr><td>关注的问题</td><td colspan="5"></td></tr>
<tr><td>你学到了什么</td><td colspan="5"></td></tr>
<tr><td>自我评价</td><td colspan="5"></td></tr>
<tr><td>对方评价</td><td colspan="3"></td><td>签名</td><td></td></tr>
<tr><td>教师评价</td><td colspan="3"></td><td>签名</td><td></td></tr>
</table>

能力评价

一、自我评价

学生填写“深度领会”能力学生自我评价表，如表 3-16 所示。

表 3-16 “深度领会”能力学生自我评价表

<table>
<tr><td colspan="2" rowspan="2">主要内容</td><td colspan="4">自我评价等级（在符合的情况下面画“√”）</td></tr>
<tr><td>全都做到了</td><td>大部分做到了</td><td>基本做到了</td><td>没做到</td></tr>
<tr><td colspan="2">充分理解情感因素在沟通过程中的重要性，学会换位思考</td><td></td><td></td><td></td><td></td></tr>
<tr><td colspan="2">理解语境的重要性，掌握语境的区分</td><td></td><td></td><td></td><td></td></tr>
<tr><td colspan="2">掌握不同的性格特征对语言表达的影响</td><td></td><td></td><td></td><td></td></tr>
<tr><td rowspan="4">自检评价</td><td>我的优势</td><td colspan="4"></td></tr>
<tr><td>我的劣势</td><td colspan="4"></td></tr>
<tr><td>我的努力目标</td><td colspan="4"></td></tr>
<tr><td>我的具体措施</td><td colspan="4"></td></tr>
</table>

二、小组评价

组长填写“深度领会”能力小组评价表，如表 3-17 所示。

表 3-17 “深度领会”能力小组评价表

<table>
<tr><td rowspan="2">主要内容</td><td colspan="4">小组评价等级（在符合的情况下面画“√”）</td></tr>
<tr><td>全都做到了</td><td>大部分做到了</td><td>基本做到了</td><td>没做到</td></tr>
<tr><td>充分理解情感因素在沟通过程中的重要性，学会换位思考</td><td></td><td></td><td></td><td></td></tr>
<tr><td>理解语境的重要性，掌握语境的区分</td><td></td><td></td><td></td><td></td></tr>
<tr><td>掌握不同的性格特征对语言表达的影响</td><td></td><td></td><td></td><td></td></tr>
</table>

续表

<table>
<tr><td rowspan="2">主要内容</td><td colspan="4">小组评价等级（在符合的情况下面画“√”）</td></tr>
<tr><td>全都做到了</td><td>大部分做到了</td><td>基本做到了</td><td>没做到</td></tr>
<tr><td colspan="5">建议：

组长签名：　　　　　　　　　　　　　　　　　　　年　月　日</td></tr>
</table>

三、教师评价

教师填写“深度领会”能力教师评价表，如表3-18所示。

表 3-18 “深度领会”能力教师评价表

评价等级	评价标准	备注
优秀	① 重视情感因素在沟通交流过程中的重要性，能够积极进行换位思考；针对不同的语境能够做出正确的判断和解读 ② 在小组活动中积极主动，协作性强	
良好	① 重视情感因素在沟通交流过程中的重要性，能够主动进行换位思考；针对不同的语境能够做出合理的判断和解读 ② 在小组活动中比较积极主动，协作性较强	
合格	① 重视情感因素在沟通交流过程中的重要性，具备换位思考的意识；针对不同的语境基本能够做出合理的判断和解读 ② 在小组活动中基本上积极主动，协作性较强	

职业能力拓展

回忆你曾经的一次与人“话不投机”的经历，填写“话不投机”经历表，如表3-19所示。

表 3-19 “话不投机”经历表

<table>
<tr><td>交流对象</td><td></td><td>身份</td><td></td><td>联系方式</td><td></td></tr>
<tr><td>事件</td><td colspan="5"></td></tr>
<tr><td>时间</td><td></td><td>地点</td><td></td><td>周围环境</td><td></td></tr>
<tr><td>你与对方熟悉和了解的程度</td><td colspan="5"></td></tr>
<tr><td>简单描述对方的性格特点</td><td colspan="5"></td></tr>
<tr><td>对方当时的情绪状态</td><td colspan="5"></td></tr>
<tr><td>争论的焦点</td><td colspan="5"></td></tr>
<tr><td>你当时的情绪状态</td><td colspan="5"></td></tr>
<tr><td>你当时的做法</td><td colspan="5"></td></tr>
<tr><td>“话不投机”的原因</td><td colspan="5"></td></tr>
<tr><td>你觉得自己在哪些方面有必要提高</td><td colspan="5"></td></tr>
<tr><td>自我评价</td><td colspan="5"></td></tr>
<tr><td>对方评价</td><td colspan="3"></td><td>签名</td><td></td></tr>
<tr><td>教师评价</td><td colspan="3"></td><td>签名</td><td></td></tr>
</table>

任务四 克服障碍

任务目标

1）能主动克服主观障碍。

2）能主动避免因自身因素造成的障碍。

任务描述

小鹿以前上学的时候就经常听教师讲“善听者善交流”，工作中她对这句话的体验越来越深。小鹿发现人们在沟通交流过程中往往会因为一些人为或非人为的障碍影响倾听效果。因此，小鹿明白有意识地克服倾听过程中的障碍对提高沟通效果大有裨益。

任务分析

影响倾听效果的因素有很多，有些与倾听的客观环境有关，有些则与倾听者自身相关。要想提高倾听效果和技能，就要在改善客观环境的基础上有意识地克服自己的主观障碍及自身因素对倾听效果产生的影响。

名人名言

当你与别人的意见相左时，应以你的表情、耐心、所言所行向他证明你是真的关心他。

——保罗·道格拉斯

相关知识

一、要克服主观障碍

1. 避免带有个人偏见

不同沟通者的背景常常存有很大差异，即使是思想最公平的人也不免心存偏见。倾听的最大障碍就在于自己对对方存有偏见，从而无法获得准确的信息，因此应有意识地加以克服。

2. 避免先入为主

人们常说第一印象往往决定了将来。人们在倾听过程中，对对方最先提出的观点印象最深刻，如果对方最先提出的观点与倾听者的观点相反，倾听者可能会产生抵触的情绪，而不愿意继续认真倾听下去。明白了这一点之后，就应该在倾听过程中时刻提醒自己要客观、公正地对待对方。

3. 避免以自我为中心

人们习惯关注自我，总认为自己才是对的。在倾听过程中，过于注意自己的观点，喜欢听与自己观点一致的意见，对不同的意见嗤之以鼻，这样往往会错过聆听他人观点的机会。

二、要保持良好的倾听状态

1. 目光交流要得体

目光交流是保持对话通畅的重要因素。稳定的目光接触有助于加强双方的沟通，因此，在倾听过程中应该注意保持稳定的目光交流。

2. 面部表情要真诚

没有镜子，一个人无法看到自己的表情。但在与人沟通的过程中，对方很容易看到你的表情，而这些表情会对对方的心理产生强烈的影响。平静温和的表情是一种鼓励，眉头紧皱或面无表情则容易让说话者怀疑你对谈话内容不感兴趣或者根本就是心不在焉。因此，交流中要注意面向对方，显示出平静、耐心、感兴趣的表情。

3. 体态要开放和接纳

开放性和接纳性的体态语言向对方传达的是一种积极的信号。赞同地微笑、肯定地点头，恰当的面部表情与积极的目光接触相配合。手势、体态做出积极的反应，表现出对谈话内容的兴趣和对谈话对方的接纳与尊重。

4. 精力要集中

集中精力就是要让精神紧张起来。走神不但让自己更加难以理解所听到的信息，而且常常会让对方感到无趣。为了避免走神，可以适当地做一些必要的记录，或者向对方提一些问题。

5. 身体状况要良好

要注意选择适当的沟通时间，在身体状况良好时沟通，保持良好的精神状态。

相关链接

常见的造成倾听效果不良的自身因素如下。

一、转移视线

偶尔移开目光是无可厚非的，但如果时不时地转移视线，就会让对方感觉到你的注意力发生了转移。

二、紧盯对方

稳定的目光交流是必要的，但如果紧紧盯住或直视说话者，则会让对方产生一种不舒服的感觉，尤其是当盯住对方脸部以下的位置时，这种感觉就会更强烈。稳定的目光接触应当以一种放松的表情为基础，而不是紧紧地盯住对方。

三、眼神飘忽

在倾听过程中，如果你的眼神飘忽不定，这无疑意味着你对所听到的内容不满与讽刺，因而很有可能会打断说话者的思路。

四、坐立不安

对方对你说话时，如果你的双手总是在不停地动或者身体总是不断地在座位上扭来扭去，那么对方就会认为你的注意力根本没在谈话内容上。

五、抱着胳膊

倾听时胳膊紧紧地抱在一起，本身就是一种敌对或不接纳的表示。这种行为会传达给说话者的信息：没有积极参与。

六、身体欠佳

身体疲惫、疾病或听觉能力较差等因素都会影响倾听的效果。

拓展与提高

一、屏蔽倾听干扰

影响倾听效果的因素中，除了主观上的因素，还有些客观因素不容忽视。

1. 克服讲话速度与思考速度差异的影响

人们的思维速度远比讲话速度要快。一般来说，人们讲话的速度约为 125 词/分钟，目前，虽然人们还不知道在倾听过程中大脑是如何运作的，但绝大多数人的思维速度快于 125 词/分钟。因此，讲话速度和思维速度之间的差异给人的大脑留下了充足开小差的时间，也给没有真正认识到倾听重要性的人带来了麻烦。

当说话者缓慢地进行叙述时，倾听者可能早已神游四方，而不再注意对方谈话的内容。为了尽量避免这种因素的干扰，当你认识到自己已经走神了的时候，你可以向对方发出“请等一下的信号”，可以直截了当向说话者提出请求，也可以采用非语言形式加以暗示，如一个暂停的手势，还可以同时采用语言和非语言信号来表达。通常，只要说话者的存在得到承认，他是不会介意等一会儿的。当然，经过调整以后一定要全身心地投入对话中。

2. 克服外部环境干扰

从家庭到单位，倾听的外部干扰到处都有，如喧闹声、电话铃声、意外访客或交谈环境等。外部干扰主要干扰信息的传递过程，影响沟通双方的心情，导致信息流失或被歪曲。因此，在倾听过程中应找出干扰的潜在因素，尽量选择适宜的沟通环境。当然，外部干扰无法完全被消除，但我们可以通过注意力集中训练使其弱化或部分消除。

二、倾听能力自评与提升

本单元训练了积极倾听的能力。下面的“倾听”能力自评表（表 3-20）列出了每个人在倾听前、倾听过程中、倾听后各环节应具备的倾听习惯。各项分别统计，5 分，表明此项倾听能力优秀；4 分，表明此项倾听能力良好；3 分，表明此项倾听能力合格；2 分及以下，表明此项能力存在严重问题，需要及时加以纠正。

对照此表和本单元内容，结合自己的日常表现，评估自己的倾听习惯，了解自己在倾听能力上的优势和劣势，同时，制订克服不良倾听习惯、提升倾听能力的目标和计划，并在平时的生活、学习和工作中主动训练并养成良好的倾听习惯，做积极的倾听者。

表 3-20 “倾听”能力自评表

	倾听习惯	总是(5分)	经常(4分)	有时(3分)	偶尔(2分)	从不(0分)
倾听前	① 放平心态					
	② 聚焦目标					
	③ 放下成见					
	④ 调整表情					
	⑤ 屏蔽干扰					
倾听过程中	① 姿态友好、开放					
	② 神情专注					
	③ 距离适当					
	④ 舒适的目光接触					
	⑤ 适时插话					
	⑥ 鼓励对方真诚表达					
	⑦ 了解对方的意图					
	⑧ 边听边观察					
	⑨ 辨析话中话					
	⑩ 记住关键信息					
	⑪ 构建事实与观点框架					
	⑫ 进入说话者的世界					
倾听后	① 积极反思					
	② 择要吸收内化					
	③ 择机实践应用					

案例分析

经理：“(面对小鹿)小鹿，市场部经理告诉我，你帮他们想出的市场开发的点子很不错!”

小鹿：“(非常高兴)是啊！我很愿意做这样的事。”

经理：“(低下头看文件)我是怕这种跨部门的事情给你增加负担，你不会介意吧？”

小鹿：“(有点不好意思)没关系，我现在正在上营销专业的课程班，正好可以拿来做练习，我想……”

经理：“(打断她的话)哦，你的计算机好用吗？(继续低头看文件)”

小鹿：“(轻轻皱了一下眉头)还可以。”

经理：“对不起。(拿起电话)小王啊，告诉你们主管，过一会儿让他到我这来一趟。”

经理：“(放下电话，看了小鹿一眼，继续看文件)现在，谈谈你的看法。”

小鹿：“我……我一直想……(看见经理一直在摆弄手里的签字笔，便没有说下去。)”

经理：“(仍在摆弄手里的签字笔)你说吧，我听着呢。”

小鹿：“(有点无奈)我一直对开拓市场很感兴趣，我想等学完……”

经理：“(又低下头)哦，这个嘛……我们正考虑让你去学习学习，不知道你对什么感兴趣？或者……”

小鹿：“(哭丧着脸)我想……”

经理：“(边翻动文件边说)到时候再说吧！你想好了再告诉我。”

小鹿：“(无可奈何，竭力控制自己)……”

(资料来源：根据相关资料整理得到。)

分析：

1）经理和小鹿的沟通成功吗？

2）如果你是小鹿，你的心情如何？

3）他们的问题出在哪里？如果你是经理，你会怎么做？

完成任务

回忆一个你与家人、教师、朋友或同学沟通失败的事件，填写沟通失败经历表，如表 3-21 所示。

表 3-21　沟通失败经历表

沟通对象		身份		联系方式	
沟通事件					
失败因素	自身因素	客观因素			
		主观因素			
	对方因素	客观因素			
		主观因素			
总体原因					
可供今后借鉴之处					
需要改进之处					
你学到了什么					
自我评价					
对方评价				签名	
教师评价				签名	

能力评价

一、自我评价

学生填写“克服障碍”能力学生自我评价表，如表 3-22 所示。

表 3-22　“克服障碍”能力学生自我评价表

主要内容		自我评价等级（在符合的情况下面画“√”）			
		全都做到了	大部分做到了	基本做到了	没做到
能克服主观障碍，提高倾听能力					
能改善自身因素，提高倾听能力					
能了解自身的倾听习惯，并有意识地克服客观因素的干扰					
自检评价	我的优势				
	我的劣势				
	我的努力目标				
	我的具体措施				

二、小组评价

组长填写“克服障碍”能力小组评价表，如表 3-23 所示。

表 3-23 “克服障碍”能力小组评价表

主要内容	小组评价等级（在符合的情况下面画“√”）			
	全都做到了	大部分做到了	基本做到了	没做到
能克服主观障碍，提高倾听能力				
能改善自身因素，提高倾听能力				
能了解自身的倾听习惯，有意识地加以克服				
建议： 组长签名：　　　　年　月　日				

三、教师评价

教师填写“克服障碍”能力教师评价表，如表 3-24 所示。

表 3-24 “克服障碍”能力教师评价表

评价等级	评价标准	备注
优秀	① 明确自己在倾听方面存在的障碍，很好掌握了克服自身倾听障碍的方法 ② 在小组活动中积极主动，协作性强	
良好	① 明确自己在倾听方面存在的障碍，较好掌握了克服自身倾听障碍的方法 ② 在小组活动中比较积极主动，协作性较强	
合格	① 明确自己在倾听方面存在的障碍，基本掌握了克服自身倾听障碍的方法 ② 在小组活动中基本上积极主动，协作性较强	

职业能力拓展

1）如实回答下述问题，在备选项前面画“ √ ”。

① 阻碍你积极倾听他人意见的主要因素是什么？

□没有时间　□环境干扰　□先入为主　□急于表达

□自以为听懂了　□不专心　□排斥不同意见　□从心里就不重视

② 你认为在以下积极倾听的技巧中，哪些是你需要学习的？

□集中精力　□开放的姿态　□积极预期

□鼓励　□恰当的身体语言

□排除“情绪”　□积极回应　□理解真义　□学会提问

2）针对自己在倾听方面存在的不足制订一份切实可行的行动计划。

项目四 有效反馈

沟通不是行为而是过程。沟通过程不能像射箭一样有去无回，它应当是为达到某一结果而发生的动态的过程。这意味着在沟通的每个阶段都要寻求对方的支持并给予对方回应的机会。因此，对于一次完整有效的沟通来说，仅仅有信息的“表达”和“倾听”这两个环节是远远不够的，其中还必须有反馈的环节。反馈是指信息的接收者向信息的发送者做出回应和确认的一种行为。沟通过程中的反馈是有效倾听的一个重要组成部分，如果只是倾听而毫无反馈，对于信息提供者来说，就好比“对牛弹琴”。有效反馈是有效倾听的体现，沟通过程结束后的反馈则是对本次沟通结果的确认和总结。没有反馈的沟通过程很容易出现沟通失误，甚至会导致沟通失败。

名人名言

人际沟通始于聆听，终于回答。

——L. 威尔德

学习目标

- 能认识到反馈的重要性。
- 能在沟通过程中适度回应。
- 能在沟通过程中恰当提问。
- 能有效确认对方的信息。
- 能在沟通结束后做出总结。

任务一 适度回应

任务目标

1）能及时做出回应。

2）能做出建设性回应。

3）能灵活应变。

名人名言

当我们听到别人对我们的某些长处表示赞赏之后，再听到他的批评，心里往往会好受得多。

——罗兰

任务描述

小鹿最近的工作表现良好，得到了总经理的表扬。老总感到非常满意的一点是，每当老总讲话的时候，她都会适时地用一些言语或动作予以回应。小鹿也认识到，为确保对信息的准确理解，在沟通过程中对接收到的信息进行反馈是非常重要的。在反馈过程中，对对方传递信息的适度回应是最基本的反馈手段，同时是最重要的手段之一。

任务分析

获得反馈是信息发送者的意图和目的。为了有效促进良性沟通的顺利进行，需要及时地对对方所发出的信息做出适当反应；如果没有把重要信息恰当地反馈给对方，就容易让对方感觉受到了冷落，沟通效果自然会大打折扣。相反，及时反馈可以加强双方的心理沟通，调动沟通双方的参与积极性，同时提高沟通的有效性和针对性。

在倾听过程中如果不做出反馈，就无法让对方明白你是否理解了他所希望传递的信息，也就没办法让对方放心。结果可能是信息的传递错误或缺失，同时可能会损害双方之间的信任。为此，在沟通过程中，需要不断地对对方传递的信息做出适度的回应。适度地回应对方不仅要做出心态上的调整，还要学会必要的回应技巧。

相关知识

一、情绪积极、稳定

沟通双方同是反馈者又同是反馈的接收者，所以每一方都要保证心态积极、热情参与、注意力集中、情绪稳定，防止不良情绪引起对方误解。理智对待对方的负面反馈，避免因情绪波动而引发反馈的恶性循环。

二、在体态上做出回应

在向对方做出反馈的时候，可以用点头、微笑等体态语言表示自己的兴趣，并随着说话人讲述内容的变化做出适当的调整。

三、使用有声语言做出回应

在有些情况下，可以在倾听对方讲话的同时用诸如“嗯、啊、我明白了、没错、对”等词语来肯定和鼓励对方，表示对对方的谈话内容非常感兴趣。如果对方提出精辟的见解或有意义的陈述，要真诚地赞美对方。例如，“这个故事真棒！”“这个想法真好!”“您的意见很有见地”等。良好的回应可以促使对方提供更多有价值的信息。

四、做出建设性回应

当讨论他人的想法时，人们往往不能客观地给予评价，很多时候会带有一种否定的情绪。但如果总是否定别人的想法，不仅可能错过许多好的想法，还可能引起许多人的敌对情绪。因此，回应对方的时候应避免使用否定字眼或否定的语气。如果消极因素不重要，那么不妨干脆舍弃。必须使用负面词汇时，尽量使用否定意味最轻的词语。回应的核心思想是强调对方可以改进的地方而不是你希望对方要改进的地方。

五、幽默机智，灵活应变

在回应过程中恰当地运用幽默和机智可以使人摆脱困境，稳定情绪、减少冲突，同时可以使双方的交流自然、高效。

相关链接

一、反馈无处不在

沟通无处不在，反馈作为沟通过程的重要一环同样也是无处不在的。除了正式谈话过程中的反馈，在日常生活中的很多场合，我们会做出或接收非正式的反馈。例如，你走在大街上，陌生人向你问路，你或热情回应，或漠然置之，这些都属于反馈。反馈有两种：一种是消极的反馈；另一种是积极的反馈，也叫建设性反馈。例如，“知道了”“我懂了”“我不喜欢你的态度”等就属于消极的反馈。消极反馈之所以是消极的，关键在于这种反馈没有起到确认和澄清对方信息的作用。相反，还可能给对方传递“我已经明白了”“我对你说的没兴趣”等错误的、失真的信息。积极的反馈是指对对方发出的信息进行热情回应，是沟通双方为达成一致不断修正沟通过程所做出的共同努力，是对对方表示尊重的体现。

二、反馈对事不对人

反馈应当就事论事，涉及别人的面子和人格尊严的话，以及带有侮辱性和低级庸俗的言语千万不能说。带有敌意或偏见的言语只能加深双方的敌对情绪，是与最初的沟通愿望背道而驰的。

三、表达意见不等于反馈

表达自己的意见并不是反馈。例如，小王说：“我们班上月年级排名比较靠后，我认为主要是由课堂纪律较差导致的……”小李说：“我不同意你的意见，我觉得主要是由我们班的卫生情况较差导致的……”那么，小李的发言是反馈吗？不是。反馈和发表意见的区别如表 4-1 所示。

表 4-1　反馈和发表意见的区别

反馈	发表意见
为了澄清和确认对方发出的信息	为了表达自己的看法
在自己认为需要确认对方表达的准确性和澄清对方发出信息的确切含义时使用	在自己想表达看法或想反驳对方时使用
对对方发出信息的回应	可以回应对方，也可以不回应对方

四、建设性反馈都是积极的

建设性反馈是一种建议，而不是一种批评，这一点是非常重要的。建设性反馈和非建设性反馈的比较如表 4-2 所示。

表 4-2 建设性反馈和非建设性反馈的比较

建设性反馈	非建设性反馈
公司的公文和往来信函是一个公司素质高低的表现，代表公司的水平、精神和文化。小李，你的工作很重要	小李，你的工作真是很重要啊
你的意见很好，尽管有些想法目前还不能实现，但是你很有头脑，也很关心咱们公司业务的开展，以后要多提这样的建议	你的想法现在根本就行不通
这次你的作业字迹工整，基本没有出错，写得比以前好	这次的作业写得好多了
你一直都挺准时的，怎么今天迟到了？以后尽量提前 10 分钟从家里出发	上课不允许迟到

拓展与提高

一、反馈的态度

1）支持和坦诚的态度有利于建立互信，促进双方的理解和沟通。回应之前应确保自己所要表达的意思是认真考虑过的，能让对方确实感受到自己的真诚和理解。

2）切忌盛气凌人、居高临下。回应时避免埋怨、指责或故意贬低对方。不同意见的反馈最好有实例作证，生动的例子可以使对方理解起来更容易。

3）善用换位思考。反馈要针对对方的需求，多站在对方的立场和角度上考虑问题，针对对方最为需要的方面给予回应。

二、反馈的时机

1）反馈要及时，但不一定是即时。选择反馈的时机时，一方面要保证反馈的事件在当事人双方的记忆中非常清晰，这样的反馈才更加具体、易懂；另一方面不能操之太急，要给沟通双方留有适当的思考时间，以促进沟通交流的良性发展。反馈信息发出的时间不能过迟，否则，在沟通过程中出现的失误可能没有足够的时间进行纠正。

2）避免在对方情绪较为激动的时候进行反馈，更不能因对方的不良情绪而影响自己的情绪。在这种情况下，应等待对方冷静下来，然后进行反馈。

3）通过观察对方言语中表达的情感或情绪，灵活选择反馈的最佳时机。

三、反馈的语言

1）反馈的语言要明确、具体，便于对方理解。

2）尽量使用和善、委婉的语言，避免发生正面冲突。笼统、抽象或带有成见的语言对反馈是不利的。

3）把反馈的重点放在最重要的问题上，确保对方能够理解和接受。

4）当不满意所收到的反馈时，可以将自己的疑问反馈给对方，进行双向反馈。

四、反馈的氛围

1）沟通双方应该努力营造开放、友好的沟通氛围。

2）紧张的氛围会引发沟通双方的防御性行为和语言。

3）积极、正面地回应对方，避免消极反馈的出现。

案例分析

小刘是某公司总经理的秘书，她长得不漂亮，个子不高，而且她的文采在整个公司的秘书中不是出类拔萃的。但令人奇怪的是，她来公司时间不长便得到了老总的赏识。她是如何做的呢？大家仔细观察才发现她有个优点是别人都比不上的，那就是说话的方式。每当领导找她的时候，她总是认真倾听，大部分时间注意看领导脸部眼睛以下、嘴角以上三角区的部位；尤其是在领导做指示的时候，不知道她是否真正听明白了，但在领导说话每次停顿的时候，都点头说“是”；最后把领导的意图再重复一遍，同时感谢领导对自己的帮助。

（资料来源：根据相关资料整理得到。）

分析：

1．为什么小刘会得到领导的赏识？

2．从这个案例中你学到了什么？

完成任务

将学生分成两人一组，其中一人角色为A，另一人角色为B，允许学生自由结组。每组有一分钟时间一起安排一下周末去看电影的计划。

任务一

要求：时间为5分钟。

1）A提出一个建议。例如，我们一起去看电影吧？

2）B采用“好的，但是……”的句式来回答。例如，好的，但是我想去游乐场。

3）A也用“好的，但是……”的句式来表达自己的意愿。

4）A、B均采用这样的句式进行交流，直至时间结束为止。

任务二

要求：时间为5分钟。

1）A用同样的周末活动建议开始这次对话。

2）A、B在本次交流中均采用“好的，而且……”这样的句式对对方的建议做出反应。例如，好的，而且我们看完电影以后可以一起去吃饭。

3）直至时间结束，结束本次交流。

完成任务后，共同填写“适度回应”任务表，如表4-3所示。

表4-3 “适度回应”任务表

姓名	A		B	
任务一	最终达成的结果是什么			
任务二	最终达成的结果是什么			
	与任务一的结果有何不同			
	如果本次交流确有进展，为什么			
现实生活中你遇到过类似的例子吗				
你经常采用哪种方式来回应对方				
你认为哪种交流方式更有利于有效的沟通				

续表

总结一些常用的否定性词语			
总结一些常用的肯定性词语			
当你不同意他人观点时，怎样用肯定性词语来回应对方			
学生自我评价		签名	
任课教师评价		签名	

能力评价

一、自我评价

学生填写“适度回应”能力学生自我评价表，如表 4-4 所示。

表 4-4 “适度回应”能力学生自我评价表

主要内容		自我评价等级（在符合的情况下面画“√”）			
		全都做到了	大部分做到了	基本做到了	没做到
理解了沟通过程中反馈的重要性，主动建立沟通意识					
明确了消极反馈和积极反馈的区别					
掌握了积极反馈的方式和方法					
自检评价	我的优势				
	我的劣势				
	我的努力目标				
	我的具体措施				

二、小组评价

组长填写“适度回应”能力小组评价表，如表 4-5 所示。

表 4-5 “适度回应”能力小组评价表

主要内容	小组评价等级（在符合的情况下面画“√”）			
	全都做到了	大部分做到了	基本做到了	没做到
理解了沟通过程中反馈的重要性，主动建立沟通意识				
明确了消极反馈和积极反馈的区别				
掌握了积极反馈的方式和方法				
建议：				
组长签名：				年 月 日

三、教师评价

教师填写“适度回应”能力教师评价表，如表 4-6 所示。

表 4-6 “适度回应”能力教师评价表

评价等级	评价标准	备注
优秀	① 牢固树立了积极反馈的意识，很好掌握了积极反馈的方法 ② 在小组活动中积极主动，协作性强	
良好	① 较好树立了积极反馈的意识，掌握了积极反馈的方法 ② 在小组活动中比较积极主动，协作性较强	
合格	① 树立了积极反馈的意识，基本掌握了积极反馈的方法 ② 在小组活动中基本上积极主动，协作性较强	

职业能力拓展

1）观察自己的同桌，写出对方身上的特点，所写出的特点都必须是积极的、正面的。写完以后和同桌互换信息，填写互换信息表，如表 4-7 所示。

表 4-7 互换信息表

姓名		同桌姓名	
同桌特点	身体上的良好特征（如甜美的笑容、悦耳的嗓音等）	①	
		②	
		③	
	讨人喜欢的个性（如体贴他人、有耐心、整洁细心等）	①	
		②	
		③	
	引人注目的才能或技巧（如良好的演讲才能、解决问题能力等）	①	
		②	
		③	
自己的特点	身体上的良好特征（如甜美的笑容、悦耳的嗓音等）	①	
		②	
		③	
	讨人喜欢的个性（如体贴他人、有耐心、整洁细心等）	①	
		②	
		③	
	引人注目的才能或技巧（如良好的演讲才能、解决问题能力等）	①	
		②	
		③	
看到同桌对你的评价后你的心情如何			
同桌看到你对他（她）的评价后心情如何			
我学到了什么			
下次沟通我应该怎么做			
对方评价		签名	
自我评价		签名	
任课教师评价		签名	

2）回忆你最近一次和身边的人（包括家人、教师、同学或朋友）的谈话过程，填写谈话记录表，如表4-8所示。

表4-8 谈话记录表

<table>
<tr><td>姓名</td><td></td><td>身份</td><td colspan="2"></td></tr>
<tr><td colspan="2">本次沟通的目的</td><td colspan="3"></td></tr>
<tr><td colspan="2" rowspan="3">谈话中我的回应</td><td colspan="3">①</td></tr>
<tr><td colspan="3">②</td></tr>
<tr><td colspan="3">③</td></tr>
<tr><td colspan="2" rowspan="3">谈话中对方的回应</td><td colspan="3">①</td></tr>
<tr><td colspan="3">②</td></tr>
<tr><td colspan="3">③</td></tr>
<tr><td colspan="2">本次沟通的结果</td><td colspan="3"></td></tr>
<tr><td colspan="2">我学到了什么</td><td colspan="3"></td></tr>
<tr><td colspan="2">下次沟通我应该怎么做</td><td colspan="3"></td></tr>
<tr><td colspan="2">对方评价</td><td colspan="2"></td><td>签名</td></tr>
<tr><td colspan="2">自我评价</td><td colspan="2"></td><td>签名</td></tr>
<tr><td colspan="2">任课教师评价</td><td colspan="2"></td><td>签名</td></tr>
</table>

任务二 恰当提问

任务目标

1）能做好提问准备。

2）能明确提问的目的。

3）能正确选择提问的方式。

任务描述

小鹿发现，有时候为了使谈话能够顺利进行，或者能够更多地了解对方的信息，常常需要向对方提出一些问题。这不仅不会让对方反感，还能有效地提高沟通效率。对于一个合格的秘书来说，良好的沟通能力是必备的，因此掌握恰当的提问方式和技巧也是必需的。

任务分析

在沟通过程中，提问是引导对方进行反馈的有效工具。恰当的提问能够引导对方的谈话方向，帮助我们获取有价值的信息。但肤浅或者糟糕的提问得到的只能是无效信息，甚至可能是别人的拒绝。通过提问，沟通者不再仅仅被动地接收信息，更能够主动地捕捉信息，建立关系，加深情感交流，提高沟通的效率。为了达到以上目的，提问者要在提问之前做好准备工作，明确提问的目的；并能在沟通过程中正确地选择提问的方式。

名人名言

就是在最好的、最友善的、最单纯的人际关系中，称赞和赞扬也是必要的，正如润滑对轮子是必要的，可以使轮子转得更快。

——列夫·托尔斯泰

相关知识

一、做好提问准备

在与人沟通交流之前，应当先向自己提问以下问题，以便做好提问准备。

1）“到时候这么做就没问题了”，你是否具备这种从容不迫的心态？

2）在“某时间”以前要准备好“某件事情”，你预先计划好了吗?

3）什么时间提问呢?提问多长时间才好呢?

4）你对对方了解多少?

5）对方的年龄、性格、兴趣如何?

二、明确提问的目的

一般来说，在沟通前、沟通中要问自己以下几个问题来明确自己提问的目的。

1）我和对方沟通的最终目的是什么？

2）我问这个问题的目的是什么？

3）我需要了解具体的信息吗？

4）我需要了解一般性信息吗？

5）我想进一步了解对方的想法吗？

6）我想向对方灌输我的观点或对决策产生影响吗？

在沟通中常见的提问目的与技巧如表 4-9 所示。

表 4-9　在沟通中常见的提问目的与技巧

目的	技巧
建立人际关系	打招呼，引入话题
搜集信息	询问事实，咨询意见
教育对方	让对方思考，提醒对方注意
打动对方	让对方感同身受

三、正确选择提问的方式

有效的提问不仅可以提高所获得信息的质量，还可以提高沟通的效率。提问的方式不同，获得的效果也会有所差异。因此，在提问的时候应当根据不同的沟通对象、沟通目的选择相应的提问方式。

相关链接

一、确定提问内容

1. 针对性问题

对某一具体内容提出有针对性的问题，可以获得细节性的信息。例如，学生向教师称病请假，教师可能会问："今天早晨吃饭了吗？昨晚几点睡的觉？"这些问题就是针对性问题。

2. 了解性问题

了解性问题是指用来了解事实和信息的一些提问，这些提问的目的是了解更多的信息。例如，"结果怎么样了呢？"

3. 澄清性问题

澄清性问题是确认对方所说的问题是什么，从而了解对方的真实意图。例如，"您的意思是……吗？""您说的是这样吗？"

4. 征询性问题

征询性问题是告知对方对问题的初步解决方案。例如，"您看……可以吗？""让我们总结一下好吗？"这种问题被称为征询性问题。

5. 服务性问题

服务性问题一般在沟通过程结束后使用。例如，"您看还有什么需要我为您做的吗？"服务性问题的提出是体现秘书专业化程度的一个标准。

二、提问方式

1. 封闭式提问

封闭式提问是一种常用的问题类型，对方只能用"是"或"不是"来回答，既简单又直截了当。回答者的回答被严格限定，虽然没有机会进行展开说明，但可以为提问者提供特定的、确切的信息。在与人沟通的过程中，期望获得更准确的信息时可以采用封闭式的提问方式。例如，"我能不能向您请教一个问题？""请问这样的措施有效吗？"

封闭式提问的优点是回答起来比较容易，常常被用来引导谈话的走向或收集信息。封闭式提问的缺点是容易造成谈话中断。

2. 开放式提问

开放式提问要求对方表达或解释想法和细节，可以鼓励对方说话，提供更多的信息，可直接挖掘出对方的思想感受。开放式问题不能简单地用"是"或"不是"来回答。例如，"请您解释一下对这个问题的看法好吗？""昨天公司里发生什么事了？""你认为还有什么其他的原因吗？"

开放式提问通常以"谁""什么时候""在哪里""为什么"等开头，这样的提问本身就会鼓励对方进一步说明自己的观点，引导谈话继续深入下去。开放式提问对于提问者而言，比较难把握和控制谈话的方向。在整个沟通过程中，难免出现答非所问的现象，尤其是采用开放式提问时这种情况更容易出现。此时可以通过问题转换进行纠偏，或者通过第二次或多次提问的形式进行纠偏，从而达到深度提问和沟通的目的。

3. 重复式提问

重复式提问通过重复对方的信息确定是否正确理解对方的意思，可以用来核实信息，确认事实，避免因误解而产生沟通障碍。例如，“您的意思是……吗？”“您刚才谈到了……对吗？”“让我们总结一下，您是说了……这几个意思吗？”

4. 鼓励式提问

鼓励式提问的目的在于表达对对方所提供信息的兴趣和理解，鼓励对方继续同自己进行交流。适当地赞美对方，不仅能使对方感到快乐，还能获得对方同样友好的回报，从而有效地提高沟通效率。鼓励和欣赏是良性沟通不可或缺的润滑剂。例如，“您说的……太有意思了！”“刚才说的……真的是太棒了，那后来……”

拓展与提高

一、提高提问能力的方式

要想提高自己的提问能力，通常应做到以下几个方面。

1）保持兴趣，注入情感，诚意示人。

2）保持友好和谐的沟通氛围，体现对对方的尊重和重视。

3）集中精神，积极参与，聚焦目标。

4）语言简洁、流畅，问题有的放矢。

5）适当留出思考的时间。

6）少说多听，勤观察、多分析。

二、提问者应该克服的弱点

要想获得更多的信息，就要在提问时克服以下几个方面的弱点。

1）不期待答案。例如，提出一些与沟通内容没有实质关联的问题。

2）向对方暗示自己想要的答案。

3）没有给对方留出足够的回答问题的时间。

4）打断对方的回答。

5）注意力不集中。

6）提问思路混乱，前言不搭后语。

三、提问的技巧

在提问的时候应当注意以下几个方面的技巧。

1）问题要具体，能够吸引对方的注意力。

2）切忌不懂装懂，拿不准的问题可以通过提问的方式引导对方说出自己的答案。

3）必要的沉默能使人留有思考的余地。

4）通过引发新的问题避免冷场。

5）学会欣赏和鼓励。

自　评

通过下列问题对自己的提问能力进行差距测评。

1）在提问前，你是否会考虑提问方式？

A. 总是考虑以哪种方式提问

B. 有时会考虑如何提问

C. 不考虑

2）当提问完毕后，你会从怎样的角度评估自己所提出的问题？

A. 一般会从对方的角度

B. 从对方反应的角度

C. 从自己的角度

3）当对方已经回答完你的问题时，你会如何做？

A. 什么也不说，等待对方说再说

B. 引导对方继续解释

C. 问下一个问题

4）当对方回答你的问题时，你会如何表示？

A. 回答“是的”，然后让对方继续讲

B. 鼓励对方继续讲

C. 用“是的，但是……”的句式进行反馈

5）面对不同的听众，你会如何提问？

A. 因人而异，随机应变

B. 从对方的角度提问

C. 按照统一的方式提问

6）在提问时，你经常采用哪种提问方式？

A. 开放式提问

B. 封闭式提问

C. 重复式提问

7）你在提出问题前，对于自己的表述会进行怎样的思考？

A. 思考逻辑思路是否清晰

B. 思考语言组织是否有问题

C. 考虑用什么语气表达

8）你如何看待提问时的语气？

A. 语气可能导致意思发生变化

B. 语气不同，问题指向会有所不同

C. 要时刻注意语气

9）当你想更多地了解问题产生的原因时，你一般采用哪种提问方式？

A. 开放式提问

B. 封闭式提问

C. 步步追问，确认每个细节

10）在提问时，你如何让听众清晰地了解你的问题和你的真实意思表示？

A. 用逻辑性的思维和语言

B. 对问题进行重复和解释

C. 使用大众化的表达方式

选 A 得 3 分，选 B 得 2 分，选 C 得 1 分。

测评结果：

24 分以上，说明你的提问能力很强，需要继续保持和提升。

15～24 分，说明你的提问能力一般，需要努力提升。

15 分以下，说明你的提问能力很差，急需提升。

案例分析

小明是某职业学校一年级的学生，之前一直没有养成良好的学习习惯，不按时完成作业的问题非常突出。一天，刚刚接手这个班的数学教师将小明叫到办公室，问他："你为什么不交作业？今天下午能不能把作业按时交上？"小明张口就说："不能。"眼看二人之间的气氛开始紧张起来，小明的班主任走过来，拍着小明的肩膀说："今天各科的作业比较多，你看今天放学以前是先把数学作业交上还是先把实习报告交给教师？"小明一想实习报告内容较多，便毫不犹豫地说："先交数学作业吧。"

（资料来源：根据相关资料整理得到。）

分析：

结合案例内容，说明恰当的提问应该注意的问题。

完成任务

1）请在 10 分钟之内将下列案例中的空白处填写完整。对比其他同学的答案，讨论怎样才能使答案更完美。

盛夏，电器商场里的产品琳琅满目，一对新婚夫妇正在看冰箱。

售货员上前打招呼："______________________________？"

丈夫："四口人。"

售货员又转向妻子："______________________________？"

妻子："三天吧。"

售货员回头看见先生正在查看冰箱里放啤酒的地方，说："______________？"

妻子微笑着说："是啊，我不让他多喝时，他也这么说。"

售货员："______________________________。"

丈夫笑着说："就是嘛。"

售货员转向妻子："______________________________？"

妻子："当然可以。"

售货员："______________________________？"

妻子："厨房太小，放不下。"

售货员："是啊，放在客厅里省事！"

售货员又转向先生："______________________________？"

丈夫："不太远，就在附近。"

售货员："____________________？____________________？哦，明天您就能喝上冰镇啤酒了。"

妻子马上抢过话头："马上就送过去好了。"

售货员记下顾客的地址，开好发票。

2）就学校或班级内存在的问题向相关领导或教师了解情况。填写"恰当提问"情况记录表，如表 4-10 所示。

表 4-10　"恰当提问"情况记录表

班级			姓名			
相关领导或教师	姓名		职务		联系方式	
针对的问题						
提问的内容	封闭式提问	①				
		②				
		③				
	开放式提问	①				
		②				
		③				
	重复式提问	①				
		②				
		③				
	鼓励式提问	①				
		②				
		③				
你认为本次沟通成功吗						
值得以后借鉴的地方有哪些						
需要加以改进或提高的是什么						
自我评价						
对方评价					签名	
教师评价					签名	

能力评价

一、自我评价

学生填写"恰当提问"能力学生自我评价表，如表 4-11 所示。

表 4-11 “恰当提问”能力学生自我评价表

主要内容		自我评价等级（在符合的情况下面画“√”）			
		全都做到了	大部分做到了	基本做到了	没做到
明确提问在反馈过程中的重要性					
能够确定提问的内容					
掌握提问的方式					
自检评价	我的优势				
	我的劣势				
	我的努力目标				
	我的具体措施				

二、小组评价

组长填写“恰当提问”能力小组评价表，如表 4-12 所示。

表 4-12 “恰当提问”能力小组评价表

主要内容	小组评价等级（在符合的情况下面画“√”）			
	全都做到了	大部分做到了	基本做到了	没做到
明确提问在反馈过程中的重要性				
能够确定提问的内容				
掌握提问的方式				
建议： 组长签名：　　　　年　月　日				

三、教师评价

教师填写“恰当提问”能力教师评价表，如表 4-13 所示。

表 4-13 “恰当提问”能力教师评价表

评价等级	评价标准	备注
优秀	① 准确理解提问的目的和意义，很好掌握了提问的方式、方法 ② 在小组活动中积极主动，协作性强	
良好	① 准确理解提问的目的和意义，较好掌握了提问的方式、方法 ② 在小组活动中比较积极主动，协作性较强	
合格	① 理解提问的目的和意义，基本掌握提问的方式、方法 ② 在小组活动中基本上积极主动，协作性较强	

职业能力拓展

寻找一位令你感兴趣的陌生的同学或教师，主动与之接近并进行恰当提问以达到结识的目的。填写结识过程表，如表 4-14 所示。

表 4-14 结识过程表

<table>
<tr><td>班级</td><td colspan="2"></td><td colspan="2">姓名</td><td colspan="2"></td></tr>
<tr><td>自我介绍</td><td colspan="6"></td></tr>
<tr><td>结识的人</td><td>姓名</td><td></td><td>性别</td><td></td><td>兴趣爱好</td><td></td></tr>
<tr><td>对结识进行评价</td><td colspan="6"></td></tr>
<tr><td rowspan="6">结识过程</td><td colspan="2" rowspan="3">你向对方提出的问题</td><td colspan="4">①</td></tr>
<tr><td colspan="4">②</td></tr>
<tr><td colspan="4">③</td></tr>
<tr><td colspan="2" rowspan="3">对方向你提出的问题</td><td colspan="4">①</td></tr>
<tr><td colspan="4">②</td></tr>
<tr><td colspan="4">③</td></tr>
<tr><td>你认为本次体验成功吗</td><td colspan="6"></td></tr>
<tr><td>值得以后借鉴的地方有哪些</td><td colspan="6"></td></tr>
<tr><td>需要加以改进或提高的地方有哪些</td><td colspan="6"></td></tr>
<tr><td>自我评价</td><td colspan="6"></td></tr>
<tr><td>结识者评价</td><td colspan="4"></td><td>签名</td><td></td></tr>
<tr><td>教师评价</td><td colspan="4"></td><td>签名</td><td></td></tr>
</table>

任务三 确认理解

任务目标

1）能够有效地确认对方的信息。

2）能准确把握对方的情感和态度。

任务描述

通过学习实践，小鹿知道沟通的实质并不在于自己表达了什么，而是在于对方理解了什么。因此，准确地理解对方所传递的信息和让对方准确把握自己的真实意图在信息的反馈中至关重要，只有搞清楚对方的真实意图才能做出正确的反馈。如果不清楚对方所传递信息的准确含义，那么应该加以确认而不是根据自己的揣测进行反馈。

任务分析

与人沟通并达成共识的过程就像飞机在两个城市之间飞行，在飞行过程中，作为驾驶员越早知道飞机偏离航线的信息，他安全抵达目的地所要做出的航线上的调整就越小，航程也就越顺利。同样的道理也适用于沟通过程，你越早知道自己对对方真实意图的理解是否准确，沟通就越顺畅。在与人沟通时，一方面要确保自己的意思被对方理解，另一方面要保证准确领会对方的想法或意图，对信息的理解过于简单或复杂都会影响沟通的成效。为达到这样的目标，及时对对方的信息加以确认会有事半功倍的效果。

名人名言

有效的沟通取决于沟通者对议题的充分掌握，而非措词的甜美。

——安迪·葛洛夫

相关知识

一、用语言确认理解

1. 有效重复

有效重复是指重复说话者所表达信息的关键词或短语，通过这种方式来获得更多信息。例如，“你刚才说的是……，对吗？”“前面你提到了……”有效重复是检查自己是否认真倾听的最佳手段之一，因为如果大脑并没有注意倾听或者在思考别的内容，就不可能准确地复述完整的内容。同时，通过对谈话内容的重复表现出你对谈话内容的理解，可以帮助对方完成叙述，从而使话题进一步深入。因此，为了保证自己所理解的意思就是对方要表达的意思，可以通过复述说话者所讲过内容的重要信息，并将此信息反馈给说话者，以确认自己理解的准确性。

2. 准确释义

释义是指在了解了对方表达的信息之后，用自己的话把对方的意思表达出来。可以用一句话对所听到的信息进行总结。例如，“你的观点是进一步调查，这样会延长我们的工期，而我们的时间很紧。对吗？”“换句话说就是……”“如果我没猜错……”等，同时验证自己的理解。在释义过程中不要假设自己已经完全了解对方的真实意图，而要在句子的结尾使用疑问的语气，或者加上“对吗”“是吗”等辅助用词，让自己的话听起来就是在核实和确认信息。

3. 进一步探寻

为了准确把握对方所要表达的信息，你可能需要从对方的信息中获得更多的东西，进一步理解为什么对方会按那样的方式想问题。要想找到答案，就要了解更多的信息或背景，此时，你可以继续采用提问的方式加以沟通。不要轻易下结论，要不断地对信息加以确认，力争自己理解的信息和对方发出的信息保持一致。

二、用行动确认理解

对于一些需要通过行动证明的沟通内容可以采用“试一试”的方式来加以确认。用行动确认理解有两种情况。一种情况是用行动告诉对方自己理解了对方的意图，如可以告诉对方：“我来试一试，您看这样做对不对？”另一种情况是让对方用行动确认他对你的理解，如跟对方说：“您试试看？”

三、把握情感和态度

有时候，我们听到的信息的真正含义同时包含在事实和情感之中。在这种情况下，我们可以通过捕捉对方表达出来的情感和态度表示对对方意思的确认。确认信息含义中的情感，就是用自己的语言进行总结，表达的是自己对这种感情的理解。例如，“你感觉有点郁闷，因为你的计划没有如期进行，是吗？”“听起来你对那次经历感到很兴奋，是吗？”情感的验证过程要避免说（尽管意图是好的）“我理解你的感受。”这种表达有可能会激怒对方，甚至得到回敬“不，你根本不了解！”情感的认同是发自内心的，而不是做作的表达。

四、确认要及时

当对对方的信息和态度持有疑义或无法完全把握的时候，应当在双方记忆犹新的时候及时加以确认。在确认的过程中应当讲究策略和方法，避免引发对方的反感或抵触。

五、必要时做好记录

对重要的信息确认时进行记录，以备日后查验。俗话说：“最淡的墨水胜过最好的记忆”，秘书一定要养成记工作日记的习惯。用材料说话，用事实说话，在法制建设日益完善的今天，这一点尤为重要。

相关链接

在沟通交流过程中，及时给予反馈非常重要；在给予反馈的同时要做好接受反馈的准备，获得反馈信息的能力和技巧同样重要。在接受反馈时应该做到以下几点。

1. 耐心倾听

接受反馈时，一定要抱着谦虚的态度，以真诚的姿态倾听他人的反馈意见。无论这些意见在你看来是否正确或中听，在对方反馈时都要暂时友好地接受，不能打断别人的反馈或拒绝接受反馈。打断反馈包括语言直接打断，如“不要说了，我知道了！”也包括肢体语言打断，如不耐烦的表情、姿势等。如果你粗鲁地打断别人对你的反馈，其实就表示沟通的中断和失败，你也就了解不到对方更多甚至更重要的信息。

2. 避免自卫

自卫心理是每个人本能的反应。对方在向你反馈时，如果仅仅站在自己的立场，一旦听到对自己不利、不好或不想听的东西，就急忙去辩解和辩论，那么对方可能会马上终止反馈。

3. 表明态度

接受别人的反馈之后，自己要有一个明确的态度，如理解、同意、赞成、支持、不同意、保留意见、如何行动等。不明确表示自己对反馈的态度与意见，对方会误解为你没有听懂或内心对抗，这样就会增加沟通成本，影响沟通质量。

拓展与提高

一、信息的捕捉

在与人沟通时，要善于捕捉有效的信息，因此通常应做到以下几点。

1）观察、分析和思考。

2）去伪存真，加工整理。

3）不耻下问。

4）抓住重点，兼顾其余。

二、情感态度的重要性

沟通的内容不仅包括信息，还包括更加重要的思想和情感。那么信息、思想和情感哪一个更容易沟通呢？答案是信息。例如，今天几点钟起床？现在是几点了？几点钟开会？往前走多少米？这些信息是非常容易沟通的。思想和情感是不太容易沟通的，在工作和生活中，很多障碍使思想和情感无法得到一个很好的沟通。事实上，在沟通过程中，传递更多的是彼此之间的思想，而信息的内容并不是最主要的内容。

活动体验：

1）将两张图片贴在写字板后面。请一位学生站在写字板后面，向台下的同学描述图中的内容，台下的同学根据其描述，在纸上画出图的内容，允许有30秒的思考时间。

2）听到第一幅图的描述时，台下同学允许讨论，台上同学不许作答。

3）听到第二幅图的描述时，台下同学可以边画边提问，台上同学可以作答。

4）两幅图都画完以后，统计自认为画对和实际画对的学生人数。

思考、总结出现上述结果的原因。

案例分析

案例一

小王想在母亲李女士生日这天给她一个惊喜，由于上班的地方离家很远，于是小王提前在一家西饼店预订了一个生日蛋糕，并要求西饼店在晚饭前把蛋糕送到家。

生日当天晚上，西饼店的送货员准时将蛋糕送到了小王家。李女士不知道是谁送的蛋糕，很奇怪，就顺口问了一句："谁送的呀？"急于离开的送货员随口说了一句："您老公送的"，就放下蛋糕走了。

这句话把李女士惊出一身冷汗。原来，李女士的丈夫在两年前已经去世了。小王到家听惊魂未定的母亲叙述后，赶紧将事情解释清楚。

本想给妈妈一个惊喜，却变成了惊吓。小王第二天就去找西饼店交涉，但没有得到满意的结果。为此，小王向工商所投诉西饼店。经调解，双方达成协议，西饼店向李女士赔礼道歉，并赠送了价值200元的西饼店购物券。

（资料来源：廖爱玲，2009．去世老公送生日礼物[EB/OL]．（2009-08-12）［2021-01-08］．https://www.docin.com/p-791050516.html.）

分析：

1）案例中李女士受到惊吓的原因是什么？为什么会出现这种情况？应该如何避免这种情况的发生？

2）如果你是西饼店老板，向李女士赔礼道歉时应该如何化解对方的怨气？

案例二

小朗刚刚担任某公司的总经理秘书不久，他的上司张总工作能力很强，对下属非常严厉。张总是南方人，说话带有浓重的地方口音，常常"黄""王"不分。偏偏公司销售部经理姓黄，售后服务部经理姓王，由于"黄""王"经常听混，小朗一直很苦恼。一天，张总对小朗说："请黄经理到我办公室来一趟。"

小朗想：“到底是让黄经理过来还是让王经理过来？”小朗又一次没听清张总的吩咐。

（资料来源：佚名，2019.《秘书实务》第六章-参谋咨询[EB/OL].（2019-06-18）[2021-01-08].https://www.docin.com/p-791050516.html.）

面对这种情况，小朗应当怎样处理？现在小朗有这样几种选择。

A．再问张总一次：“对不起，张总，我刚才没听清楚，您是找销售部的黄经理还是找售后服务部的王经理？”

B．小朗想了想，觉得张总肯定是找黄经理，因为王经理刚从张总的办公室出去，张总不会再找他了。

C．小朗估计张总是找王经理，因为王经理刚从张总办公室出去，可能张总还有话没说完需要再找王经理面谈。

D．担心张总说自己注意力不集中，所以先回到自己的办公室，向熟悉张总的老员工询问如何区分张总说的“黄”“王”。

E．小朗觉得为了便于以后工作顺利，有必要提醒张总：“张总，您能不能把‘黄’‘王’说得清楚一点？”

分析：

1）如果你是小朗，你会怎样选择？为什么？

2）对其余选项做出你的评价。

完成任务

就近期你特别想实现的一个愿望向家长或教师提出请求（如购买一件心仪已久的衣服或要求教师调换宿舍等），填写请求表，如表4-15所示。

表4-15　请求表

<table>
<tr><td>班级</td><td colspan="2"></td><td>姓名</td><td></td></tr>
<tr><td>沟通目的</td><td colspan="4"></td></tr>
<tr><td rowspan="9">沟通过程</td><td rowspan="3">你的理由</td><td colspan="3">①</td></tr>
<tr><td colspan="3">②</td></tr>
<tr><td colspan="3">③</td></tr>
<tr><td rowspan="3">对方的答复</td><td colspan="3">①</td></tr>
<tr><td colspan="3">②</td></tr>
<tr><td colspan="3">③</td></tr>
<tr><td>你的理解</td><td colspan="3"></td></tr>
<tr><td rowspan="2">对方的态度</td><td colspan="3">请求前：</td></tr>
<tr><td colspan="3">请求后：</td></tr>
<tr><td rowspan="2">沟通结果</td><td>对方的最终答复</td><td colspan="3"></td></tr>
<tr><td>你的理解</td><td colspan="3"></td></tr>
<tr><td>值得以后借鉴的地方有哪些</td><td colspan="4"></td></tr>
<tr><td>需要加以改进或提高的是什么</td><td colspan="4"></td></tr>
<tr><td>自我评价</td><td colspan="4"></td></tr>
<tr><td>对方评价</td><td colspan="2"></td><td>签名</td><td></td></tr>
<tr><td>教师评价</td><td colspan="2"></td><td>签名</td><td></td></tr>
</table>

能力评价

一、自我评价

学生填写“确认理解”能力学生自我评价表，如表 4-16 所示。

表 4-16 “确认理解”能力学生自我评价表

<table>
<tr><td colspan="2" rowspan="2">主要内容</td><td colspan="4">自我评价等级（在符合的情况下面画“√”）</td></tr>
<tr><td>全都做到了</td><td>大部分做到了</td><td>基本做到了</td><td>没做到</td></tr>
<tr><td colspan="2">明确确认理解在反馈过程中的重要性</td><td></td><td></td><td></td><td></td></tr>
<tr><td colspan="2">能够采用不同的语言方式或行动方式进行信息确认</td><td></td><td></td><td></td><td></td></tr>
<tr><td colspan="2">掌握情感验证的方法</td><td></td><td></td><td></td><td></td></tr>
<tr><td rowspan="4">自检评价</td><td>我的优势</td><td colspan="4"></td></tr>
<tr><td>我的劣势</td><td colspan="4"></td></tr>
<tr><td>我的努力目标</td><td colspan="4"></td></tr>
<tr><td>我的具体措施</td><td colspan="4"></td></tr>
</table>

二、小组评价

组长填写“确认理解”能力小组评价表，如表 4-17 所示。

表 4-17 “确认理解”能力小组评价表

<table>
<tr><td rowspan="2">主要内容</td><td colspan="4">小组评价等级（在符合的情况下面画“√”）</td></tr>
<tr><td>全都做到了</td><td>大部分做到了</td><td>基本做到了</td><td>没做到</td></tr>
<tr><td>明确确认理解在反馈过程中的重要性</td><td></td><td></td><td></td><td></td></tr>
<tr><td>能够采用不同的语言方式或行动方式进行信息确认</td><td></td><td></td><td></td><td></td></tr>
<tr><td>掌握情感验证的方法</td><td></td><td></td><td></td><td></td></tr>
<tr><td colspan="5">建议：

组长签名： 年 月 日</td></tr>
</table>

三、教师评价

教师填写“确认理解”能力教师评价表，如表 4-18 所示。

表 4-18 “确认理解”能力教师评价表

评价等级	评价标准	备注
优秀	① 准确理解信息确认的目的和意义，很好掌握了信息确认的方式、方法 ② 在小组活动中积极主动，协作性强	
良好	① 准确理解信息确认的目的和意义，较好掌握了信息确认的方式、方法 ② 在小组活动中比较积极主动，协作性较强	
合格	① 理解信息确认的目的和意义，基本掌握信息确认的方式、方法 ② 在小组活动中基本上积极主动，协作性较强	

职业能力拓展

找一位你尊敬的长辈或教师，向他（她）征询你的职业规划，填写职业规划征询表，如表 4-19 所示。

表 4-19 职业规划征询表

<table>
<tr><td>沟通者姓名</td><td></td><td>身份</td><td></td><td>联系方式</td><td></td></tr>
<tr><td rowspan="6">沟通过程</td><td rowspan="3">赞同的观点</td><td colspan="4">①</td></tr>
<tr><td colspan="4">②</td></tr>
<tr><td colspan="4">③</td></tr>
<tr><td rowspan="3">不赞同的观点</td><td colspan="4">①</td></tr>
<tr><td colspan="4">②</td></tr>
<tr><td colspan="4">③</td></tr>
<tr><td rowspan="5">沟通过程</td><td rowspan="3">对方的建议</td><td colspan="4">①</td></tr>
<tr><td colspan="4">②</td></tr>
<tr><td colspan="4">③</td></tr>
<tr><td>你的理解</td><td colspan="4"></td></tr>
<tr><td>你的反馈</td><td colspan="4"></td></tr>
<tr><td rowspan="2">沟通结果</td><td>调整后的规划</td><td colspan="4"></td></tr>
<tr><td>前后规划对比</td><td colspan="4"></td></tr>
<tr><td>值得以后借鉴的地方有哪些</td><td colspan="5"></td></tr>
<tr><td>需要加以改进或提高的是什么</td><td colspan="5"></td></tr>
<tr><td>自我评价</td><td colspan="5"></td></tr>
<tr><td>对方评价</td><td colspan="3"></td><td>签名</td><td></td></tr>
<tr><td>教师评价</td><td colspan="3"></td><td>签名</td><td></td></tr>
</table>

任务四 事后反馈

任务目标

1）能在事后及时向上级做出恰当汇报。

2）能在事后进行有效总结。

3）能有意识地积累工作过程中的资料。

任务描述

小鹿的职业意识越来越强，每当工作告一段落，她都会及时做出总结并向领导汇报，同时有意识地在工作过程中积累相关资料。小鹿的工作得到了领导的认可，她自己也深深地体会到及时总结和恰当地向上级做出汇报对于一个职业秘书的重要性。

名人名言

当你与别人的意见相左时，应以你的表情、耐心、所言所行向他证明你是真的关心他。

——保罗·道格拉斯

■ 任务分析

沟通要求我们一方面注意收集反馈信息，另一方面要将反馈信息与沟通目的进行核实，当行动偏离目的时，应及时进行调控，以达到预期的目的。沟通、反馈、再沟通、再反馈……不断地螺旋式上升，才能实现有效沟通，并且使你的沟通能力不断得到提升。在对信息进行确认的基础上，对信息进行整理、归纳，可以促进调控的高效运行。沟通结束后，及时向领导进行汇报和总结是秘书的主要日常工作之一。对于一个职业秘书来说，不断地提高自己的沟通能力是职业的内在要求。秘书应及时对前一阶段的工作进行回顾、检查和分析研究，从中找出经验和教训，获得规律性的认识，这也有利于提高自己的沟通能力，便于指导今后的工作。

相关知识

一、要准确汇报

汇报既是对上级领导的尊重，也是组织程序的要求。汇报可以分为书面汇报和口头汇报两种。书面汇报比较全面、准确，而口头汇报比较灵活、生动。秘书在日常工作中，更多采用口头汇报的形式进行汇报。在有准备的前提下，应该将两者有机地结合起来。即使来不及准备详细的书面汇报材料，也应该准备一个汇报提纲。这样，口头汇报会显得更有条理性。向上级领导进行汇报时应该做到以下几点。

1）抓住中心，切忌东拉西扯。

2）善于综合和提炼。汇报时，一方面要坚持实事求是的原则，另一方面要有自己的观点和思想。不做任何归纳的汇报一般来说不是成功的汇报。

3）重视以事例和数据作为依据。汇报时，尽量少用“大概”“也许”等模糊语言；在重要的地方要有事例和准确的数据作为依据。

4）汇报要及时。

二、要恰当总结

总结是做好各项工作的重要环节。通过总结可以全面、系统地了解以往的工作情况，正确认识自己在以往工作中的优缺点，明确下一步工作的方向，从而少走弯路，少犯错误，提高工作效率。进行总结的时候应当注意以下几点。

1）指导思想正确。必须以国家政策和公司章程为依据，正确地总结实际工作情况。

2）坚持实事求是。总结的内容应该真实可靠，实事求是地反映客观实际。因此，总结时要对材料进行反复核实，去伪存真。

3）总结要有一定的深度。好的总结应该能够为以后的工作提供指导。

4）详略得当，突出重点。总结的语言要简单明确，切忌言之无物。

三、主动收集过程性资料

善于收集、整理、使用所积累的资料，是做好秘书工作的基础。收集资料时应该做到以下几点。

1）要优选。收集、积累资料应当方向明确。战线不能拉得太长，资料不能太杂，可以从纵横两个方面进行考虑，统筹兼顾，即在积累那些有利于把自己的工作引向深入的资料和专业性较强的知识的同时，收集与自己工作领域有密切关联的资料。优选资料，实际上也是在培养自己的预见性和综合能力。

2）要及时。一些零散的资料如果不及时收集，可能会如过眼烟云一般，重新查找时则费时费力。因此，要及时收集对自己的工作有益又不至于在短时间内失去价值的资料。

3）要全面。收集资料时要注意资料的完整性。例如，不同的观点或评价都要收集。资料收集后可以依照内容进行分类，做到主次分明，便于日后的使用。

4）要准确。资料的主要价值就是其准确性。因此，收集资料时一定要认真，并仔细核实。

5）要持久。收集资料不能三天打鱼，两天晒网，要持之以恒。

6）要“再生”。积累资料后要善于充分利用，消化吸收。

相关链接

一、总结的原则

总结时应注意以下几项原则。

1）总结要及时。趁热打铁，趁着相关人员记忆犹新的时候及时进行总结。

2）总结要积极。总结应当一分为二，以激励为主。

3）归档处理。经领导审核过的总结要及时归档。

二、资料收集的原则

在收集资料的时候要注意以下几项原则。

1）弄清上司的真实意图。在弄清上司意图的基础上对资料进行鉴别、筛选和整理分析。

2）多问为什么。不管收集到什么样的信息，都要先在自己的脑海中问几个问题。例如，这件事是怎么发生的？为什么是这样？

3）不要自我发挥。有时候收集到的信息可能不完整，要避免发挥自己的想象力，使材料变得“完整”。

4）坚持以事实为依据，公正、客观地鉴别和整理资料。

拓展与提高

秘书在日常工作中常常会遇到临时汇报的任务，这对秘书的职业能力来说是一个较大的考验。在做临时汇报时，不妨考虑以下几种方法。

一、综合概括法

综合概括法是指用简洁的语言对所做的工作进行概述的方式。概述的时候不必面面俱到，只需说重要的、有代表性的内容，让领导对事情有一个比较清晰的总体印象。

二、开门见山法

开门见山法是指汇报一开始就讲领导特别需要了解的具体情况，不讲套话，不必全面概括的方法。这种方式干脆利落，也容易引起领导的重视。

三、典型事例法

典型事例法是指将工作中的典型事例以讲故事的方式引出汇报内容的方法。这种方法乍听起来好像与正题关系不大，但实际上为后面的汇报内容做了铺垫，而且能够激发领导的兴趣。

四、时间顺序法

时间顺序法是指按照工作开展的时间顺序进行汇报的方法，适用于历时较长的工作。这种方法虽然稍显平淡，但条理性较强。同时容易给领导留下工作扎实、一步一个脚印的印象。

自 评

通过下列问题对自己的反馈能力进行反馈测评。

1）在沟通中，当你对谈话者的信息不确定时，你通常如何反馈？

A. 我可以这样理解吗

B. 你到底是不是……

C. 你究竟要说什么

2）面对下属的工作进展情况，你会选用下面哪一种语气作为反馈结果？

A. 你必须确保任务的完成

B. 你要按时完成

C. 我不希望你拖延

3）在进行绩效面谈时，下面的哪一项更接近对绩效的反馈？

A. 你的绩效比平均绩效低 15%

B. 你的绩效低于平均水平

C. 你的绩效很差

4）面对没有反馈的沟通，你认为哪里出现了问题？

A. 自己已经给出主观性的反馈

B. 没有明确需要反馈

C. 沟通是一种告知

5）你如何面对批评式的反馈？

A. 自检自查

B. 搞清反馈者是“对事”还是“对人”

C. 评估反馈

6）你如何面对不合理的反馈？

A. 评估反馈，予以纠正

B. 探究反馈者心理并予以说服

C. 否认反馈

7）你如何面对反馈者的反应速度过慢？

A. 约定反馈时间

B. 建立激励机制

C. 提供备选方案

8）你如何评估反馈？

A. 建立反馈评估标准

B. 遵从大多数反馈意见

C. 根据自己的经验

9）在执行任务的过程中，你如何向上级反馈？

A. 阶段性汇报

B. 定期汇报

C. 结束后反馈

选 A 得 3 分，选 B 得 2 分，选 C 得 1 分。

测评结果：

24 分以上，说明你的反馈能力很强，需要继续保持和提升。

15～24 分，说明你的反馈能力一般，需要努力提升。

15 分以下，说明你的反馈能力很差，急需提升。

案例分析

案例一

办公室秘书小朗最近几天一直愁眉不展，连走路都是一副冥思苦想的样子。原来公司要锻炼新人，把今年年终总结的任务交给了小朗。小朗知道这是个在全公司露脸的机会，也想显示一下自己的身手。但这几天她修改了几次她写的稿子，在计算机上删了写、写了删，可还是觉得自己写的稿子缺乏深度，思路不清。怎么办呢？自己都觉得不好，怎么对得起领导的信任呢？

后来，她找到公司资深的张秘书，虚心向张秘书请教写好总结的秘诀。张秘书拿出一个小本子交给小朗，说秘诀都在本子上。小朗打开一看，本子上记录的是这一年公司发生的大事，如好事、坏事，几乎每件事都有详细的经过，并且有数据，有的地方还有张秘书当时自己的感受，内容十分丰富。小朗一看就明白了，之所以自己写的东西像流水账，没深度，就是因为没有典型的事例和准确的数据加以支持和说明。

经过张秘书的指导，小朗最终写出一篇格式规范、内容充实、条理清晰、思想深刻的总结，并得到了领导的表扬。

（资料来源：高海生，2008．秘书基础（文秘专业）[M]．2 版．北京：高等教育出版社．）

分析：

1）从张秘书的做法中我们可以得到哪些启发？

2）写总结时应该注意哪些问题？

案例二

公司最近要引进一批办公设备，包括打印机、传真机、扫描仪及这方面的耗材等。办公室主任让秘书小曼到市场上转转，比较一下这些设备和耗材，以便向上级领导汇报。

小曼不辞辛苦地转了一整天，跑遍了所有销售这些设备的门店。回公司后，小曼将自己整理好的几张纸交给主任。第一张纸是关于打印机的，有激光的、针式的、喷墨的；第二张纸是关于传真机的，有普通纸的、热敏纸的；第三张纸是关于扫描仪的；第四张纸是关于耗材的。

小曼的工作做得很仔细，每种产品都标明了品牌、功能、价钱等，而且搜集了一大堆相关的宣传材料，同时还有各门店负责人的名片等。她把这些东西直接堆在了主任的办公桌上，并向主任一五一十地对所做的咨询进行了详细的汇报。

小曼以为主任会因自己的细致工作而对她提出表扬，但没想到主任皱着眉头，想说什么又没有说，最后只是说了一句："辛苦了，回家好好休息吧。"

小曼有点郁闷地回家了。

第二天一上班就看到同事小李正在捣鼓自己昨天放在主任桌上的那堆东西。小李告诉小曼："主任让我将这些材料整理汇总，制成表格，然后送给总经理过目，这样便于领导进行比较。"

小曼听了小李的话，心里有点不是滋味。

（资料来源：根据相关资料整理得到。）

分析：

1）这件事小曼做得对吗？为什么？

2）如果你是小曼，你会怎么做？

完成任务

总结一周之内的在校情况。填写一周情况记录表，如表4-20所示。

表4-20　一周情况记录表

内容	时间				
	星期一	星期二	星期三	星期四	星期五
学校或班内任务（任课教师要求）					
任务下发人					
要求下发的形式（写文字记录）					
自己承担的任务					
自己完成的情况					
向相关教师的汇报内容					
总结					
留下的资料					
自我评价					
任务下发人的评价					
教师评价					

能力评价

一、自我评价

学生填写"事后反馈"能力学生自我评价表，如表4-21所示。

表4-21　"事后反馈"能力学生自我评价表

主要内容	自我评价等级（在符合的情况下面画"√"）			
	全都做到了	大部分做到了	基本做到了	没做到
能向上级进行恰当的汇报				
能对自己的工作和生活进行总结和反思				

续表

<table>
<tr><th colspan="2" rowspan="2">主要内容</th><th colspan="4">自我评价等级（在符合的情况下面画“√”）</th></tr>
<tr><th>全都做到了</th><th>大部分做到了</th><th>基本做到了</th><th>没做到</th></tr>
<tr><td colspan="2">能有意识地积累资料</td><td></td><td></td><td></td><td></td></tr>
<tr><td rowspan="4">自检评价</td><td>我的优势</td><td colspan="4"></td></tr>
<tr><td>我的劣势</td><td colspan="4"></td></tr>
<tr><td>我的努力目标</td><td colspan="4"></td></tr>
<tr><td>我的具体措施</td><td colspan="4"></td></tr>
</table>

二、小组评价

组长填写“事后反馈”能力小组评价表，如表 4-22 所示。

表 4-22　“事后反馈”能力小组评价表

<table>
<tr><th rowspan="2">主要内容</th><th colspan="4">小组评价等级（在符合的情况下面画“√”）</th></tr>
<tr><th>全都做到了</th><th>大部分做到了</th><th>基本做到了</th><th>没做到</th></tr>
<tr><td>能向上级进行恰当的汇报</td><td></td><td></td><td></td><td></td></tr>
<tr><td>能对自己的工作和生活进行总结</td><td></td><td></td><td></td><td></td></tr>
<tr><td>能有意识地积累资料</td><td></td><td></td><td></td><td></td></tr>
<tr><td colspan="5">建议：

组长签名：　　　　　　　　　　　　　　　　　　　　年　月　日</td></tr>
</table>

三、教师评价

教师填写“事后反馈”能力教师评价表，如表 4-23 所示。

表 4-23　“事后反馈”能力教师评价表

评价等级	评价标准	备注
优秀	① 准确掌握汇报、总结的方式和方法 ② 在小组活动中积极主动，协作性强	
良好	① 较好掌握汇报、总结的方式和方法 ② 在小组活动中比较积极主动，协作性较强	
合格	① 基本掌握汇报、总结的方式和方法 ② 在小组活动中基本上积极主动，协作性较强	

职业能力拓展

结合自己本学期的在校表现，对在校情况进行总结，征求教师意见，并进行分组交流，记录交流情况。

项目五
与上司沟通

与上司沟通是秘书最频繁、最重要的工作。因此，与上司沟通的能力就成为一个秘书必须掌握的重要能力。这项能力一般包括主动了解上司的能力、获得上司信任的能力、领会上司的意图的能力和谨言慎行的能力。

名人名言

光知道是不够的，还必须会应用；光有愿望是不够的，还必须去行动。

——约翰·沃尔夫冈·冯·歌德

学习目标

- 能主动了解上司。
- 能获得上司的信任。
- 能领会上司的意图。
- 能做到谨言慎行。

任务一　了解上司

任务目标

1）能全面了解上司。

2）能客观看待上司。

3）能调整自己以适应上司。

任务描述

小鹿担任总经理秘书已经有一段时间，她逐渐懂得了解上司对她做好工作的重要性，于是在工作过程中有意识地了解自己的上司。

任务分析

要了解上司交代的任务，就要明确了解的内容和获取上司信息的渠道。在了解的同时，还要能客观看待上司，并能调整自己以适应上司。

名人名言

如果你希望与不同人愉快共事，那么，熟悉他们的处事风格，了解他们的志向爱好，对你将有助益。

——约翰·罗伯特·博尔顿

相关知识

一、了解的内容

1. 上司的基本情况

秘书对自己的上司要进行全面、准确的了解，包括籍贯、出生地、民族、党派、学历、经历、住址、健康情况、性格特点、饮食习惯、作息习惯、业余爱好等，并且要将这些信息烂熟于心，以便随时调用。

2. 上司的职责范围和权限

秘书作为上司的助手，要了解上司的职责范围和权限，包括上司的工作内容、本单位的管理模式、企业文化、各职能部门的分工和责任。只有这样，秘书才能在工作中根据实际情况迅速地采取相应的行动，熟练地完成文件处理、收发传真及接打电话等工作，高效率地辅助上司工作；也只有这样，秘书才能在日常工作中根据上司的职责范围和工作重点的需要，积极主动地做好沟通前的准备工作。

3. 上司的性格特点、工作和生活习惯等

上司也是普通人，也有喜怒哀乐，所以作为秘书，一定要了解上司的性格特点、工作和生活习惯等。只有这样，秘书与上司之间才能配合默契，秘书才能根据上司的意图辅助其工作。例如，上司是注重制度的人，还是注重人情的人；是愿意只把握大局的人，还是事必躬亲的人；是只看重结果的人，还是更关注过程的人；是严肃的人，还是活泼的人；是把工作当全部生活的人，还是兴趣广泛的人；是有着良好记忆力的人，还是健忘的人；他喜欢上午开会，还是喜欢下午开会；他喜欢绿色、红色还是其他颜色；他喜欢喝茶还是喜欢喝咖啡，喜欢喝茶的话，是喜欢喝红茶还是喝绿茶，喜欢喝咖啡的话，是否喜欢往咖啡中加奶，是否往咖啡中加糖？这些问题了解得越清楚、细致，越有利于你与上司沟通。

4. 上司的核心价值观

每个人都有自己最在意的信念，这些信念构成每个人的内在思想基础，心理学家称之为核心价值观。核心价值观很难妥协，不容易改变。上司一定有他最在乎的观念和行为。例如，有的上司在意守时，有的上司注重诚实，有的上司注重勤俭，有的上司注重效率等。要想与上司沟通顺畅，秘书的言行就要契合上司的核心价值观。

5. 上司的家庭成员、朋友圈子

在单位内部一般不过问其他人的隐私，但作为秘书，要多多少少地了解一些上司的个人交际范围，如家庭主要成员、来往密切的朋友等，这样能避免沟通中的被动。例如，在接待客人的时候，如果你知道对方与上司的关系，你就能把握好与客人沟通的分寸。但秘书与上司仅仅是一种工作关系，所以秘书要把握好度：一切从工作出发，了解但绝不介入上司的私生活。

二、获取上司信息的渠道

1. 通过各种相关资料了解上司

要想获取上司的相关信息，首先就是要通过各种与上司有关的资料（如网络、信息报道、报刊等）了解上司。这样的了解是表面的，但从中可以知道上司的核心价值观、工作思路、思维和表达的风格。这就要求秘书每天浏览单位所在行业网站、本单位网站、与单位关系密切的报纸杂志，了解行业动态、单位发展情况等，以便了解上司的工作思路。参加会议时要认真聆听上司讲话，与其他人不同的是，秘书不仅要听从上司的安排，还要理清上司讲话的思维逻辑，把握上司的讲话风格。

2. 通过用心观察，细心体会了解上司

秘书与上司在地位、年龄、经验和阅历等方面存在巨大的差异，上司不可能明确告诉秘书自己的所思所想，所喜所忧。上司的喜怒哀乐及上司工作的轻重缓急，是靠秘书平时用心观察、细心体会才能了解到的。因此，秘书要积极调动自己的感官，耐心地了解上司的方方面面，并且要记笔记，逐渐总结上司的性格特点，以及他真正关心的事情。观察、记录的内容包括上司每天见了哪些人，打了哪些电话，批阅了哪些文件；上司在约见客人时，先后顺序的安排，谈话时间的长短，说话的口气，经常谈论的问题；不同情况下习惯使用的语言、表情、肢体语言等。必要时可以直接询问上司。

3. 通过请教前任秘书，咨询同事了解上司

如果你的上司不是刚被提拔就派你来做他的秘书，那么他一定有前任秘书。聪明的秘书一上任就会找到前任秘书，详细了解上司的各种特点、习惯，以便更好地与上司沟通，为上司服务。同时，在与上司沟通中遇到问题也可以虚心向办公室主任和其他同事请教。只要本着一切从工作出发的原则，注意询问、请教的方式，就一定能得到其他人的帮助。

相关链接

为了沟通顺畅，秘书必须知晓领导的类型。一般来说，领导按照处事风格可以分为以下四种类型。

1. 结果型领导

结果型领导的性格多属于“力量型”，又称“老虎型”。要想赢得结果型领导的赏识，需要注意以下几个方面。

1）工作要务实。结果型领导多是急性子，所以在工作中下属不必有太多的“花招”，领导所欣赏的下属是说话时能够“一句话直击要害”。如果做太多铺垫就会让领导觉得冗余，只有快、精、准地切入主题才会赢得领导的认可。

2）要注重结果。结果型领导在工作中最为关注的就是事情的重点和做事的结果。因此，在解决问题的过程中一定要突出问题的重点，同时要简单明了地列举出各种方案所能达成的各种结果及影响。

3）要不拘一格。“忙”是结果型领导的突出特点。因此，不要指望领导会在办公桌前等

候你，有事情要积极找领导，及时沟通。

2. 细节型领导

在做事风格上，细节型领导往往崇尚完美，就其职场特质而论可叫作“猫头鹰型”。要想赢得细节型领导的赏识，需要做到以下几点。

1）中规中矩。细节型领导事事追求完美，在他们看来，对待工作要与对待“艺术品”一样，精益求精。因此，如果遇到这样的领导，下属的工作一定要系统化、程序化，看起来一切都有条不紊。

2）关注细节。由于“完美”在作祟，细节型领导看待事物多注重细节，他们需要精细、全面的书面沟通。

3）三思而后行。“善思”是细节型领导的处事风格。因此，在处理问题时不要轻举妄动，而要多动脑子思考，否则会给领导留下有勇无谋的印象。

3. 机会型领导

机会型领导思维敏捷，思想活跃，其职场特质被形象地称为“孔雀型”。

1）头脑要灵活机动。机会型领导本身的特点决定了其做出的决定往往是暂时的。也就是说，你的思维一定要跟得上领导的节拍，还要做好应对临时性改变的准备。

2）多方位思考。机会型领导有着极强的创造力，所以在工作上，他们喜欢不断创新。跟着这类领导工作，一定要多方位地思考问题，善于发挥自己的想象，这样才能让领导认为你是个可造之才。

3）多进行推动。因为性格本身的特点，机会型领导一般比较爱面子，所以在工作中提出建议时既要有理有据，又要尽可能地让领导感觉那是他自己的主意，也就是说要多起推动的作用，否则一旦抢了领导的“风头”，就很有可能给今后的工作带来不必要的麻烦。

4. 整合型领导

整合型领导的性格通常较为温和。在这类型的领导手下做事，通常要注意以下几个方面。

1）要准备充分。因为整合型领导善于综合，喜欢收听组织内的各种传言，所以在工作中面对问题时，一定要有充分的准备，列举的问题要做到准确无误，同时对于结果的预计要合理，切不可给领导留下冒失、经验不足的印象。

2）要善于建立关系。整合型领导非常注重人际关系，所以建立良好的人际关系可以为你和领导达成工作上的共识建立坚实的基础。

3）要有耐心和耐力。整合型领导在性格上具有敏感、易妥协的特征，所以对任何问题都要给予其充分的时间考虑。

现实社会中，不可能每位领导都具有这样明显的性格特征，让人一目了然。人的性格经常表现为混合型，在不同时间、地点、场合，表现出的性格特点也有所不同。因此，作为秘书，一方面要善于观察分析，了解领导的特点；另一方面，要灵活应变，使自己在任何时候都能保持与上司的有效沟通。

拓展与提高

一、客观看待上司

秘书职业的特殊性决定了秘书处理好与上司关系的重要性。为了更好地辅助上司工作，秘书要尽可能多地了解上司。但了解多了就可能出现两种情况：要么对上司佩服得五体投地，上司成为秘书眼里的“完人”；要么应了西方的一句谚语：“仆人眼里无伟人”，秘书发现上司身上的毛病和缺点一点儿也不比自己少。不管是盲目崇拜，还是无情批判，事实上都是秘书的大忌。作为秘书，要始终牢记一点：为上司服务是你的工作，上司就是上司。不管了解了上司的优点还是缺点，做秘书的都没有对上司品头论足的资格。秘书只有客观看待上司，专业对待工作，才能处理好与上司的关系。

二、调整自己，适应上司

秘书是为上司服务的，上司不会因为秘书而改变自己。因此，要想与上司融洽地相处，秘书就要不断调整自己以适应不同的上司。因此，秘书要学会做“水”，随容器的不同而变化。

案例分析

小华是春华公司负责销售的副总经理雷震的秘书。雷总向小华交代工作时，总是用一种似乎很霸道、很不耐烦的口吻说话：“让张经理过来！”“复印三份！”从来不会说“请帮我找一下张经理。”“劳驾帮我把这个复印三份”。小华非常不习惯雷总这种蛮横无理的说话方式。虽然凭良心说，雷总长得还是挺帅的，但每次接受工作时，小华总会想起电影、电视剧里那些满脸横肉、面无笑容、对人恶狠狠的坏人形象。她觉得再做雷总的秘书就要崩溃了，因此她多次提出要求更换上司，但每次都遭到办公室主任的严厉批评。一天下午，雷总路过她的办公桌时，将一份文件扔到她的桌子上并说：“复印一份！”她怀着一肚子怨气复印完文件之后，也把复印件扔到雷总的办公桌上。没料到文件撞翻了桌子上的水杯，水淌得满桌子都是……小华被炒了鱿鱼。

（资料来源：佚名，2021. 不要给同事轻易地画上“脸谱”[EB/OL].（2021-04-15）[2021-02-08]. https://baijiahao.baidu.com/s?id=1697116418346873577&wfr=spider&for=pc.）

分析：

1）作为秘书，小华的做法对吗？为什么？

2）如果遇到雷总这样的上司，你会怎么做呢？

完成任务

1）了解一位任课教师或校领导，将所获信息填入“了解上司”任务表，如表 5-1 所示。（一周内完成，为以后与这位任课教师或校领导沟通做准备，做完后要保留。）

表 5-1 “了解上司”任务表

上司个人基本情况	姓名		联系方式	手机			
	职务			宅电			
	政治面貌			电子邮箱			
	年龄		民族		籍贯	出生地	
	健康情况						
	业余爱好						
	饮食习惯						
	作息习惯						
	学习经历（中学的学校、大学的学校、所学专业、印象较深的人和事、现在保持联系的人等）		中学	印象较深的人			
				印象深的事			
				保持联系的人			
			大学	专业			
				印象较深的人			
				印象较深的事			
				保持联系的人			
	工作经历（单位、职务、工作内容、印象较深的人和事、现在保持联系的人等）		单位 1	职务			
				工作内容			
				印象较深的人			
				印象较深的事			
				保持联系的人			
			单位 2	职务			
				工作内容			
				印象较深的人			
				印象较深的事			
				保持联系的人			
	价值观（崇尚什么，反对什么）						
	其他						
工作职责							
性格特点							
家庭成员							
朋友圈子	姓名		主要特点		联系方式		

2）完成以上任务后填写完成任务反馈表，如表 5-2 所示。

表 5-2 完成任务反馈表

项目		内容
沟通前的准备	目的	
	态度	

续表

项目		内容				
沟通前的准备	策略					
沟通中的表现	沟通次数		沟通地点	①	②	③
	遇到的困难					
	解决的办法					
	最后的结果					
沟通后的反思	得到的收获					
	存在的问题					
	改进的措施					
被了解的上司意见			签名			

能力评价

一、自我评价

学生填写“了解上司”能力自我评价表，如表 5-3 所示。

表 5-3 “了解上司”能力自我评价表

主要内容		自我评价等级（在符合的情况下面画“√”）			
		全都做到了	大部分做到了	基本做到了	没做到
树立了主动了解上司的意识					
能全面了解上司					
能客观看待上司					
能调整自己适应上司					
自检评价	我的优势				
	我的劣势				
	我的努力目标				
	我的具体措施				

二、小组评价

组长填写“了解上司”能力小组评价表，如表 5-4 所示。

表 5-4 “了解上司”能力小组评价表

主要内容	小组评价等级（在符合的情况下面画“√”）			
	全都做到了	大部分做到了	基本做到了	没做到
树立了主动了解上司的意识				
能全面了解上司				
能客观看待上司				
能调整自己适应上司				

建议：

组长签名：　　　　　　　　　　　　　　　　　　年　　月　　日

三、教师评价

教师填写“了解上司”能力教师评价表，如表 5-5 所示。

表 5-5　“了解上司”能力教师评价表

评价等级	评价标准	备注
优秀	牢固树立了主动了解上司的意识，很好掌握了有效了解上司的方法，学习积极主动	
良好	较好树立了主动了解上司的意识，掌握了有效了解上司的方法，学习比较积极主动	
合格	树立了主动了解上司的意识，基本掌握了有效了解上司的方法，学习比较积极主动	

职业能力拓展

1）细心观察一位领导或教师，填写上司习惯性用语、动作、表情观察记录表，如表 5-6 所示。

表 5-6　上司习惯性用语、动作、表情观察记录表

姓名		职务		是否符合实际（请上司填写）	如果不符合，请更正（请上司填写）
习惯性用语	高兴时				
	不高兴时				
	发怒时				
	其他				
习惯性动作	高兴时				
	不高兴时				
	发怒时				
	其他				
习惯性表情	高兴时				
	不高兴时				
	发怒时				
	其他				
被观察者评价				签名	
学生自我评价				签名	
任课教师评价				签名	

（注：学生通过自己的观察填写上表后，与被观察者沟通，判断是否符合实际。如果不符合，则将更正后的内容填写在最后一栏。）

2）搜集尽可能多上司（既可以是真正的公司领导，又可以是自己的家中长辈、学校教师或领导）的电话，填写上司信息表，如表 5-7 所示。将电话号码熟记于心，以备课上检查。

表 5-7　上司信息表

姓名	单位	职务	与自己的关系	办公电话	手机号码	微信号	获得的渠道

任务二　获得信任

任务目标

1）能对上司忠诚坦白，公正无私。

2）能用有效方法让上司了解自己。

3）能负责地做好自己的工作，让上司放心。

4）能针对上司的特点提供有效的秘书服务。

5）能坚持学习，不断提高。

任务描述

小鹿尽管担任总经理秘书已有一段时间，但是她发现周总有时会叫她咨询徐菲，而且只要是较复杂的事，周总就让她去问徐菲。徐菲是周总以前的秘书，现已调任行政部主管。小鹿暗下决心，一定要加倍努力，让周总像信任徐菲一样信任自己。

任务分析

由于工作性质的特殊，秘书是单位里与上司关系最近的人，不仅掌握上司的一些秘密，还比大多数员工甚至中层领导了解单位的事。因此，秘书应该是上司最信任的人。只有得到上司的信任，秘书与上司之间的沟通才可以顺畅自然。秘书要想获得上司的信任，就要忠诚坦白、公正无私；要想主动与上司沟通，就要让上司了解自己；要想增强责任感和自律意识；就要善于学习，不断提高自己的综合素养。

名人名言

世界上最聪明的人是最老实的人，因为只有老实人才能经得起事实和历史的考验。

——周恩来

相关知识

一、忠诚坦白，公正无私

在工作中对上司忠诚坦白，与上司的意见保持一致，处理问题公正无私，这既是秘书获得上司信任的基础，又是与上司沟通顺畅的前提。

秘书必须对上司忠诚坦白。时刻牢记，秘书是上司的助手，要对上司负责，在工作上绝不能欺骗和隐瞒上司，更不能阳奉阴违。秘书在处理、协调问题时只能根据上司的决定、决议和批示的精神办理，不能出于任何原因自作主张，更不能不经请示和汇报就代替上司拍板决定。一般情况下，秘书不应该卷入单位内部的各种是非漩涡，但是在关系到上司做一些重大决策的时候，秘书听到或看到某人的不负责任的行为，应该毫无保留地告诉上司。不能因为害怕得罪人而对上司隐瞒，从而影响大局。

秘书必须以大局为重，处理问题要客观公正。公正是秘书建立威信与诚信的较好方法。作为秘书，做到公平公正对待任何人和事是很难的，但在大是大非面前，秘书必须表现出自己的公平公正，让上司和同事感觉到你的大局意识和公正无私。这就需要秘书在平时的工作中做到以下几点。

1）要通过多沟通收集各方信息，尽量全面、客观地了解单位每个人的工作情况，对一些重要事项的进展了然于胸。

2）对待反映上来的问题和矛盾，多听多想，客观记录，不该自己说的绝对不发表意见，更不能不经调查，没有经领导允许，对一些人和事发表自己的主观看法。

3）上司授权秘书处理一些矛盾甚至冲突时，秘书要问明上司的真实意图，在处理过程中要表现出低调、谦虚的态度，并且说明自己的主要任务是了解情况，绝不能以“领导”的身份指指点点，妄下结论。

4）私下里与同事的关系可以有亲疏远近，但工作中一定要牢记自己的身份和职责，平等友好地对待所有人。

5）在处理好上司交办的工作以后，秘书要向上司全面、客观、真实地汇报工作情况，这时要尽量避免感情色彩和情绪化表达。

二、及时主动与上司沟通，让上司了解自己

了解是信任的前提。上司公务繁忙，脑子里想的，心里装的，都是单位的大事，一般不会有过多的时间、精力、兴趣了解自己的秘书。为了获得上司的信任，做好上司的助手，秘书就要通过主动沟通，有意识地让上司全面、客观地了解自己。

1. 工作沟通

秘书对上司交办的工作，要做到认真倾听，适当提问，领会好上司的真实意图；协调各方，积极落实，解决好各种问题；及时汇报，听取指示，让上司了解过程与结果。

秘书在工作中遇到问题或困难，自己确实想不出好的解决办法，要向上司请教，并认真记录。问题或困难解决后，要在适当场合向上司汇报。

在这样的沟通中，上司会逐渐了解秘书的人品、能力，建立对秘书的信任。

2. 平时交流

平时，与上司单独相处时，秘书可以根据上司当时的状态和谈话的主题灵活确定沟通的内容。例如，在轻松愉快的状态下向上司介绍一下自己的家庭情况、想学习的愿望等；在上司闷闷不乐时找些令上司感兴趣或新奇的话题，既优化上司的情绪，又适当让上司了解一下自己的业余爱好、性格特点、成长经历等。

3. 增强责任感和自律意识，让上司放心

秘书做的工作比较繁杂，弹性很大，不是量化指标考核能全部覆盖的；上司公务繁忙，不在单位也是经常的事，这就使秘书具有很大的工作空间。一个对上司、对工作、对自己都有很强责任感的秘书会这样做：主动为上司分担责任，对自己严格要求，用秘书职责约束自己，不管上司在与不在，都能有条不紊地做好办公室常规工作，处理好上司交办的各项事务。在日常工作中注意细节，精益求精；在处理突发事件时机智灵活，处变不惊。要知道，秘书与上司的沟通不仅仅是言语之间的交流，更是行为举止之间的交流。秘书应做到将微不足道的事做到完美无瑕，将举足轻重的事做到无懈可击。这些就是在向上司传递着无声的信息：

我是个值得信任的秘书。

4. 针对上司的特点提供有效的秘书服务

了解上司是为了更好地辅助上司工作，对上司提供有效的秘书服务。上司的性格、经历不同，所需要的服务也不同。秘书在用心了解上司的基础上，更要用心为上司服务，帮助上司做好工作。只要周到、细致、妥帖、自然地做好秘书服务工作，就能得到上司的信任。

5. 善于学习，不断提高

秘书的学习条件得天独厚，具体表现在三个方面：一是上司就在身边，他们的身上有许多值得秘书学习的东西；二是秘书能接触到各行各业、各部门、各种特点的人，只要用心，秘书很容易就能成为精通各行业的“杂家”；三是最重要的一点，即秘书学习动力充足。秘书工作表面上枯燥乏味，实际上创新性很强。秘书每天都会遇到新问题，通过读书学习、咨询请教他人解决这些问题，既会提高自己的业务水平，又会得到上司的信赖。

相关链接

好秘书的必备条件

1. 自动自发解决问题的能力

自动自发是指在心态上能够把一切公务都当作自己分内的工作，而且坚持做好，不找任何借口推脱。

2. 自己排解情绪的能力

面对工作中的问题、挫折，秘书都应自己解决和面对。有情绪很正常，但不要将情绪带入工作中，不要不加控制地任意宣泄情绪。情绪其实是一种能量，它可以转化为工作动力。

3. 规划自我发展的能力

秘书个人的职业生涯规划、升迁、学习，不可能完全由上司进行安排。对自己未来的发展，秘书要提前做好思考与规划，寻找并抓住学习、升迁的机会。

4. 随时待命

随着办公手段现代化程度的提高，使用计算机、电话及其他现代通信工具，秘书可以处于随时待命的状态。

5. 会说中听话的能力

秘书要明确自己的定位，注意自己的言行，知道什么时候该说什么，说多少。最好是完全领会上司到底要听什么时再发言，而且说话要中听。不要出言太绝对、武断，更不能语出伤人或搬弄是非。

6. 做事有分寸

做事有分寸是指秘书能正确判断情势，体会事情的深浅程度，处理得恰到好处，不会造成其他人和自己尴尬、被动。因此，秘书要严格遵守工作规则和职业道德。

7. 会察言观色

秘书要周旋于上司、同事、客户之间，有时要同时为不同的上司服务，这时候一定要明白如何自处，如何应付。因此，通过听其言、观其行来了解人是秘书的一项重要能力。这种能力要在平时与人交往时就注意锻炼和培养。

8. 能为组织整体利益着想

秘书要将单位利益放在首位，设身处地地为单位的整体利益着想，以无私忘我的精神投入工作。

9. 能配合上司“唱黑白脸”

现代秘书应成为上司的得力助手，而不是可有可无的跟班，有时上司会让秘书替自己说一些不想说的话，或做一些不方便做的事。秘书要能体会上司的用意，能灵活应变。

10. 具有公关能力

公关能力不是天生的，秘书除了要学好书本上的、教师在课堂上教的社交常识、礼仪规范、沟通协调能力、口才技巧，还要在对外接待或活动时认真观察，细细揣摩。

拓展与提高

与上司沟通的技巧

1. 以委婉含蓄的方式传递坏消息

当你刚刚得知一件非常重要的工作出现问题时，你应该像平常一样走进上司的办公室，以平静的声调，从容不迫地说：“我们似乎碰到一些状况……”千万别慌慌张张，也别使用“问题”“麻烦”这一类的字眼。要让上司觉得事情并非无法解决，而使用“我们”可以让上司感到你的忠诚和责任感。在陈述问题时尽量清晰、全面、客观、实事求是，不能夸大其词，更不能遮遮掩掩。

2. 上司传唤时责无旁贷

当听到上司的吩咐时，你应冷静、迅速、果断地做出这样的回答：“我马上处理。”这会令上司认为你是效率高、服从意识强、肯为上司分忧的好秘书。在说这句话的同时你也要思考处理的办法，并付诸实施，把处理的结果及时反馈给上司。

3. 在上司面前赞赏同事

假如同事安琪想出一条连上司都赞赏的绝妙好计，你要在上司听得到的时刻真诚地说出这句话：“安琪的主意真不错。”这会让上司觉得你本性纯良、富有团队精神，对你另眼看待。

4. 不露痕迹地拒绝额外工作

对不是自己职责范围内，自己又确实无力、无时间承担的工作，要有策略地坚决推辞掉，否则，答应下来又完不成，你就成了一个言而无信的人。可以说这句话：“我了解这件事很重要，但我们能不能先查一查手头上的工作，把重要的事情排出个优先顺序？”首先，强调你明白这件任务的重要性，然后请求上司的指示，为新任务与原有工作排出优先顺序，不露痕迹地让上司知道你的工作量其实很重，如果这件工作非你不可，有些事就需要延后处理或转交他人。

5. 不失时机地请教上司

秘书与上司单独相处时是秘书向上司学习请教的好机会。此时，最恰当的谈话莫过于一个跟公司前景有关，而又发人深省的话题。若这时你问上司一个他关心又熟知的问题，他就会滔滔不绝地诉说心得。这时候，不仅你获益良多，加深了对上司的了解，上司还会加深对你的认识，还会对你的求知上进之心刮目相看。但平时一定要多积累，多思考，否则很难提出真正让上司感兴趣、愿意谈的话题。

6. 出错后勇于承认并努力弥补

犯错在所难免，勇于承认自己的过错非常重要，因为推卸责任只会让你看起来像个令人讨厌、软弱无能、不堪重用的人，这样的人很难得到上司的信任。你对待过失的方式能影响你在上司心目中的形象。承认错误时态度要诚恳，自然大方，实事求是，不要萎缩扭捏，吞吞吐吐，避重就轻。在检讨自己过错的同时说出弥补的办法，这样，你解决问题的能力就有了表现的机会，上司和其他人也就不会盯住你的错误不放，很可能坏事就变成好事。

案例分析

案例一

小静从一所文秘学校毕业后，进了一家咨询公司，担任总经理秘书。在工作的第一大，她就听见老板抱怨秘书又把他的咖啡加多了糖。老板声音很轻，没有责备的口吻，也没有让秘书重新冲一杯，而是将就着喝了。

这周轮到小静值日。她先用几个小纸杯分别调制了几种不同口味、不同纯度的咖啡，让总经理挑选。总经理喜欢在午餐后小憩一会儿，于是她就坚守在门外帮总经理挡驾，不让没有急事的下属或拜访者打扰；老板喜欢足球，喜欢罗纳尔多·路易斯·纳扎里奥·达·利马（Ronaldo Luiz Nazario De Lima），于是她在老板的办公桌上放了这位球星的招贴画，并在其计算机显示器的一角贴上了这位球星在绿茵场上的贴纸。一年后，小静升职为主管。

（资料来源：佚名，2011. 学会读懂领导，才可与其融洽相处[EB/OL].（2011-09-25）[2021-02-01]. https://www.job256.com/article/index.php?c=show&id=4068.）

分析：

1）小静为总经理做了哪些事？

2）为什么小静能很快升到主管职位？

3）从小静身上你学到了什么？

案例二

小郎是北京某公司总裁办的秘书。为了改制，提高效率，公司要进行机构改革。为此，公司准备召开一个中层以上干部的动员大会，总裁办主任让小郎起草会议通知。因为会议内容简单，小郎很快就将拟好的会议通知交给总裁办主任审阅。当主任看到“精减机构”这个词时，向小郎提出修改意见，应改为“精简机构”。小郎不以为然地说：“这有什么呀，这年头有谁会抠字眼，意思差不多就行了！”主任见小郎满不在乎的样子，于是严肃地说：“精简机构，是使机构‘精’，使机构‘简’，就如同精简内容是使内容‘精’，使内容‘简’；如果将‘简’改为‘减’，意思就全变了。”

小郎说：“好，我改！”他将草稿拿过来之后，自言自语地嘟囔了一句：“世界上怎么还有这样固执的人？”没想到自己的这句话竟被主任听到。不久，他被调离总裁办。

（资料来源：佚名，2011．秘书与企业[EB/OL]．（2011-08-10）[2021-02-05]．https://www.docin.com/p-242070134.html.）

分析：

1）小郎做错了什么？

2）他为什么被调离总裁办？

3）如果你遇到这样的情况，会怎么说，怎么做？

完成任务

1）分组交流：说出每个人最信任的人，并给出至少 3 条信任他/她的理由。各组归纳后全班进行交流。

2）你最想得到谁的信任？写出取得他/她信任的具体措施。个人完成后，全班进行交流。

3）针对“任务一”中了解的上司情况，记录获得这位上司信任的具体事例，如表 5-8 所示。

表 5-8　上司信任的具体事例

上司姓名		职务		联系方式	
具体事例	对上司忠诚坦白，公正无私				
	能用有效方法让上司了解自己				
	能负责地做好自己的工作，让上司放心				
	能针对上司的特点提供有效的秘书服务				
	善于学习，不断提高				
上司评价	以上事例是否属实　是（　）　否（　） 建议：			上司签名	
秘书签名：					

4）针对上述其中一个任务，在完成任务后填写完成任务反馈表，如表 5-9 所示。

表 5-9　完成任务反馈表

<table>
<tr><td colspan="2">项目</td><td colspan="5">内容</td></tr>
<tr><td rowspan="3">沟通前的准备</td><td>目的</td><td colspan="5"></td></tr>
<tr><td>态度</td><td colspan="5"></td></tr>
<tr><td>策略</td><td colspan="5"></td></tr>
<tr><td rowspan="4">沟通中的表现</td><td>沟通次数</td><td></td><td>沟通地点</td><td>①</td><td>②</td><td>③</td></tr>
<tr><td>遇到的困难</td><td colspan="5"></td></tr>
<tr><td>解决的办法</td><td colspan="5"></td></tr>
<tr><td>最后的结果</td><td colspan="5"></td></tr>
<tr><td rowspan="3">沟通后的反思</td><td>得到的收获</td><td colspan="5"></td></tr>
<tr><td>存在的问题</td><td colspan="5"></td></tr>
<tr><td>改进的措施</td><td colspan="5"></td></tr>
<tr><td>指导教师意见</td><td colspan="3"></td><td>签名</td><td colspan="2"></td></tr>
</table>

能力评价

一、自我评价

学生填写“获得信任”能力学生自我评价表，如表 5-10 所示。

表 5-10　“获得信任”能力学生自我评价表

<table>
<tr><td colspan="2" rowspan="2">主要内容</td><td colspan="4">自我评价等级（在符合的情况下面画“√”）</td></tr>
<tr><td>全都做到了</td><td>大部分做到了</td><td>基本做到了</td><td>没做到</td></tr>
<tr><td colspan="2">忠诚坦白，公正无私</td><td></td><td></td><td></td><td></td></tr>
<tr><td colspan="2">能用有效方法让上司了解自己</td><td></td><td></td><td></td><td></td></tr>
<tr><td colspan="2">能负责地做好自己的工作，让上司放心</td><td></td><td></td><td></td><td></td></tr>
<tr><td colspan="2">能针对上司的特点提供有效的秘书服务</td><td></td><td></td><td></td><td></td></tr>
<tr><td colspan="2">善于学习，不断提高</td><td></td><td></td><td></td><td></td></tr>
<tr><td colspan="2">在小组活动中积极主动，协作性强</td><td></td><td></td><td></td><td></td></tr>
<tr><td rowspan="4">自检评价</td><td>我的优势</td><td colspan="4"></td></tr>
<tr><td>我的劣势</td><td colspan="4"></td></tr>
<tr><td>我的努力目标</td><td colspan="4"></td></tr>
<tr><td>我的具体措施</td><td colspan="4"></td></tr>
</table>

二、小组评价

组长填写“获得信任”能力小组评价表，如表 5-11 所示。

表 5-11　“获得信任”能力小组评价表

<table>
<tr><td rowspan="2">主要内容</td><td colspan="4">小组评价等级（在符合的情况下面画“√”）</td></tr>
<tr><td>全都做到了</td><td>大部分做到了</td><td>基本做到了</td><td>没做到</td></tr>
<tr><td>忠诚坦白，公正无私</td><td></td><td></td><td></td><td></td></tr>
</table>

续表

主要内容	小组评价等级（在符合的情况下面画“√”）			
	全都做到了	大部分做到了	基本做到了	没做到
能用有效方法让上司了解自己				
能负责地做好自己的工作，让上司放心				
能针对上司的特点提供有效的秘书服务				
善于学习，不断提高				
在小组活动中积极主动，协作性强。				
建议：				
组长签名：				年　月　日

三、教师评价

教师填写“获得信任”能力教师评价表，如表 5-12 所示。

表 5-12　“获得信任”能力教师评价表

评价等级	评价标准	备注
优秀	深刻认识了获得上司信任对秘书的重要性，很好掌握了获得上司信任的方法；学习积极主动	
良好	明白了获得上司信任对秘书的重要性，较好掌握了获得上司信任的方法；学习比较积极主动	
合格	认识了获得上司信任对秘书的重要性，掌握了获得上司信任的方法；学习比较积极主动	

职业能力拓展

1）通过沟通，让上司（家长、班主任、任课教师、学校领导等）了解自己，并填写与上司沟通记录表，如表 5-13 所示。

表 5-13　与上司沟通记录表

上司姓名		职务		联系方式		为了让上司了解自己做的沟通	
						工作沟通	日常沟通
对我的了解	性格特点						
	价值观						
	优点						
	缺点						
	业余爱好						
	家庭情况						
	其他						
上司评价	有意识、有目的地沟通，便于上司了解（　　） 沟通的意识和主动性不强，上司了解不多（　　） 建议：					上司签名：	
自我评价	通过沟通，上司对我有了全面准确的了解（　　） 沟通不够，上司对我仍不太了解（　　） 体会或收获： 改进措施：					秘书签名：	

2）详细记录表5-13中一次与上司完整的沟通过程，如表5-14所示。

表5-14 与上司完整的沟通过程

时间	年 月 日	地点		上司姓名		其他在场人员	
沟通过程和内容							
上司评价							
自我评价							

任务三 领会意图

任务目标

1）能从主动询问中掌握上司意图。
2）能从平时言谈中捕捉上司意图。
3）能从日常行为中发掘上司意图。
4）能从阅文批示中揣摩上司意图。
5）能从综合分析中领悟上司意图。

名人名言

有效的交际是简单、明确和不会引起误解的。

——弗里茨·格吕克施泰因

任务描述

小鹿发现周总对自己的工作有些失望，可自己确实很认真地按周总的意见安排工作。小鹿不太明白，她服从上司的决定，按上司的要求做的工作，为什么上司还是不高兴呢？其实，小鹿的问题是她只听到了周总说出来的话，却没有听出周总的“弦外之音”，她没有真正领会周总的意图。

任务分析

小鹿的问题在秘书工作中很常见。上司也是人，不可能像机器一样永远理智冷静，没有任何情绪，有的时候他们说的话、做的事并不是表面上看到的那样。另外，由于性格、经历、时机、场合等因素，上司不直接说明意图而需要秘书自行领会的情况是非常多的。因此，秘书的一项重要任务就是要会“听话听音”，能辨别上司的话外音，理解上司所表达的真实意思，也就是要善于领会上司的真实意图，并付诸行动。准确领会上司的意图是秘书的一项重要能力，与沟通能力相得益彰、相辅相成。

正确领会上司的意图，基于对上司的准确了解；基于对上司心思的仔细揣摩；基于对单位实际工作的整体把握；基于秘书的常识、经验与社会阅历。做到以上几点，离不开秘书与上司的主动沟通。

相关知识

要做到真正地领会上司意图，就要做到以下几点。

一、从主动询问中掌握上司意图

接受某项工作任务前，秘书要主动向上司请示、询问，了解上司对某一阶段、某项工作、某个问题的考虑和想法，尽量避免走弯路。这是把握上司意图的主要途径。

二、从平时言谈中捕捉上司意图

上司的思想、主张，大都是通过言谈阐发出来的。平时，无论是跟随上司检查工作、参加会议，还是处理日常事务，对上司的发言及主要观点和主张，都要准确记录。对上司口头交代的内容，也要注意反复领会。尤其是上司在各种非正式场合的谈话，平时比较零碎的看法、意见等，一定要细心收集。这些思想虽然可能一时用不上，但它们往往是上司意图的重要体现，把握它们就能为及时、准确地捕捉上司意图做好准备。

三、从日常行为中发掘上司意图

行为是思想的客观反映，上司的意图会通过一定的行为方式表现出来。因此，对上司不仅要善于“听其言”，还要善于“观其行”，注意从上司的行为表现中发现其思想和主张。从某种意义上讲，善不善于“察言观色”，体现了秘书素质能力的高低。

四、从阅文批示中揣摩上司意图

上司亲自撰写的文稿，对各种文件、报刊的批示，以及对下级人员草拟的材料提出的修改意见都常常是上司对某一问题的思想和观点的反映。悉心研究上司的阅文批示，就能从中把握其思想本质，洞察其意图。

五、从综合分析中领悟上司意图

对上司在各种场合、时机流露出的零碎“思想火花”进行汇总串联，连贯分析，往往能够梳理出上司的意图。这是因为，偶然中往往隐藏着必然，把一个个偶然连贯起来思考，便会产生串联效应。

相关链接

上司的决策一般是有科学依据并遵循一定规律、按一定程序进行的。秘书如果能够了解一些管理知识，就可以根据管理的一般规律知道上司的工作程序，更好地领会上司的意图。这里介绍一个经营管理小常识——PDCA 循环。

一、PDCA 的含义

PDCA 循环又叫戴明环，是美国质量管理专家爱德华兹·戴明（Edwards Deming）博士首先提出的。

PDCA 的含义：P（plan）——计划；D（do）——执行；C（check）——检查；A（act）——处理，对总结检查的结果进行处理，对成功的经验加以肯定并适当推广、标准化；对失败的教训加以总结，将未解决的问题放到下一个 PDCA 循环里。

以上四个过程不是运行一次就结束，而是周而复始地进行，一个循环结束，解决一些问题，未解决的问题进入下一个循环，如此阶梯式上升，如图 5-1 所示。

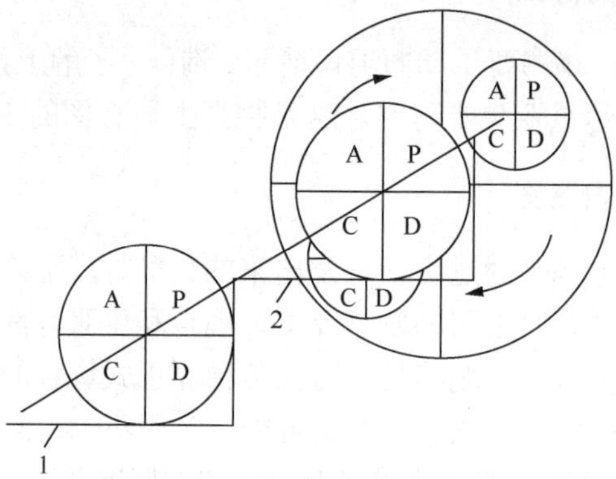

1—原有水平；2—新的水平。

图 5-1　PDCA 循环上升示意

PDCA 循环实际上是进行任何一项工作的合乎逻辑的有效工作程序，因此也有人称其为质量管理的基本方法。

二、PDCA 循环的特点

PDCA 循环可以使我们的思想方法和工作步骤更加条理化、系统化、具体化和科学化。它具有以下几个方面的特点。

1. 大环套小环，小环保大环，推动大循环

PDCA 循环作为质量管理的基本方法，不仅适用于整个工程项目，还适用于整个企业和企业内的科室、工段、班组乃至个人。各级部门根据企业的方针目标，都有自己的 PDCA 循环，层层循环，形成大环套小环，小环里面又套更小的环。大环是小环的母体和依据，小环是大环的分解和保证。各级部门的小环都围绕着企业的总目标朝着同一方向转动。通过循环把企业上下或工程项目的各项工作有机地联系起来，彼此协同，互相促进。

2. 不断前进、不断提高

PDCA 循环就像爬楼梯，一个循环运转结束，生产的质量就会提高一步，然后制定下一个循环，再运转、再提高，不断前进，不断提高。

3. 形象化

PDCA 循环是一个科学管理方法的形象化。

拓展与提高

俗话说，测得风向才能掌好舵。在人际交往中，对他人的言语、表情、手势、动作及看似不经意的行为进行较为敏锐细致的观察，是掌握对方意图的先决条件。下面是上司的表情、动作通常所代表的含义。

1）上司说话时不抬头，不看人。这是一种不良的征兆——轻视下属，认为此人无能。

2）上司从上往下看人。这是一种优越感的表现——喜欢支配人、高傲自负。

3）上司久久地盯着下属。他在等待更多的信息，他对下级的印象尚不完整。

4）上司友好和坦率地看着下属，或有时对下属眨眨眼。下属很有能力，讨他喜欢，甚至犯错误也可以得到他的原谅。

5）上司的目光锐利，表情不变，似要把下属看穿。这是一种权力、冷漠无情和优越感的显示，同时也在向下属示意：你别想欺骗我，我能看透你的心思。

6）上司偶尔往上扫一眼，与下属的目光相遇后又向下看。如果多次这样做，可以肯定上司把握不准这位下属的意图。

7）上司向室内凝视着，不时微微点头。这是非常糟糕的信号，它表示上司要下属完全服从他，不管下属们说什么，想什么，他一概不理会。

8）合掌，从上往下压，身体起平衡作用。这表示和缓、平静。

9）叉腰，肘弯向外撑。这是好发命令者的一种传统人体语言，往往是在碰到具体的权力问题时所做的姿势。

10）上司坐在椅子上，将身体往后靠，双手放到脑后，双肘向外撑开。这固然说明他此时很轻松，但很可能也是自负的意思。

11）食指伸出指向对方。这显示出上司的一种赤裸裸的优越感和好斗心。

12）双手放在身后并互握。这也是一种优越感的表现。

案例分析

案例一

某天快下班的时候，周总口述了一封短信，让秘书小朗发邮件给春华公司的肖总。原本双方谈好的一个合作项目，现在肖总那边想退出，周总在电话里说服无效，就想给肖总发一封措辞强硬的电子邮件。小朗录入完毕，周总说了一句“发了吧”就离开了办公室。小朗想，周总让发就发吧，于是他把邮件发了出去。第二天一上班，周总问小朗：“昨天那封邮件没有发出吧？”小朗愣了一下，小声说：“发出了。”周总没再说什么，失望地走了。

（资料来源：根据相关资料整理得到。）

分析：

1）周总为什么失望？

2）分组讨论：假设你是小朗，对待周总让小朗发邮件这件事，你会怎么做？请设计三种与周总沟通、处理这件事的方案，并说明理由。

案例二

小蔓是春华公司总经理肖剑办公室的秘书。这天下午她去肖总办公室送文件的时候，肖总说今年公司业绩不错，董事会非常满意，这跟公司的广告策划分不开，快到年底了，想请公司广告部的人吃顿饭，表示一下公司领导的意思，让小蔓进行具体安排。肖总与小蔓把吃饭的具体时间、标准和地点商量好之后，让她通知广告部。

小蔓刚回到自己的办公桌前，办公室主任就打来电话，让她尽快写出老总在公司年终总结大会上的讲话稿。小蔓原想去一趟二楼的广告部，当面通知他们，一看自己手头有一大堆事未处理，她就用电话通知广告部的经理，告知他肖总请客的时间和地点。快下班时，小蔓打电话给销售部经理，让他赶快把年终总结交上来以便汇总，没想到销售部经理说“工作都是广告部的人做的，你找他们要吧……”原来，小蔓给广告部经理打电话时，销售部经理正在旁边与他商量工作，自然也得知了老总请客的事情。如此一来，不但销售部的人知道了此事，而且下班之前整个公司的人都知道了此事。老总也知道了此事，对小蔓感到非常失望。

（资料来源：佚名，2017．我是职业秘书[EB/OL]．（2017-05-26）[2021-01-13]. https://www.docin.com/p-1934617104.html.）

分析：

1）分组讨论：小蔓在哪些地方的做法欠妥？她为什么会出现这些失误？

2）假设你是小蔓，请说明肖总请广告部的人吃饭的真实意图。

3）分组帮小蔓制订方案：按肖总的意图通知广告部的人吃饭。

4）情境演练：将整个过程以角色扮演的形式在全班进行展现。

完成任务

1）填写“领会意图”任务表，如表5-15所示。

表5-15 “领会意图”任务表

<table>
<tr><td>上司姓名</td><td></td><td>职务</td><td></td><td>联系方式</td><td></td></tr>
<tr><td>领会意图的方法</td><td colspan="3">实际运用事例</td><td colspan="2">上司意见</td></tr>
<tr><td>从主动询问中掌握上司意图</td><td colspan="3"></td><td colspan="2"></td></tr>
<tr><td>从平时言谈中捕捉上司意图</td><td colspan="3"></td><td colspan="2"></td></tr>
<tr><td>从日常行为中发掘上司意图</td><td colspan="3"></td><td colspan="2"></td></tr>
<tr><td>从阅文批示中揣摩上司意图</td><td colspan="3"></td><td colspan="2"></td></tr>
<tr><td>从综合分析中领悟上司意图</td><td colspan="3"></td><td colspan="2"></td></tr>
<tr><td>上司评价</td><td colspan="5">以上事例是否属实　是（　）否（　）
领会意图是否准确　是（　）否（　）
改进建议：
签名：　　　　　　　　年　　月　　日</td></tr>
<tr><td colspan="6">秘书签名：　　　　　　　　　　　　年　　月　　日</td></tr>
</table>

2）完成以上任务后填写完成任务反馈表，如表5-16所示。

表5-16 完成任务反馈表

<table>
<tr><td colspan="2">项目</td><td colspan="3">内容</td></tr>
<tr><td rowspan="3">沟通前的准备</td><td>目的</td><td colspan="3"></td></tr>
<tr><td>态度</td><td colspan="3"></td></tr>
<tr><td>策略</td><td colspan="3"></td></tr>
<tr><td rowspan="4">沟通中的表现</td><td>沟通次数</td><td></td><td>沟通地点</td><td>①　　　　②　　　　③</td></tr>
<tr><td>遇到的困难</td><td colspan="3"></td></tr>
<tr><td>解决的办法</td><td colspan="3"></td></tr>
<tr><td>最后的结果</td><td colspan="3"></td></tr>
<tr><td rowspan="3">沟通后的反思</td><td>得到的收获</td><td colspan="3"></td></tr>
<tr><td>存在的问题</td><td colspan="3"></td></tr>
<tr><td>改进的措施</td><td colspan="3"></td></tr>
<tr><td>上司意见</td><td colspan="2"></td><td>签名</td><td></td></tr>
</table>

能力评价

一、自我评价

学生填写“领会意图”能力学生自我评价表，如表5-17所示。

表5-17 “领会意图”能力学生自我评价表

<table>
<tr><td colspan="2" rowspan="2">主要内容</td><td colspan="4">自我评价等级（在符合的情况下面画“√”）</td></tr>
<tr><td>全都做到了</td><td>大部分做到了</td><td>基本做到了</td><td>没做到</td></tr>
<tr><td colspan="2">树立了自觉领会上司意图的意识</td><td></td><td></td><td></td><td></td></tr>
<tr><td colspan="2">能从主动询问中掌握上司意图</td><td></td><td></td><td></td><td></td></tr>
<tr><td colspan="2">能从平时言谈中捕捉上司意图</td><td></td><td></td><td></td><td></td></tr>
<tr><td colspan="2">能从日常行为中发掘上司意图</td><td></td><td></td><td></td><td></td></tr>
<tr><td colspan="2">能从阅文批示中揣摩上司意图</td><td></td><td></td><td></td><td></td></tr>
<tr><td colspan="2">能从综合分析中领悟上司意图</td><td></td><td></td><td></td><td></td></tr>
<tr><td colspan="2">在小组活动中积极主动，协作性强</td><td></td><td></td><td></td><td></td></tr>
<tr><td rowspan="4">自检评价</td><td>我的优势</td><td colspan="4"></td></tr>
<tr><td>我的劣势</td><td colspan="4"></td></tr>
<tr><td>我的努力目标</td><td colspan="4"></td></tr>
<tr><td>我的具体措施</td><td colspan="4"></td></tr>
</table>

二、小组评价

组长填写“领会意图”能力小组评价表，如表5-18所示。

表5-18 “领会意图”能力小组评价表

<table>
<tr><td rowspan="2">主要内容</td><td colspan="4">小组评价等级（在符合的情况下面画“√”）</td></tr>
<tr><td>全都做到了</td><td>大部分做到了</td><td>基本做到了</td><td>没做到</td></tr>
<tr><td>树立了自觉领会上司意图的意识</td><td></td><td></td><td></td><td></td></tr>
<tr><td>能从主动询问中掌握上司意图</td><td></td><td></td><td></td><td></td></tr>
<tr><td>能从平时言谈中捕捉上司意图</td><td></td><td></td><td></td><td></td></tr>
<tr><td>能从日常行为中发掘上司意图</td><td></td><td></td><td></td><td></td></tr>
<tr><td>能从阅文批示中揣摩上司意图</td><td></td><td></td><td></td><td></td></tr>
<tr><td>能从综合分析中领悟上司意图</td><td></td><td></td><td></td><td></td></tr>
<tr><td>在小组活动中积极主动，协作性强</td><td></td><td></td><td></td><td></td></tr>
<tr><td colspan="5">建议：

组长签名：　　　　　　　　　　　　　　　　　　年　月　日</td></tr>
</table>

三、教师评价

教师填写“领会意图”能力教师评价表，如表5-19所示。

表 5-19 “领会意图”能力教师评价表

评价等级	评价标准	备注
优秀	牢固树立了自觉领会上司意图的意识，很好掌握了有效领会上司意图的方法；学习积极主动	
良好	较好树立了自觉领会上司意图的意识，较好掌握了有效领会上司意图的方法；学习比较积极主动	
合格	树立了自觉领会上司意图的意识，掌握了有效领会上司意图的方法；学习比较积极主动	

职业能力拓展

1）学生与一位上司就几件事沟通后填写“领会意图”能力训练表，如表 5-20 所示。

表 5-20 “领会意图”能力训练表

沟通事项	上司的表达	你的理解	上司的真实意图	如何知道的	上司认可后签字

2）写出对以上训练的体会、感想。

任务四 谨言慎行

> **名人名言**
>
> 行谨则能坚其志，言谨则能崇其德。
>
> ——胡宏

任务目标

1）能谈吐严谨，言之有物。

2）能控制情绪，稳定平和。

3）能举止从容，周到细致。

4）能依照法纪，慎重行事。

任务描述

小鹿性格有些大大咧咧，因为跟着老总的时间比较长，对老总越来越熟悉，有时说话和做事会不太注意，从而造成一些不好的影响。经办公室主任提醒后，她逐渐克服自己的毛病，说话和做事越发小心谨慎。

任务分析

谨言慎行是秘书的特质，但“谨言”不是不说话，“慎行”不是不作为，秘书为上司服务时谨言慎行是指秘书的谈吐要言之有物，有思想内涵；秘书的情绪要稳定平和，无大起大落；秘书的举止要从容优雅，不毛毛糙糙；秘书的行为要合于法纪。

相关知识

一、提高自身修养，增强法纪意识

秘书要做到说话严谨，言之有物，有思想内涵，敢说话、会说话、说对话。秘书也要具备较扎实的文化修养、知识修养、思想修养和专业修养，对文学、历史、地理、政治、经济、哲学，甚至最近的娱乐时尚主题，网络热议的社会焦点问题等，都要略知一二，有些领域还要有自己深刻的看法。这样，在不同场合，上司谈到不同话题时，你都能根据情况适当谈一谈自己的看法。这样一来，既与上司保持了良好的沟通，又可以提高自己在上司心中的形象。想要做到这点就需要在平时多下功夫。除了在学校认真学好文化课、专业课，还要在课后多读各类书籍，上网浏览各种有用的信息，阅读健康有益的报纸杂志。俗话说："腹有诗书气自华"，知识丰富、头脑充实的秘书会知道什么时候该说什么，怎么说；会在上司面前表现出充满自信的谨慎，而不是小心翼翼。

作为秘书，在工作中一定会接触到很多秘密。这种情况下，秘书要三思而行，能判断哪些是合法的，哪些是违法违纪的，明白哪些事能做，哪些事不能做。秘书一方面有为单位保密的义务，但另一方面更有作为公民遵纪守法的责任，要知道有些事很可能会让秘书触犯法律，身败名裂。因此，学法、知法、懂法、守法是秘书永远的必修课。对自己知道的不合适的事，要学会用委婉的方式拒绝。

二、提高心理素质，学会控制情绪

秘书每天都要面对一件接一件、纷繁复杂的大事小情，面对变化不定、焦急、不安、失望及愤怒的上司，面对突然来找你帮忙的同事，因此很可能出现紧张、焦躁、气愤等负面情绪。在这样的情绪下，言行很容易失控，从而形成沟通障碍，影响工作。因此，秘书必须提高自己的心理素质和心理承受能力，尽量减少情绪波动。以下几种方法有助于秘书控制、纾解自己的情绪。

1. 认识自己的情绪

首先，人的情绪产生波动是很正常的，要勇于发现和承认自己的负面情绪；其次，当自己有情绪反应时，应试着从情绪圈中"跳出来"，努力体察自己"内心的情绪状态"，想一想这样的一件事或一个人是否值得自己有如此大的情绪反应。

2. 适当表达自己的情绪

用陈述自己感受、表达自己关心的"我"字，而不是表示指责的"你"字开头说话，因为后者会引发对方的负面情绪。例如，你和同事约好去办一件事，结果他迟到了。你可以婉转地对他说："过了 10 分钟你还没到，我正担心你呢！"不可以这样说："你就不能早点儿，让我等了这么久！"适当表达情绪是一门学问，需要平时用心体会、揣摩，并加以实践。

3. 设身处地，体谅他人

首先，不要认为对方的语言或行为是故意针对自己，是有意惹自己生气的，要善于为对方的言行找出合理的解释；其次，站在对方的立场体会对方的感受，理解对方的苦衷、困难，接纳对方的情绪。

4. 以不会让自己后悔的合适方式排解情绪

排解情绪的目的是给自己一个整理想法的机会，让自己好过一点儿，也让自己更有力量面对未来，而不是为逃避矛盾或痛苦。有了不舒服的感觉，要勇敢地面对，并仔细想这样几个问题：我为什么会这么难过、生气？怎么做才不会重蹈覆辙？怎么做可以降低我的不愉快？这么做会不会带来更大的伤害？从这几个问题的角度去选择适合自己排解情绪的有效方式，可以通过痛哭、找好友诉苦、逛街、听音乐、散步或做别的工作转移注意力；切忌喝酒、闹事、打架。

5. 学会时间管理，提高办事效率

秘书的工作烦琐，经常需要同时处理多件事情，匆忙中易顾此失彼、丢三落四，增加沟通成本。为减少这样事情的发生，秘书就要学会时间管理，提高办事效率，使自己能从容应对上司交办的工作。简单地说，秘书的时间管理包括以下几个方面。

1）早上班，晚下班，提前准备好上司工作可能需要的资料，收拾好上司办公室，浏览上司一天的日程安排，做到心中有数，办事不慌。

2）遇事先想再做，不要做后再想。对待上司交办的工作，不要听完马上就做，而要先确认程序、方法和人员是否正确。否则，欲速则不达。

3）学会确定并运用优先级。第一优先是重要又紧急的事，第二优先是紧急但不重要的事，第三优先是重要但不紧急的事，第四优先是不重要也不紧急的事。对于秘书来说，上司的命令是第一优先。如果分不清楚何为重要的事，何为紧急的事，就要向上司问明最后的时间底线，根据时间底线来安排事件完成的先后顺序。

4）正确理解上司发出的指令，并快速、准确地传达给他人。

5）运用工具提升工作效率。可以运用的工具有以下三类：第一类是网络上有用的信息或软件，可以随时搜集、学习；第二类是时间表、留言条、备忘录、会议检索等秘书自制工具，帮助进行问题归类；第三类是应用工具类的科技产品，如金山文档、钉钉、腾讯会议、MHMO 电容笔等。

6. 对上司常怀敬畏之心，多听，多思，而后言行

不管你是新秘书还是老秘书，不管上司是什么性格，都要牢记自己的身份与定位，对上司永远怀有敬畏之心。切勿以为自己的上司很随和，更不要以为你的上司几乎和你的年龄相当，就可以在和他说话时无所顾忌。在为上司服务时，要永远保持谨慎的态度，要在言语中表达出对上司的敬畏之感。具体应注意以下两点。

1）在请示前多思：上司是否有时间，是否有能力解决。请示时做到：让上司多做选择题少做问答题。尽量少让上司做“怎么办”或“如何做”之类的问答题，而是给上司二至三个备选方案，上司只需对你提出的方案做肯定或否定的选择，或只要在你提出的若干个备选方案中选择其中一个即可。秘书多让上司做选择题，不仅可以降低上司的决策难度，履行自己作为助手的职责，还可以使自己在设计选择题的过程中提高能力和水平。

2）在汇报工作时多思多听：汇报前，根据对上司的性格、领导类型的了解，按照上司

容易接受的方式，做好充分的准备；汇报中，要主动倾听，对于上司的问话，一定要有问必答，最好是问一句多答几句，这样能让上司清楚你在做什么。上司发火的时候，一定要静下心来听明白，千万不要和上司发生争执。你可以告诉上司，你已经做好了听的准备，请他坦诚地说，这样很多矛盾就能大而化小、小而化无。如果是自己的错误，要恳切地道歉，以弥补自己的过失。

相关链接

情绪管理知识

一、什么是情绪

情绪是“感觉、特定的想法、生理状态、心理状态和相关的行为倾向”。

正面情绪可以激发个人的生理反应，使人充满活力，适应外在的环境变化。常见的正面情绪包括愉悦、轻松、欣慰、高兴等。负面情绪也会影响内分泌，严重的负面情绪甚至会让身体产生疾病，如消化不良、腹泻、便秘、心跳加快、血压升高、神经衰弱、抑郁症等。常见的负面情绪包括愤怒、悲伤、焦虑、害怕、厌恶、羞愧、惊慌等。

二、情绪商数测验

根据情绪商数测验表自测情绪商数，如表 5-21 所示。

表 5-21　情绪商数测验

序号	题目	从不（0）	偶尔（1）	经常（2）
1	心情不开朗，很少展现笑容			
2	不了解自己因何而高兴、生气、伤心			
3	说不出令自己高兴、生气、伤心或嫉妒的话			
4	表达情绪的方式通常是骂人或忍受委屈			
5	情绪起伏很大，不易了解			
6	在意别人对自己的看法，生活较紧张，无法轻松自在			
7	一次想做很多事，因此显得不专注			
8	做事拖拉、慢吞吞、被动			
9	不能主动及负责任地完成分内的事			
10	回答问题时常说“不知道”“随便”，或不说话，顾左右而言他			
11	不遵守公司、学校或家庭既定的规则			
12	对于自己计划好的事，无法信守承诺，或草率应付			
13	对自己要求很高，达不到要求会哭闹、生气			
14	对自己要求不高，觉得反正做不到就干脆放弃			
15	担心自己提的意见不好而轻率附和同伴的意见			
16	耐心不足，做什么事都匆匆忙忙			
17	与人合作时，如果他人不同意自己的意见，就会谩骂他人或逃避			
18	担心犯错而不敢担任新的职务			
19	与同伴意见不同时，采取退让、委屈自己或对别人生气等方式来妥协			
你的情绪商数是：　　　分				

测验结果：

0～7 分，表明具有较高的 EQ（emotional quotient，情绪商数）。

8～21 分，表明多些训练，EQ 会增强。

22 分及以上，表明情绪常常会起伏。

了解了自己的情绪商数，可以有效控制自己的情绪，而不被情绪控制；能面对挫折，疏导自己的情绪；能读出他人的情绪；能掌握人与人之间的感觉。

拓展与提高

缓解压力小技巧

秘书工作具有抢时间、封闭性、经常左右为难、没有实权却处在权力边缘的特点。因此，秘书经常会感觉到压力，甚至有时会面临崩溃。用健康、有效的方式缓解压力，是秘书的必备技能。

一、工作中的压力缓解

1. 看照片

在身边放几张最喜欢的照片，在情绪不好时拿出来欣赏它们，对放松压力很有助益。

2. 听音乐

在计算机里存一些能让自己内心平静或提振精神的音乐，有需要时可以听一听。

3. 喝咖啡

香醇的咖啡可以让人的神经放松，也可以缓和与周围同事的关系。

4. 吃巧克力

放些巧克力在抽屉里，烦躁时吃上一颗，可以起到使人快乐、给人提神的作用。

5. 做深呼吸

一次做三至五个深呼吸，会使大脑从杂乱无章的情绪中暂时离开。配合音乐，效果会更好。

6. 做简单的瑜伽动作或办公室体操

简单的瑜伽动作或办公室体操既有助于保持身材，又有利于身体健康、心情愉悦。每天在办公室里做一下瑜伽动作或办公室体操，会让自己精神饱满。

7. 打电话

心烦时，给好朋友打电话会转移注意力，从而可以缓解压力。但要记住，工作时间不能长时间打私人电话。

8. 找关系好的同事聊聊天

如果情绪坏到无法工作，可以和关系好的同事聊天。但一定要找对人，说话把握好分寸，否则，只图一时痛快，可能带来巨大的麻烦。

二、下班后的压力缓解

1. 运动

经常运动的人肺活量大、底气足、病痛少，能承受较大的压力。秘书应该每周至少 3 天、每次至少连续性运动 30 分钟。

2. 娱乐

看电影、唱歌、听音乐、看展览、绘画、养宠物，这些都能很好地放松身心。

3. 旅行

必要时抛开工作去旅行，有利于缓解压力。离开工作现场 3 天可以适当缓解压力，离开工作现场 7 天可以缓解一半左右的压力，离开工作现场 10 天可以缓解大部分压力。

4. 读书

根据心情和工作的需要，每天读几页书，阅读有益的报纸、杂志，不仅能分散压力，还能增长知识和智慧。

5. 学习

健康的业余爱好、比较高雅的小情趣可以很好地调解情绪。利用下班时间学些新技能、技艺，不仅有利于排遣烦恼，还有利于职业生涯的发展。

6. 交友

交到一两个知己，可以受益终身。但交友要慎重，要交益友而不是交损友。

7. 静思

每天留给自己一些独处的时间，安静下来让思想驰骋。在宁静中会找到问题的新答案，对自己和别人有新的认识。

案例分析

案例一

小蔓是春华公司总经理办公室的秘书。有一天，她正在写一个报表，上司叫她："小蔓，昨天下午说过的那个报表今天一定要交给我。"正在写报表的小蔓被上司一叫，她的工作节奏和思路一下子被打乱了，于是她没好气地说："知道了，你没看见我正在写吗？" 上司没有说话，但出去时把门摔得很重。后来，同事问小蔓是怎么回事，她委屈地说："我正在写报表呢，他叫我把报表给他，又不是看不见，这不是故意刁难我吗？”

（资料来源：佚名，2019．总算知晓领导面前如何讲话[EB/OL]．（2019-09-07）［2021-02-08］．https://www.edutt.com/news_show_295749/.）

分析：

1）小蔓做得对吗？为什么？

2）如果你是小蔓，在这种情况下你会说什么，怎么做？

案例二

小朗在一家贸易公司做经理秘书。一天，经理出去和客户会谈，赶上室外风大，上司回到办公室时，一副灰头土脸的样子。上司嘀咕：“连午餐都没顾得上吃，已经很饿，还被客户刁难，真是让人生气。”

小朗当时虽然也在忙，但是为了安抚上司，就简单地说了一句：“辛苦了!”

让小朗没有想到的是，上司生气地看了她一眼就走了出去。小朗感到莫名其妙，自己一片好心，有什么错啊？她郁闷了许久。

（资料来源：佚名，2011．礼貌用语用得好，也是尊重领导[EB/OL]．（2011-07-26）［2021-02-22］．http://www.xzzp.net/hr-zygh/article-6117.html.）

分析：

1）小朗有错吗？错在哪里？

2）这种情况下，小朗应该对经理说什么，做什么？

完成任务

1）分组讨论并进行角色扮演：遇到这样的情况，你作为秘书，会怎么说，怎么做？

小静是翔宇集团总裁秘书。按昨天下午下班之前定好的日程安排，老总今天上午 9:30 到 10:15 与宏图公司的刘总会谈，确定联合开发新产品的一些原则问题；从上午 10:30 到 11:30 与恒通公司的李总见面，解决产品代销过程中的一些问题。上午 10:15，恒通公司的李总来到公司，小静请李总在会客室稍等片刻，自己以给客人加水的名义来到老总的办公室，向老总暗示另外的客人已到；可老总对小静的暗示一点反应也没有，还是从足球到汽车，不断地与刘总侃侃而谈，似乎完全忘了另有约会。

2）填写完成任务反馈表，如表 5-22 所示。

表 5-22 完成任务反馈表

<table>
<tr><th colspan="2">项目</th><th colspan="5">内容</th></tr>
<tr><td rowspan="3">沟通前的准备</td><td>目的</td><td colspan="5"></td></tr>
<tr><td>态度</td><td colspan="5"></td></tr>
<tr><td>策略</td><td colspan="5"></td></tr>
<tr><td rowspan="4">沟通中的表现</td><td>沟通次数</td><td></td><td>沟通地点</td><td>①</td><td>②</td><td>③</td></tr>
<tr><td>遇到的困难</td><td colspan="5"></td></tr>
<tr><td>解决的办法</td><td colspan="5"></td></tr>
<tr><td>最后的结果</td><td colspan="5"></td></tr>
<tr><td rowspan="3">沟通后的反思</td><td>得到的收获</td><td colspan="5"></td></tr>
<tr><td>存在的问题</td><td colspan="5"></td></tr>
<tr><td>改进的措施</td><td colspan="5"></td></tr>
<tr><td>谈话人意见</td><td colspan="3"></td><td>签名</td><td colspan="2"></td></tr>
</table>

能力评价

一、自我评价

学生填写“谨言慎行”能力学生自我评价表，如表5-23所示。

表5-23 “谨言慎行”能力学生自我评价表

主要内容		自我评价等级（在符合的情况下面画“√”）			
		全都做到了	大部分做到了	基本做到了	没做到
树立了谨言慎行的意识					
谈吐严谨，言之有物					
控制情绪，稳定平和					
举止从容，周到细致					
依照法纪，慎重行事					
在小组活动中积极主动，协作性强					
自检评价	我的优势				
	我的劣势				
	我的努力目标				
	我的具体措施				

二、小组评价

组长填写“谨言慎行”能力小组评价表，如表5-24所示。

表5-24 “谨言慎行”能力小组评价表

主要内容	小组评价等级（在符合的情况下面画“√”）			
	全都做到了	大部分做到了	基本做到了	没做到
树立了谨言慎行的意识				
谈吐严谨，言之有物				
控制情绪，稳定平和				
举止从容，周到细致				
依照法纪，慎重行事				
在小组活动中积极主动，协作性强				
建议： 组长签名： 年 月 日				

三、教师评价

教师填写“谨言慎行”能力教师评价表，如表5-25所示。

表5-25 “谨言慎行”能力教师评价表

评价等级	评价标准	备注
优秀	牢固树立了谨言慎行的意识，能自觉实践谨言慎行，学习积极主动	

续表

评价等级	评价标准	备注
良好	较好树立了谨言慎行的意识，比较自觉实践谨言慎行，学习比较积极主动	
合格	树立了谨言慎行的意识，能实践谨言慎行，学习比较积极主动	

职业能力拓展

填写“谨言慎行”情况记录表，如表 5-26 所示。

表 5-26 “谨言慎行”情况记录表

项目		具体事例		
谈吐严谨，言之有物	最近一次与上司的谈话	时间：　　年　月　日	地点：	对方姓名：
		谈话目的：		
		主要内容：		
	最近一个月内读过的书或杂志	书名：		
		杂志名：		
		读后感：		
	最近一周看的电影或电视	电影名称：		
		电视节目名称：		
		观后感：		
	最近 3 天的热点新闻	主要内容：		
控制情绪，稳定平和	表达自己的情绪			
	体谅他人的情绪			
	用合适的方法排解情绪			
举止从容，周到细致	时间管理			

项目六 与同事沟通

在秘书工作中，大量的活动都要通过与人交往来完成，除了与上司交往，还要与同办公室、同部门、公司（机构）其他部门的同事打交道。秘书与同事的关系好坏，将直接影响秘书本人工作的小环境，并可能影响本单位的全局性工作。

秘书在工作中如何与同事进行有效沟通？对方怎样才能与你协作？要想与同事进行有效的沟通，建立良好的同事关系，这就要求秘书能够尊重对方，主动与对方合作，具有把握分寸的能力和实现共赢的能力。

名人名言

人是要有帮助的。荷花虽好，也要绿叶扶持。一个篱笆打三个桩，一个好汉要有三个帮。

——毛泽东

学习目标

- 能做到尊重对方。
- 能做到主动合作。
- 能在沟通中把握分寸。
- 能通过沟通实现共赢。

任务一 尊重对方

任务目标

1）能主动尊重同事。

2）能恰当表现对同事的尊重。

3）能摆正自己的位置。

任务描述

小鹿的能力是被大家认可的，但与同事打交道时总是不那么顺利。小鹿意识到是自己言行举止对同事不太尊重，所以造成沟通困难。

名人名言

不尊重别人的人，别人也不会尊重他。

——约翰·克里斯托弗·弗里德里希·冯·席勒

■ 任务分析

秘书必须认识到，工作要顺利进行并取得成果，领导的信赖固然重要，但同事的支持和合作也必不可少。与人相处时，尊重他人十分重要。要做到尊重对方，首先要有尊重对方的意识，投入真情；其次是懂得恰当表达；再次就是摆正自己的位置。

相关知识

一、投以情感，真诚待人

秘书作为领导与部门、员工之间的信息传递者，处于职场的诸多关系之中，在各种各样的关系中游走，要想使沟通更有效，不仅需要发挥自己的“社交”天分，还需要通过真诚和热情表示出对对方的尊重。真诚是人际交往的最基本要求，所有的人际交往的手段、技巧都应该建立在真诚交往的基础之上，因此要善于在感情上下功夫。

秘书首先要以诚待人，以谦虚、平等的态度对待同事，用真诚的语言或行动去与对方沟通，以关心他人的态度融入人群，以礼貌与魅力赢得好人缘；其次要信守承诺，说到做到，做事卖力，讲究效率。当然，以诚感人就是要使人动情，唤起人的真情，要做到诚与真结合，伴之以虚心，使其感动。赞美他人，要经常真心地表示自己对别人的感激之情，不吝啬给予赞美和鼓励，表达对他人的欣赏，这样不仅能加深双方的友情，还能促进他人的发展；时时感恩，勇于为自己的过失承担责任，不找借口推诿，不居功更不抢功；尊重他人就意味着不要轻视他人，不论是有意的还是无意的。当自己与别人比较、强调自己的长处、优势或直接贬低别人时，都会伤害到对方的自尊，从而影响双方的人际关系。

二、表达恰当，语气平和

俗话说：“说者无心，听者有意。”作为一个成熟、得体的职业秘书，必须时刻注意你的措辞。小小的一句话，学问却不小。将心比心，每天你都要和许多人说话，什么话好听，什么话你不爱听？哪些话让你愉悦地接受，哪些话让你怀疑说话者的品位，哪些话又令你反感甚至产生抵触情绪？这些问题都是你在与他人说话之前需要思考的。在语言运用上要讲求艺术性和技术性，多样性的语言有助于沟通者和不同的人对话，进行深入交流，达到沟通目的。

在和同事沟通的时候，尽量用中性词或褒义词；要委婉地表达不同的意见，切忌直接否定。公司里的职位分三六九等，但人与人之间的地位是平等的。无论对方是部门领导还是普通员工，你都要尊重对方，没必要低三下四，也不要盛气凌人。

无论什么时候，都要保持心平气和。注意言语的细节，如“请你……”就比“你给我……”等语句好很多。

三、摆正自己的位置

作为秘书，一定要对自己的身份有一个清醒的认识，上司分管的工作不是自己分管的工作，上司的部下也不是自己的部下；秘书本身并没有任何权力，自己仅仅是执行上司的指令。因此，秘书在跟同事打交道时，应摆正自己的位置，平等相待，平易近人，要以谦虚、平等的态度对待同事，工作上应多体谅同事的难处，尽力给予帮助解决，这样才能以自己的诚恳打动对方；切忌动不动打着领导的幌子，用领导的名义打压同事。当同事需要你的配合时，对力所能及的事情不要找各种借口推脱，也不要动不动打官腔，否则，下次你可能会得到同样的"回报"。

千万不能用上司的口吻说话，切不可代表领导向同事布置任务，不能颐指气使，发号施令。要知道，领导的权力不属于秘书，即使是领导，也不能只靠权力来进行管理。在代理上司行使权力时，代理绝对不是实权，所以应当尽量以商量的口气与同事交谈。

相关链接

秘书的同事关系，一般包括两种情况：一种是指同属于秘书部门内的秘书人员之间的同事关系，如同级秘书人员，同一办公室的人员等。他们之间在职务上往往是平等的或相近的，又在同一个空间里工作，接触频繁而直接。另一种是指同一组织机构中秘书人员与其他职能部门的工作人员之间的同事关系，他们所处的工作空间不同，具体职责不同，但又相互依赖和配合，有分工有合作，共同为本组织机构的总目标服务。

一、同一部门的同事相处

秘书人员之间应彼此尊重，不能随意插手其他秘书职权范围之内的事情。有的工作需要大家共同完成时，应互相协商、配合，而不能只顾自己或互相拆台；当对方主动寻求帮助时，应适时地给予必要的帮助，当自己有能力和愿望主动去帮助别人时，则要掌握好分寸、时机和方法，不要令对方感到是自己无能，所以别人才来插手。秘书人员之间相处，要做到谦虚谨慎，当你的工作有了成绩，受到领导赞扬和好评时，你应当实事求是地向你的领导提及你的合作者对你的帮助和支持，并及时将领导的赞扬转达给你的同事。在坦诚、守信的前提下，相互关心、爱护，不胡乱猜测，更不要组织小集团或分派系。若为了个人利益而打一派、拉一派，排挤自己不喜欢的人，必然会导致人际关系恶化。

二、不同部门的同事相处

为了保证横向跨部门沟通的顺畅，整体工作顺利，秘书需要提升跨部门横向折中协调的技巧。在与其他职能部门的同事进行沟通时，要在思想沟通、感情交流、信息传输上多给予对方尊重，以增进合作共事的默契，进行有效沟通，形成共识，完成任务。

1. 甘当小学生

秘书部门是个综合部门，对于整个公司的运营状况和业务流程，秘书可能比其他职能部门的人了解得多一些，但是具体到某一个部门的业务，秘书就不一定比其他职能部门的人了解，所以，在与其他职能部门的同事沟通时，你要保持足够的谦虚，要多学习，多了解，多询问，多做功课。

2. 有求必"应"

因为秘书的位置特殊，所以经常会有人求你帮忙办事。不合理的或自己做不到的请求，应该拒绝，但是在拒绝之前，要耐心地听对方把话说完，不要让对方觉得你在敷衍他。对于有些人的要求，你虽然拒绝了，但可以针对他的情况，提出自己的建议。如果能提出有效建议或替代方案，那么对方一样会感激你；另外，拒绝时除了提出替代建议，还可以每隔一段时间，去询问对方的情况，让他们也了解自己的苦衷与立场，这样就可以减少因拒绝而带来的负面影响。

从表面上看，好像是别人求你的时候多，你求别人的时候少。但实际上这个“求”是双向对等的，秘书的工作也需要各职能部门的配合与支持。例如，上司让你给他整理一份关于明年市场预测的材料，你就要“求”市场和销售这两个部门给你提供素材。再如，上司外出办事，你就要“求”行政或总务部门提供车辆等方面的配合。可以说，你用什么方式回复对方，下次对方就会用同样的方式回复你。

拓展与提高

无论什么样的公司，什么样的组织结构，都有职位高低之分，因此也就是存在事实上的尊卑之别。但是，这种“尊卑”并没有人格上的意义，它只是管理和效率的需要。尽管公司职位存在等级，但作为秘书，你在处理与不同职位同事的关系时，要做到一视同仁、热情相待、不卑不亢。不用刻意地讨好职位比自己高的部门领导，如果你想刻意讨好，就是不诚实的表现，刻意地讨好他们反而不容易建立起你们之间正常的关系。你实事求是，尊重对方，对方也会尊重你，即使不理解你也只是暂时的。只有这样，你才能维持良好的人际关系和工作效率，才能与同事关系融洽，自己也会有一种好心情。

秘书在一些人的眼里是居“一人之下，万人之上”的，但实际上秘书的职位并不高。为了执行上司的指示，秘书手上会有些“权力”，但这种“权力”毕竟不是自己的，更何况有权也不能滥用。不要高傲，对各部门的领导，打扫清洁卫生的普通员工，送水、送快件的人都应给予尊重。凭良心做人，不讨好谁，也不挤对谁。

在实际工作中，一些秘书为了维持良好的人际关系太低调、小心，到处讨好人，生怕得罪任何人；实际上这会让大家反感。在他们看来，你这是一种虚伪而缺乏诚意的表现。

案例分析

催 材 料

财务部李经理从总经理那里拿了一份材料。这天，总经理急着要那份材料，便让秘书小张去财务部取回。在电梯口小张正好碰到有急事要外出办事的李经理。他听小张说要材料，立即说回来后马上给他送过去。面对这种情况，小张应该如何处理？

以下是小张可能面临的几种选择。

1）严肃地对李经理说：“是总经理让我来取的，你可不要不当回事呀！”

2）问李经理大概什么时候能回来，回来后能不能马上把文件送回来。李经理说一个小时之内回来，回来后一定将材料送过来。于是秘书回办公室向总经理报告。

3）听完财务部李经理解释后，秘书叮咛道：“你可千万别说话不算数呀！”

4）秘书带着恳求的口气说：“李经理，我求你回办公室给取一下吧，不然我没办法向总经理交代！”

5）秘书爽快地说：“行，回来后就马上给我电话！”

（资料来源：刘晓红，2015. 秘书理论与实务[M]. 2版. 北京：北京大学出版社.）

分析：

1）你认为以上哪种选择比较合适？说明理由。另外，对其他几种选择进行评析。

2）如果你是小张，遇到这样的情景，你会怎么做？

完成任务

1）分组选择一种合适的解决方式模拟表演《催材料》。

2）观察你的一位同学，将所获信息填入“尊重他人”调查表，如表 6-1 所示。

表 6-1　“尊重他人”调查表

观察项目	以前与人沟通时的表现	现在在“尊重他人”方面的表现	一周后的反馈意见及效果（被观察者填写）
神态方面	①		
	②		
语言方面	①		
	②		
行为方面	①		
	②		
其他方面	①		
	②		
备注			

3）完成以上任务后填写完成任务反馈表，如表 6-2 所示。

表 6-2　完成任务反馈表

项目		内容				
沟通前的准备	目的					
	态度					
	策略					
沟通中的表现	沟通次数		沟通地点	①	②	③
	遇到的困难					
	解决的办法					
	最后的结果					
沟通后的反思	得到的收获					
	存在的问题					
	改进的措施					
被观察人意见			签名			

能力评价

一、自我评价

学生填写“尊重对方”能力自我评价表，如表 6-3 所示。

表 6-3 “尊重对方”能力自我评价表

主要内容		自我评价等级（在符合的情况下面画“√”）			
		全都做到了	大部分做到了	基本做到了	没做到
树立与同学、同事沟通时尊重对方的意识					
与同学、同事交往热情真诚，一视同仁					
语气委婉，言行举止恰当					
能摆正自己的位置					
自检评价	我的优势				
	我的劣势				
	我的努力目标				
	我的具体措施				

二、小组评价

组长填写“尊重对方”能力小组评价表，如表 6-4 所示。

表 6-4 “尊重对方”能力小组评价表

主要内容	小组评价等级（在符合的情况下面画“√”）			
	全都做到了	大部分做到了	基本做到了	没做到
小组活动时有尊重对方的意识				
与人交往热情真诚、一视同仁				
语气委婉，用语恰当				
行动举止上尊重对方				
建议：				
组长签名：				年 月 日

三、教师评价

教师填写“尊重对方”能力教师评价表，如表 6-5 所示。

表 6-5 “尊重对方”能力教师评价表

评价等级	评价标准	备注
优秀	① 很好掌握了如何表达尊重对方的方法 ② 在小组活动中积极主动，协作性强	
良好	① 掌握了如何表达尊重对方的方法 ② 在小组活动中比较积极主动，协作性强	
合格	① 基本掌握了如何表达尊重对方的方法 ② 在小组活动中基本上积极主动，协作性比较强	

职业能力拓展

1）了解并调查你的三位家庭成员是如何理解“尊重对方”的，并填写“尊重对方”调查表，如表 6-6 所示。

表 6-6　“尊重对方”调查表

姓名	“尊重对方”的表现形式			
	神态方面	语言方面	行为方面	其他方面

2）你认为尊重同学的具体表现有哪些？请与 1～2 位同学沟通，如何才能体现出对他（她）的尊重，选择表现方式努力实现，并填写“尊重同学的具体表现”记录表，如表 6-7 所示。

表 6-7　“尊重同学的具体表现”记录表

姓名		关系	同班（ ） 同组（ ）	是否符合实际（请同学填写）	如果不符合，请更正（请同学填写）
课堂表现	语言方面				
	行为方面				
	其他方面				
课外表现	语言方面				
	行为方面				
	其他方面				
对方评价					签名
学生自我评价					签名

任务二　主动合作

任务目标

1）能让同事从情感上接受自己。

2）能主动提供有效信息。

3）能做到求同存异。

任务描述

小鹿向人力资源部老赵催要职工档案，得知对方工作较忙且当时无人能送档案后，便主动到人力资源部去取。由于她的热情与主动，许多同事愿意配合她的工作，这让小鹿越发领悟到积极主动地与同事合作对于秘书工作顺利完成的重要性。

任务分析

秘书每天都要与不同职能部门及形形色色的人打交道，而且上司随时会交代一些让你一下子不知所措的工作，所以你不仅要上知天文，下懂地理，还要经常求人帮忙。因此，和同事维持良好的关系对于一个秘书来说是一项

名人名言

不管努力的目标是什么，不管他干什么，他单枪匹马总是没有力量的。合群永远是一切善良思想的人的最高需要。

——歌德

很重要的工作，通常有许多事情，不是只要自身做好就会有好结果的，还需要大家相互的理解、配合与支持才可能完成。

要完成主动合作的任务，就需要明确同事是否接受你的帮助与合作、怎样帮助与合作，同时还能让对方感受到你的友好和真诚。

相关知识

一、让对方从情感上接受自己

俗话说："熟人好办事"，好办事的秘诀在于对方先从情感上接受你，事情就已经成功一半。那么通过什么方式与同事进行情感的交流呢？实际上，在每个公司内都存在着两种形式的组织：一种是正式的组织，另一种是非正式的组织。正式的组织就是根据工作分工而出现的组织，这种组织是公开的。非正式的组织是由同事或朋友等自然关系形成的组织。例如，喜欢玩游戏的一些男生经常扎堆聊天，喜欢时装的一些女生经常结伴逛商店。这种组织不仅是非正式的，还是无形的，但它同样可以深刻地影响公司里每个人的工作。例如，你在工作中过于勤奋或过于懒惰，都可能会受到同事的排挤，那么当你主动帮助他人或者需要他人的合作时，可能双方也会产生情感的阻碍。因此，作为秘书，你可以在公司通过正式的组织与非正式的组织结交朋友，由浅入深，加深彼此的了解，增进友情。在情感上相互依靠，在价值观念上高度统一，在事实问题上清晰明朗，这些都可以自然而然地让你融入集体中。这样，当你主动与同事合作时，对方从情感上就首先接受了你，后面的沟通自然也就畅通无阻。

二、注重平时积累，有的放矢

光有热情是不够的，秘书平时还要与不同职能部门的同事多接触，建立友好的合作关系，主动帮助大家与领导沟通，在职责权限允许的范围内主动帮助同事解决工作中的困难（问题），特别要注意平等对待不同职能部门的同事，不厚此薄彼，关键时刻才能得到同事的积极配合与支持。

要做到主动合作，就要做好准备工作。秘书要发挥特有的职能优势，广泛搜集各方面的信息，如果每次沟通前都能提供必要情况，向对方表示你很重视对方并且很乐意与对方进行沟通交流，这样效果会好得多。在与同事沟通之前还应该明确沟通内容，做到勤奋尽职。勤奋的含义包括两个方面：一是要勤于思考，和同事沟通，当遇到、发现问题时，你首先要思考问题出现的原因，了解对方目前的处境、困难（问题）和需求，积极寻求解决问题的方法、对策或补救措施等；二是要勤于行动，该说的要马上说出来，该做的要立即行动，切勿给对方留下沟通只是走过场、随便聊的印象。

三、提供有效信息，求同存异

主动与不同职能部门的同事进行合作，需要充分、全面地了解与准备沟通的相关信息，及时主动地提供给同事所需要的服务信息。例如，领导的意图、问题及反馈意见、解决问题的资料收集等；适时、适当提出有效意见或合理建议供同事参考，少施加压力，多排忧解难。有效沟通的目的是充分发挥沟通双方的自我管理、自主决策的能力。由此可见，在与同事主动合作时，沟通双方不一定局限于言行统一。另外，由于双方所处的位置、所站角度、期望值的不同，沟通时可能会有不同的看法或想法。无论怎样的沟通与理解，只要有利于增强沟通目标的实现，以政策法规为依据，办事有原则，且保证公平、公正，并最终实现个人、部门、公司三方的利益目标，就完全可以容许差异的存在。

相关链接

一、有了误解怎么办

由于看问题的角度不同，秘书部门与其他部门发生一些矛盾，造成一些误会是正常的。即使是在本公司内部，许多人也不一定了解秘书部门的工作。他们以为各种报告批不批，领导想见谁不想见谁，都是秘书部门说了算，所以一些人见不到领导或自己的申请报告得不到批复，就认为秘书从中作梗。当然，也有人知道这并不是秘书部门的责任，但是他们又不好直接朝领导发火，所以只好把秘书部门当作出气筒。

金无足赤，人无完人。公司里每个人都有这样或那样的缺点，但这些缺点毕竟不会直接干扰你的工作，所以作为秘书，你没有必要计较同事的缺点，而要与人为善。即使与同事发生了误会甚至矛盾，也要给予宽容，主动想办法来化解误会和矛盾，这样对方才会更加信赖和敬重你，彼此的关系才会更加紧密。古语有云："唯宽可以容人，唯厚可以载物。"与同事相处，有了矛盾和问题应先从自身找原因，对于自己的弱点要有清醒的认识并保持必要的敏感，对于他人的过失应客观地看待和处理，要尽量做到"得理也让人"，即学会宽容。做秘书要有宽广的胸怀和容人的气量，先做人，后做事，只有先把人做好了，得到大家的认可，才能顺利开展工作。这样与人为善，主动合作，你的工作就会轻松得多，人际关系也就不会那么冷漠。

二、主动合作要讲求艺术性

在与同事沟通和交流之前要搞清谈话内容和事实，要洞悉同事的脸色和行动，要尊重对方的意见；不要说些对方不爱听的话语，要给对方留有说话的余地。适当保持积极的心态，主动去接触同事，用自己的真情和爱心尽可能地去帮助同事，使双方的关系尽快地亲近起来。在主动与同事合作的过程中，秘书既要忠实于领导的意图，明确原则；又要针对具体情况，及时沟通。如果秘书动之以情，晓之以理，抱着谦和、学习的态度，主动请教和尽力帮助他人，积极配合对方的工作，那么对方会投桃报李，双方也就能建立起信任关系，排除沟通中的各种障碍，实现有效地上传下达，从而利于沟通目标的实现。

拓展与提高

一支常胜军队，往往也是一支令人羡慕的高效团队。在一个公司中，要使每个部门、每个员工能够在一个共同目标下，协调一致地努力工作，就绝对离不开合作。这种合作应该是积极的、主动的，每个部门、每个员工都相互依存、依赖与支持，从而产生强大的凝聚力，最终达到共同目标。没有人能够独立完成某个项目的工作，任何一项工作都是公司的很多部门、很多同事齐心协力完成的，秘书工作的顺利完成，也不例外。俗话说"山不转水转"，只要你积极主动地与大家合作，广结善缘，那么，在你需要得到帮助的时候，你就会得到援手。

一、树立"一盘棋"的整体观念

秘书必须树立"一盘棋"的整体观念，以全局利益为重，小局服从大局。秘书每天面对各种各样的人和处理杂七杂八的事，难免会遇到一些问题和矛盾，如果心胸狭窄，丝毫不能容忍不同意见或别人的缺点，就难以与大多数人建立融洽的关系，更谈不上沟通顺利和目标实现。"一盘棋"的整体观念表现在个人目标的实现是基于团队目标的实现，二者是相辅相成，协调一致的，从而激励大家为了共同的目标产生一种强烈的工作欲望，这种欲望就转化为工作的积极性和主动性，更有利于个人与团队目标的实现。

二、切忌"狐假虎威"

切忌"狐假虎威"，并不是说在合作时发生矛盾就一味地不讲原则和容忍。但是，不能容忍是原则问题，而怎么处理是方法问题，不能用原则代替方法，就算对方不"仁"，你却不能不"义"。在同一个单位工作，彼此间免不了会有不愉快的事情发生，与同事发生矛盾后，你应争取积极主动找对方沟通，抛开昔日成见，真诚和善对待对方。刚开始时，对方可能心存芥蒂，认为这是一个圈套，经过一段时间后，对方就会认识到你的真诚，矛盾就会解决。如果能够以德报怨，用爱心去感化对方，恩怨就会自然化解。很多误会需要主动进行说服和交流，否则，误会就会越来越深，以致严重干扰和破坏双方的正常交往。当然，你在与对方沟通时要注意心平气和，同时要做好被对方拒绝的准备。

三、有"眼色"，做"有心人"

秘书要有"眼色"，眼里有事，做"有心人"，工作有主动性；要能及时发现问题，主动与同事进行沟通与合作，改变信息阻隔现象，达到信息畅通无阻，从而激励士气，减轻恐惧和忧虑，增强团队之间的向心力和凝聚力，为团队建设打下良好的人际基础。

案例分析

职校文秘专业毕业的小瑞刚到公司做秘书工作的时候，谦虚勤快，有求必应，大家都说她简直就是个"小菩萨"。在3个月的试用期满转正时，群众意见全是表扬她的。又几个月过去了，没人再说她是个"小菩萨"。原来，小瑞对待大家的热情从有求必应变为能推则推了。不久，小瑞发现，现在找后勤领支圆珠笔都要等几个小时；到财务部要报表，对方回答说要等几天，朱总那里火烧火燎要看时，财务部才变魔术一样拿出来。小瑞的工作也因此受到影响，并引起上司的不满。意识到问题严重性的小瑞，再想和大家修好，可她这时候发现，太难了。

（资料来源：根据相关资料整理得到。）

分析：

1）为什么刚进公司时大家对小瑞那么友好，在工作上经常给予指点和帮助，使小瑞非常受益，并得以顺利转正。后来怎么就变了呢？

2）小瑞还可能和大家修好吗？她该如何做？

3）请列出秘书在与同事主动合作时应该持有的态度和应该注意的事项。

完成任务

1）回答问题，完成表格。

市场部想以降价的方式在国庆节期间搞促销，扩大本公司产品的市场占有率，于是打报告给总经理。报告转到总经理办公室的秘书小张手里后，她从销售部那里了解到，降价会损害经销商的积极性，从长远来看对产品销售不利，所以小张没有把市场部的报告优先送给总经理。因此，市场部认为小张在故意刁难他们，就马上针锋相对，一有机会就给小张“穿小鞋”。

月底，小张得知市场部对全国的经销商做产品知识、销售话术和技巧、回访话术、组织市场活动等各项能力的调研和推广活动的效果不尽如人意，上司不是很满意。面对这种情况，小张应该如何处理？

小张可能的选择有以下几种。

① 幸灾乐祸地想：“活该！谁叫你们给我‘穿小鞋’！”

② 直接告诉市场部，领导对这次活动不满意，并质问原因。

③ 趁机告诉领导，市场部办事效率低下，还总是故意刁难自己。

④ 找个合适的机会，主动向市场部经理了解这个活动，表现出友善和诚意，婉转表述领导的意图和想法，并拿出自己收集的相关材料及建议。

⑤ 在得知上司不是很满意市场部的工作时，按照对主动合作的理解，进行小组讨论，请求协助。

问题：

① 如果你是小张，你会选择哪种处理方式？

② 帮助秘书小张更好地与市场部同事进行主动合作，并填写“主动合作”记录表，如表 6-8 所示。

表 6-8 “主动合作”记录表

主要内容	完成“主动合作”的表现方面			
	神态表情	语言表达	行为举止	其他方面
向对方传达“感同身受”的情感体验				
与对方产生认同感				
愿意进行交流，增进友情				
注重双方的默契配合，有的放矢				
收集确切可信、有价值的信息				
提供令人信服、说服力强的意见或建议				
做出解释，获得信任和理解				
明确目的和责任，做到求同存异				
签名：			年 月 日	

2）以小张的身份填写完成任务反馈表，如表 6-9 所示。

表 6-9　完成任务反馈表

项目		内容				
沟通前的准备	目的					
	态度					
	策略					
沟通中的表现	沟通次数		沟通地点	①	②	③.
	遇到的困难					
	解决的办法					
	最后的结果					
沟通后的反思	得到的收获					
	存在的问题					
	改进的措施					
指导教师意见				签名		

能力评价

一、自我评价

学生填写“主动合作”能力自我评价表，如表 6-10 所示。

表 6-10　“主动合作”能力自我评价表

内容		自我评价等级（在符合的情况下面画“√”）			
		全都做到了	大部分做到了	基本上做到了	没做到
意识与能力	与他人主动合作的意识				
	主动对话的能力				
	主动建立协作关系				
	愿意担任各种各样的工作及比较有强度的工作				
态度	理解对方的需求与感受，亲切主动地合作				
	自发地工作				
	把握自身的长处与短处，并努力提高自己的能力				
实际成绩	工作效率（是否按时完成任务）				
	工作业绩及质量水平				
	能否准确判断出问题所在并找出解决方法				
	制定具有针对性的解决方法及计划，并实际地去解决				
自检评价	我的优势				
	我的劣势				
	我的努力目标				
	我的具体措施				

二、小组评价

组长填写“主动合作”能力小组评价表，如表 6-11 所示。

表 6-11　“主动合作”能力小组评价表

主要内容	小组评价等级（在符合的情况下面画“√”）			
	全都做到了	大部分做到了	基本上做到了	没做到
在小组活动中有主动合作的意识				
能让同事从情感上接受自己				
能主动提供有效信息				
能做到求同存异				

建议：

组长签名：　　　　年　　月　　日

三、教师评价

教师填写“主动合作”能力教师评价表，如表 6-12 所示。

表 6-12　“主动合作”能力教师评价表

评价等级	评价标准	备注
优秀	具有很强的主动合作的意识，平时能做到与同学主动合作	
良好	具有较强的主动合作的意识，大多数时候能做到与同学主动合作	
合格	具有主动合作的意识，基本能做到与同学主动合作	

职业能力拓展

请调查本班的班委、课代表、组长，他们需要你怎样配合才能使班级工作更便捷、更有效？填写班干部调查表，如表 6-13 所示。

表 6-13　班干部调查表

调查人：

被调查者	调查者填写		被调查者填写	
	最困难的事	你配合工作的方法	是否符合实际	如果不符合，请更正
班长				
学习委员				
卫生委员				
宣传委员				
体育委员				
语文课代表				
数学课代表				
英语课代表				
专业课代表				

任务三 把握分寸

任务目标

1）能把握好沟通的分寸。

2）能做到换位思考。

3）能学会与各种类型的同事打交道。

任务描述

上司不满意销售部送来的销售报告，让秘书小鹿退回销售部并叫他们重写。当小鹿退回报告时，她只说总经理如何不满意，销售部经理却找了各种借口来辩论，最后两人不欢而散。事后小鹿意识到如果自己在说话时注意把握好分寸的话，那销售部经理对她可能会是另外一种态度，沟通的目的自然就会达到。

任务分析

秘书作为上司与外界的信息传递桥梁，他（她）需要把上司的指令和意见传达给公司的部门或同事，在落实上司指示的过程中要想把握好分寸，就需要做好充分的准备工作并采取有效的实施办法。

名人名言

使人有面前之誉，不若使人无背后之毁；使人有乍交之欢，不若使人无久处之厌。

——陈继儒

相关知识

一、充分的准备工作

1. 找准方向

秘书与各部门同事进行沟通，主要是为了协助上司解决工作中存在的各种问题，协助上司更好地工作，承上启下，让所有员工齐心协力围绕上司的决策行动，努力消除或淡化人与人（领导与部门负责人）、人与机构（领导与职能部门）、机构与机构（领导部门、秘书部门、职能部门）之间的矛盾。要把握好沟通的分寸，就要以公司发展、为公司谋利为共同奋斗目标。事事以这一目标为指导方向，你与同事之间的沟通就能顺利进行。

2. 准确定位

作为秘书，要知道自己是信息传递者，找准了自己的定位，你就会知道自己应当做到以下几点。

1）要准确、忠实地转述上司的意图或指示，在信息传递过程中取得对方的信任，解除信息阻碍，使信息接收者了解真实情况，这是问题得以顺利解决的基础。

2）了解同事的想法，体谅对方的难处，根据服务信息内容做好变换，把它们准确地汇报给上司。

3）能够乐于为对方服务，协助其完成任务。

3. 换位思考

在沟通的过程中，秘书要站在对方的角度想问题，要了解对方目前的工作状况，理解同事的难处；同时，也要让对方明白与理解上司的意图是怎样的，引导对方站在领导的角度去思考作为领导遇到这样的问题，希望对方如何处理。无论站在哪一方的立场上，秘书都要在客观、公正的原则下进行分析，这样才能赢得理解与支持，顺利沟通。对于秘书来说，没有不能交流沟通的人，只有不正确的交流沟通方式。秘书要尊重和体谅同事，少施加压力，在工作中对待各部门的同事要一视同仁，切不可厚此薄彼。这些对维护和谐的人际关系，提高工作效率都非常重要。

二、有效的实施办法

1. 及时、准确地传达上司指示

秘书应能及时、准确、完整地传达上司的指示，消除公司内部各种沟通屏障，让上司与公司部门、员工的沟通更顺畅、更和谐。秘书在传达上司指示时，讲述事情要清晰，格式要标准，标题要准确，语气要和谐。

2. 创造产生认同感的沟通情境

要赢得同事的认同，就要创造一个能够让对方产生认同感的沟通情境。在与同事沟通的过程中，沟通情境的刺激可形成感情的互通和互相感染，也就能产生情感上的认同。如果能深深沉浸在对方的情绪状态中，感受到对方的心理感受，进而表达出对他（她）的理解和关心，对方就会积极回应，对你产生好感。

3. 要学会说“不”

很多时候，大家都会认为，作为秘书，你和领导的关系肯定比他和领导的关系近，或者觉得自己出面很可能被领导拒绝，所以才请求于你。从这个角度看，他其实是为了“转嫁风险”，那么在答复对方之前你要问一下自己“我能做到吗？”“我这样做有越权的嫌疑吗？”其实，秘书不是万能的，秘书也有需要恪守的职业规范和道德规范，如果你出于人情考虑答应了，最后却没办成事，在领导和同事两边你都没落到好。所以在这种情况下，你应当告诉他“这件事由你去向领导说明会更清楚”，或者婉转告诉他这不是你职责范围内的事，拒绝肯定会给对方带去一些不快，但尽可能委婉的拒绝，可以降低或者消除对方的不快。

4. 微笑和赞扬是“催化剂”

沟通时，微笑地倾听和不失时机地赞扬对方的进步和成绩，这些都会产生一个愉快的氛围，使沟通的僵局出现转机，消除误解，使隔阂的双方握手言欢，沟通更为轻松，从而统一思想、求得共识。微笑会赢得对方的好感，赞扬使人感到你的诚意，微笑着反驳使人感到你的善意，微笑着拒绝使人体谅你的处境。

相关链接

在公司里，总有些人是不易打交道的，如傲慢、死板、自尊心过强的人等。要想与每个人顺利沟通，你必须因人而异，把握分寸，采取不同的策略，学会与各种类型的同事打交道。

1. 过于傲慢的同事

与性格高傲、举止无礼、出言不逊的同事打交道难免使人产生不快，但有些时候你必须和他们接触。这时，你不妨采取以下几种措施。

1）尽量减少与他相处的时间。在和他相处的有限时间里，你尽量充分地表达自己的意见，不给他表现傲慢的机会。

2）交谈言简意赅。尽量用短句子来清楚地说明你的来意和要求。给对方留下一个干脆利落的印象，也使他难以施展傲气，即使想摆架子也无法摆。

2. 过于死板的同事

与过于死板的同事打交道，你不必在意他的冷面孔，相反，应该热情洋溢，以你的热情来化解他的冷漠，并仔细观察他的言行举止，寻找他感兴趣的问题和比较关心的事进行交流。

与过于死板的同事打交道你一定要有耐心，不要急于求成，只要你和他有了共同的话题，相信他的那种死板会荡然无存，而且会表现出少有的热情。这样一来，就可以建立比较和谐的关系了。

3. 好胜的同事

有些同事狂妄自大，喜欢炫耀，总是不失时机自我表现，力求显示出高人一等的样子，在各方面都好占上风。对于这种人，许多人虽然看不惯，但为了不伤和气，总是时时处处地谦让他。

在有些情况下，他却会将你的迁就忍让当作是一种软弱，反而更不尊重你，或者瞧不起你。对这种人，你要在适当的时机挫其锐气。让他知道，山外有山，人外有人，不要不知道天高地厚。

4. 城府较深的同事

城府较深的同事对事物不缺乏见解，但是不到万不得已，或者水到渠成的时候，他绝不轻易表达自己的意见。这种同事在和别人交往时，一般工于心计，总是把真面目隐藏起来，希望更多地了解对方，从而能在交往中处于主动的地位，周旋在各种矛盾中而立于不败之地。

和城府较深的同事打交道，你一定要有所防范，不要让他完全掌握你的全部秘密和底细，更不要被他利用，从而陷入他的圈套之中，无法自拔。

5. 口蜜腹剑的同事

口蜜腹剑的同事，“明是一盆火，暗是一把刀。”碰到这样的同事，应该敬而远之，能避就避，能躲就躲。

6. 急性子的同事

遇上性情急躁的同事，你的头脑一定要保持冷静，对他的莽撞，你完全可以采取宽容的态度，一笑置之，尽量避免争吵。

7. 刻薄的同事

刻薄的同事在与人发生争执时好揭人短，且不留余地和情面。他们惯常冷言冷语，挖人隐私，常以取笑别人为乐，行为离谱，不讲道德，无理搅三分，有理不让人。他们会让得罪自己的人在众人面前丢尽面子，在同事中抬不起头。

碰到刻薄的同事，你要与他保持距离，尽量不去招惹他。吃一点儿亏，听到一两句闲话，也应装作没听见，不恼不怒，由他而去。

拓展与提高

一、强化职能观念

秘书人员虽然接近领导，直接辅助领导的工作，常常秉承领导的意图并传达给各部门；但实际上秘书与公司各部门员工是相互依赖的，只不过是分工、具体职责、任务和工作空间不同。在沟通时，特别是当环境变化或其他原因使问题的处理已超出授权范围时，秘书一定要向授权者请示，并遵从其新的指示办理，主动争取同事的配合与合作；但遇到授权以外的事务，秘书不得自作主张，不得擅作决定。秘书部门、秘书人员切忌因为位置的特殊就自视高人一等，动不动以领导的名义对同事指手画脚，动辄要求同事做一些事情，这样做是不符合秘书的身份和地位的，也极易引起他人的反感。没有同事的信赖和配合，不仅秘书的本职工作无法顺利进行，整个单位的工作也将受到影响。

二、保持“独立”

作为秘书，一方面要积极主动与同事交往，扩大人际交往的范围，保持良好的人际关系；另一方面不要表现出对某个团体（部门）或个人的格外亲近。身为秘书，总是各种利益群体（个人）争夺的对象，越是若即若离，越能保存自身的价值，一旦你靠近哪一方，对于其他的群体（个人）来说，你就不再是朋友，而变成敌人。所以，在与同事交往的过程中，既要在彼此以诚相待的基础上互相尊重，互相协作，又要在和谐中保持各自的独立。

三、学会“铺垫”

在进行沟通的过程中，由于职位的高低和看问题角度的不同，双方有时会产生不同的观点。在不赞成对方观点的时候，一定要先肯定对方。例如，“您说的这些我非常理解，不过，我们是不是也可以这么来看问题……”这种先给对方以肯定的方式就叫铺垫。铺垫能起到一种缓冲的作用，使双方关系不会陷入紧张状态，既说明了领导的意图或自己的观点，也使对方并不会介意你的反驳。

四、就事论事

在沟通过程中，特别是在对方做错或做得不到位的时候，一定要就事论事。只有这样对方才容易接受；如果你讲话带有情绪性，即使对方明明知道自己错了，也不会接受你的批评。例如，策划部的促销产品活动的工作出现失误，你可以这么就事论事地指出来：“汪经理，这个促销活动的截止时间好像有点问题，请再仔细核对一遍。”如果你带着情绪这么指责他："汪经理，你怎么回事？促销活动的时间又搞错了！你们策划部怎么总是这么粗心大意？"那结果又会怎样？即使他不直接顶撞你，也会把你的话当作耳旁风，更不用谈所谓的合作了。

案例分析

公司总经理把秘书小王叫到办公室，生气地问道："公司工会是怎么回事？听办公室的同志说，只有他们的学习计划没有上报！刚才打电话找工会主席也找不到。上次常委扩大会工会主席也没有出席，他们工会这种拖拖拉拉的作风要改一改了!"小王心里明白，工会主席最近因为儿子出差，小孙子患病住院，没有参加上次会议，也耽误了上报学习计划。小王在总经理面前没有机会解释，只好去问工会主席："总经理批评工会的作风拖拉，说您上次没有参加会议，计划也没有交。""我小孙子住院一个多星期了，哪有时间讨论计划？上次会议我不是向办公室管考勤的老李请了假吗？"工会主席抱怨道。

（资料来源：佚名，2019．沟通与协调案例[EB/OL].（2019-12-27）[2021-02-22]．https://wenku.baidu.com/view/0cb0a22333126edb6f1aff00bed5b9f3f90f7298.html.）

分析：

1）小王这样处理是否妥当？如果是你，又该如何处理这件事？

2）事情过后，秘书小王该从中吸取什么教训？在以后的工作中又该如何做？

3）分组表演这一沟通过程或自己改编后的沟通过程。

完成任务

1）阅读案例，回答问题。

秘书小马的业务能力有目共睹。这天总裁办开会，讨论即将召开的董事会所需的文件。轮到小马发言时，他直言不讳："我听了刚才市场部林经理的发言，我不同意他的结论，因为我到销售部和几个门市部调查过，我的调查结果与林经理的结论相去甚远。"他本来以为自己拿出一连串扎扎实实的数据，不是信口开河，大家都会点头称是，可结果是既没人反对他也没人赞成他，甚至可以说是根本没有人理睬他。他心里很难过，会后便问一位跟他一起讲公司的同事："上个星期我就知道了会议的议题，所以，我做了大量的准备工作，我不是无的放矢，为什么他们都不认真听我说呢？我到底错在哪里呢？"

问题：

① 秘书小马在会前就做了充分的准备，他的预期目标是什么？实际结果又如何？小马该如何说、怎样做才能达到预期目标？

② 如果你是他询问的同事，你会怎样回答他。

2）续写案例，情景模拟。

这天，总裁办开会，讨论即将召开的董事会所需的文件。当轮到小马发言时，他微笑着说："刚才市场部林经理所提出的一些问题和意见，正是大家反映比较多的问题，李总在上个星期就让我多做调研，我到销售部和几个门市部调查了一下，发现虽然有问题，但也并不像林经理所说的那样严重。从调查结果看，公司对于这款刚上市新产品的定位还是准确的。我个人认为，如果再拓宽产品的销售渠道，并对销售人员进行新产品的培训，对于产品的市场销售和推广会有积极作用。你们觉得怎么样？”小马随即拿出一份调查报告，放在大家面前。

……（请你后续）

3）结合续写的案例内容填写完成任务反馈表，如表 6-14 所示。

表 6-14　完成任务反馈表

<table>
<tr><th colspan="2">项目</th><th colspan="3">内容</th></tr>
<tr><td rowspan="3">沟通前的准备</td><td>目的</td><td colspan="3"></td></tr>
<tr><td>态度</td><td colspan="3"></td></tr>
<tr><td>策略</td><td colspan="3"></td></tr>
<tr><td rowspan="4">沟通中的表现</td><td>沟通次数</td><td></td><td>沟通地点</td><td>①　　②　　③</td></tr>
<tr><td>可能遇到的困难</td><td colspan="3"></td></tr>
<tr><td>解决的办法</td><td colspan="3"></td></tr>
<tr><td>最后的结果</td><td colspan="3"></td></tr>
<tr><td rowspan="3">沟通后的反思</td><td>得到的收获</td><td colspan="3"></td></tr>
<tr><td>存在的问题</td><td colspan="3"></td></tr>
<tr><td>改进的措施</td><td colspan="3"></td></tr>
<tr><td>指导教师意见</td><td colspan="2"></td><td>签名</td><td></td></tr>
</table>

能力评价

一、自我评价

学生填写“把握分寸”能力自我评价表，如表 6-15 所示。

表 6-15　“把握分寸”能力自我评价表

<table>
<tr><th colspan="2" rowspan="2">主要内容</th><th colspan="4">自我评价等级（在符合的情况下面画“√”）</th></tr>
<tr><th>全都做到了</th><th>大部分做到了</th><th>基本做到了</th><th>没做到</th></tr>
<tr><td colspan="2">树立与同事沟通时把握分寸的意识</td><td></td><td></td><td></td><td></td></tr>
<tr><td colspan="2">积极创设沟通时产生认同感的情境</td><td></td><td></td><td></td><td></td></tr>
<tr><td colspan="2">能及时、准确地传达上司指示</td><td></td><td></td><td></td><td></td></tr>
<tr><td colspan="2">能换位思考，从对方的角度思考问题</td><td></td><td></td><td></td><td></td></tr>
<tr><td rowspan="4">自检评价</td><td>我的优势</td><td colspan="4"></td></tr>
<tr><td>我的劣势</td><td colspan="4"></td></tr>
<tr><td>我的努力目标</td><td colspan="4"></td></tr>
<tr><td>我的具体措施</td><td colspan="4"></td></tr>
</table>

二、小组评价

组长填写“把握分寸”能力小组评价表，如表 6-16 所示。

表 6-16 “把握分寸”能力小组评价表

内容	评分（1～5 分）
提供建议和影响他人的能力	
沟通交流的能力	
化解争端的能力	
获取他人支持的能力	
幽默风趣	
支持他人的能力	
对复杂问题的理解能力	
表达能力	
与工作相关的新知识接受能力	
接受指导，适应新工作流程的能力	
其他能力	
建议：	
组长签名：	年 月 日

三、教师评价

教师填写“把握分寸”能力教师评价表，如表 6-17 所示。

表 6-17 “把握分寸”能力教师评价表

评价等级	评价标准	备注
优秀	具有很强的与人沟通时把握分寸的意识，很好掌握了如何把握分寸的方法	
良好	具有较强的与人沟通时把握分寸的意识，较好掌握了如何把握分寸的方法	
合格	具有与人沟通时把握分寸的意识，基本掌握了如何把握分寸的方法	

职业能力拓展

在学校或班级里做值周生，把你在这一天里所发现的不良现象和问题、发现问题后与相关教师或同学的沟通过程及最终结果记录下来，并对你认为处理得好和处理得不好的事件做出评价，总结经验和不足，填写“把握分寸”能力评价表，如表 6-18 所示。

表 6-18 “把握分寸”能力评价表

沟通事件	沟通目的	沟通对象	沟通时间	沟通地点	沟通内容	沟通效果	对方评价	自我反思
事件 1：××班的卫生问题								
事件 2：第×组的迟到问题								
事件 3：								
事件 4：								
签名：						年 月 日		

任务四　实现共赢

任务目标

1）能建立目标导向的协作意识。

2）具备有效讨论的能力。

3）启发共赢思维，学会宽容。

任务描述

小鹿需要市场部提供的客户资料，她告诉市场部经理，在推广部做了客户细分以后，把结果与市场部共享，市场部在以后的工作中会更为方便。市场部很乐意地为小鹿提供了这份资料。小鹿感受到，用共赢的思维观念与同事合作会使自己的工作更顺利和高效。

任务分析

完成实现共赢的任务，需要做到建立目标导向的协作意识，形成良好沟通氛围，具备有效讨论的能力，启发共赢思维，学会宽容。

名人名言

人们在一起可以做出单独一个人所不能做出的事业；智慧+双手+力量结合在一起，几乎是万能的。

——韦伯斯特

相关知识

一、建立目标导向的协作意识，形成良好沟通氛围

通常有许多事情，不是只有某个人或某个部门本身做好就可以的，它还需要其他部门或同事的配合与支持，才能最终完成。你可能拥有全世界最棒的主意，你却没办法说服别人，那这些事情或者主意对于你的公司或你的事业来说也是毫无益处的。在沟通过程中，目标协调是首要考虑的方面，不能为了部门或某个人的利益而忽视总体目标的实现。公司战略和公司级目标才是企业所有目标的出发点和核心，部门目标是公司级目标的分解和支撑，员工目标是企业战略的最终落脚点，而且各目标要相互协调，相互促进。这样公司战略就成为大家一致努力的方向。当沟通双方意识到公司、部门、个人的努力方向都一致时，所有人就都会围绕着企业战略目标的实现而努力，强化自身积极主动的人生态度和协作意识，当然也就容易形成良好的沟通氛围。

二、具备有效讨论的能力

有效讨论的能力包括以下几点：①清楚地表达你的观点，并提供支持的理由和根据；②认真聆听对方的意见，努力了解对方的观点及其支撑的理由；③直接对对方提出的观点做出应答，而不要简单地阐述你自己的观点；④提一些相关问题，以便全面探究所讨论的问题，然后设法去回答问题；⑤把注意力放在增进了解上，而不要试图不计代价地去证明自己观点的正确性。

三、启发共赢思维，学会宽容

宽容和忍让是人生的一种豁达，是一个人涵养的重要表现，没有必要和同事争强斗胜，斤斤计较，给别人让一条路，就是给自己留一条路。要把自己的聪明才智，用在有价值的事情上面，集中自己的智力，去进行有益的思考；集中自己的体力，去进行有益的工作。不要总是企图论证自己优秀，别人拙劣；自己正确，别人错误；不要事事、时时、处处唯我独尊，不要事事、时时、处处固执己见；在非原则的问题和无关大局的事情上，要善于沟通和理解，善于体谅和包涵，善于妥协和让步。一般来说，双赢和共赢的思维特质是竞争中的合作，是寻求双方共同的利益，即你好我也好，这是一种成熟的“双是人格”。实现共赢的过程也是提高自身与团队凝聚力和竞争力的过程，养成共赢思维习惯的方法有以下几种。

1）承认自己需要别人的帮助，养成团结协作的工作态度。

2）双方产生分歧时，首先要立即自行处理，而不是向上级打小报告，请求上级对别人施加压力。

3）尽可能为对方提供帮助。

4）积极乐观地与对方进行交流，注重对方的优点，尽量忽略对方的缺点。

5）寻找和对方交流的切入点，既要考虑自己的需要，又要尽量满足对方的需要。

6）注重发挥理性的力量，用强有力的事实和数据，而不是个人观点来说明问题。

7）面对竞争，要有良好的心态。

相关链接

尊重自己、体贴对方，与人相处才没有负担。你才能听到来自不同方面和不同层次的意见与声音，从而使你避免或减少失误。只有让你的合作者生活得更好，你才能更好地生活。知道自己要的是什么，也能够尊重对方的不同想法，彼此相处的空间就会扩大。不要要求对方做的事令你满意，符合你的标准，而要学会从对方喜欢的角度欣赏对方，从对方需要的观点接受对方。如果他觉得短发好看，你又何必一定坚持让对方留长发？反过来，自己认为长发好看，别人并不一定也是同样的看法。

孔子的“己所不欲，勿施于人”是一种精神上的双赢，它抹去了勉强别人所带来的压力，也减少了被别人勉强所带来的痛苦；姜太公钓鱼是一种行动上的双赢，他避免了垂钓人枯坐求鱼的心焦，也减少了池中鱼儿嬉闹时的忐忑，两不伤害，求的是一份静默，是一份期许和等待。于是，孔圣人成就了美名，姜子牙等到了他的伯乐。

拓展与提高

作为秘书，须针对辅助任务的需要，按照领导的意图，与同事同心协力完成任务。要想实现共赢，秘书要切合实际地清楚表达出所要传递的信息和期望，阐明职责，消除因信息传达不清楚而造成的混乱，并用客观实际来支撑自己的观点，清楚地强调双方的诉求与愿望，才能够使对方产生共鸣，从而说服对方接受你的想法和建议，实现共赢沟通。

一、理解与适应正常范围内的功利之心

与同事的交往和沟通大多是带有目的性的，是为了获得更多的信息、更多的支持与帮助，以便更好地完成任务。这看上去似乎有些功利，但这归根到底还是工作的需要。只要做到真诚、谦虚、乐于助人，就会有人向你伸出橄榄枝。也许你本来只是希望对方能给你工作提供一些有用的资料，结果却从中激发了更有效的创新方法；也许他们本来是想通过你获得一些有用的信息，最后却为你提供了更多有用的信息。共赢的核心就是利人利己。职场上完全没有功利色彩的交往和沟通是不存在的，但如果能各取所需，共同进步，在这个过程中实现双赢，那么所谓的功利也是可以理解和接受的，只要不过度就可以。共赢的方法就是理解和适应。

二、团结与爱是实现共赢的基石

要实现共赢，就要让沟通双方都明白，沟通任务的完成与实现是和自己的利益息息相关、紧密相连的，每一次沟通的过程也都是自己积累经验和关系的机会。可以说，大家是一个完整的命运与利益共同体，这种命运与利益的共同体可以让双方紧密团结，高度凝聚，它是一个问题得以解答、一个困难得以解决、一个企业得以快速持久发展的最大动力。其实，团结力量的产生也是在每个成员以团队为家的自觉行为中产生的，就像维系一个家庭的和睦、家人间要彼此相爱一样，缺少了对公司的爱和对团队的爱的员工是不会死心塌地、忠心不渝地团结一致，并为一个企业的发展目标而共同努力的。团结、友爱、进取，才能让沟通双方凝聚爱和智慧的力量，让“1+1>2”，完成任务，实现共赢、多赢。

美国著名拳击手杰克·约翰逊（Jack Johnson）每次比赛前都要做一次祈祷，朋友问道：“你在祈祷自己打赢吗？”“不”，杰克说道，“我只是祈求上帝让我们打得漂漂亮亮的，都发挥出自己的实力，最好谁都不要受伤。”

杰克的话中渗透着双赢的智慧。双赢小到个人领域，就是用美德为竞争镶边着色，让折射的阳光照亮携手同行的路程，让竞争在微笑中把心灵放松，在合作中共同进步，在人与人的关爱和睦、诚实守信中描绘出一幅和谐的图景。

三、要有积极参与的意识

每个人都应该具有奉献意识，并有责任做出自己应有的贡献。在许多的沟通或合作中，有的人喜欢让别人抛头露面，自己却静静地坐在那里，做一个感兴趣的旁观者。这样做的结果是，既无法实现你的沟通理想，又不能赢得对方的尊重。既然你对沟通的最终决定负有责任，你就应该有积极的参与意识，而不是保持沉默。

案例分析

小张经朋友介绍，到某公司就职。由于有扎实的专业知识、几年的市场实战历练、大公司里积累的工作经验，大方开朗的小张深得领导青睐，很快被提升为总经理秘书。但年轻气盛的小张和市场部经理的关系总是处得有点不顺畅。一次，公司在内部征集市场拓展方案，总经理在分配任务时提醒：作为尝试，除部门外，个人可以单独完成一份，也可以合作完成一份。

凭借在大公司工作的经验，以及对市场行情的自身把握，小张决定单独完成市场拓展方案的制作。他花费一周时间，细斟慢酌，搞定了“大作”。报告上呈后，上司的评价在他意料之外：“缺少了本地化的东西，操作性不强。不过，你的宏观视野很开阔。”之后，总经理把小张和市场部经理叫到一起，让他俩分别揣摩彼此的方案。在总经理的“撮合”下，两人将各自方案中的亮点进行了提炼和重构。结果，新方案被公司评优，列为备选的最终方案之一。

（资料来源：武鹰，2013．学会与他人合作[EB/OL]．(2013-09-16)［2021-02-22］. http://www.sdjcy.gov.cn/html/2013/jcwy_0916/8297.html.）

分析：

1）小张怎样做才使方案最终获胜？你认为他的方案最终取胜的原因是什么？

2）你认为小张有什么样的优势和劣势？在以后的工作中应该如何发挥优势和弥补劣势？

完成任务

1）对案例进行分析。

公司秘书小芳刚调到公司办公室工作。一天，办公室主任交给她一项新任务——负责全公司的黑板报宣传工作。但是小芳不会编排版面，美术字也不过关，主任又选派了同一办公室有美术功底的阿杨负责版面编排工作，让小芳专门负责组稿、改稿等工作。阿杨很有才干，编排版面、写美术字，甚至画画在公司都是小有名气的，他根本就没把小芳放在眼里。他工作忙起来时，就把出黑板报的事儿抛到九霄云外去了，弄得主任常常催促小芳：“怎么黑板报又延期了？”小芳又不好明说，只好硬着头皮去催阿杨，可阿杨根本不配合，还冷眼相待。

面对这种情况，小芳该如何做才能顺利完成任务？分析以下几种选择方案中哪种更合适，然后进行小组讨论并演示。

① 凭自己的关系，在公司内部另外找一个人来帮忙，按时把黑板报办好。

② 把阿杨不愿合作的事直接告诉办公室主任，并向主任表明责任不在自己，看主任怎样处理。

③ 再一次催促阿杨并和他摊牌，告诉他：“如果再这样下去，就当面到主任那里去解决。”

④ 过一天算一天，听之任之。

⑤ 抱着与人为善的态度，采取委婉的劝说方式，启发他与自己合作。

2）分小组，完成一份手抄报，分析在这个活动中每位成员所表现出的长处与优势，完成团队成员认同感测试表，如表 6-19 所示。

表 6-19 团队成员认同感测试表

序号	项目	符合度（符合度最高为 4，最低为 1）			
		1	2	3	4
1	很在意与对方沟通的情境				
2	善于找出与对方的相似之处，与其达成一致				
3	经常向对方传达出“感同身受”情感体验				
4	会采用小技巧向对方表达你对他们观点的认同				
5	坚持自己的观点，不会无理由认同他人的观点				

续表

序号	项目	符合度（符合度最高为4，最低为1）			
		1	2	3	4
6	会向对方让步以达到双赢的目的				
7	很明确地向对方说明你做出的让步				
8	会对对方的不满意或不合理之处做出解释，以获得理解				
9	会适时对对方表示肯定赞美，从而获得信任				
10	让对方感到大家的目标是一致的，并愿意共同努力				
建议：					
签名：　　　　　　　　年　　月　　日					

3）完成编写手抄报的任务后填写完成任务反馈表，如表6-20所示。

表6-20　完成任务反馈表

项目		内容				
沟通前的准备	目的					
	态度					
	策略					
沟通中的表现	沟通次数		沟通地点	①	②	③
	遇到的困难					
	解决的办法					
	最后的结果					
沟通后的反思	得到的收获					
	存在的问题					
	改进的措施					
指导老师意见			签名			

能力评价

一、自我评价

学生填写“实现共赢”能力自我评价表，如表6-21所示。

表6-21　“实现共赢”能力自我评价表

主要内容		自我评价等级（在符合的情况下面画“√”）			
		全都做到了	大部分做到了	基本做到了	没做到
树立与同事沟通时实现共赢的意识					
有意识地形成良好沟通氛围					
积极有效地进行交流与讨论					
向对方表达对其观点的认同					
会做出让步以达到共赢目的					
自检评价	我的优势				
	我的劣势				

续表

主要内容		自我评价等级（在符合的情况下面画“√”）			
		全都做到了	大部分做到了	基本做到了	没做到
自检评价	我的努力目标				
	我的具体措施				

二、小组评价

组长填写“实现共赢”能力小组评价表，如表 6-22 所示。

表 6-22 “实现共赢”能力小组评价表

主要内容	自我评价等级（在符合的情况下面画“√”）			
	全都做到了	大部分做到了	基本做到了	没做到
树立与同事沟通时实现共赢的意识				
有意识地形成良好沟通氛围				
积极有效地进行交流与讨论				
向对方表达对其观点的认同				
会做出让步以达到共赢目的				
建议：				
组长签字：				年 月 日

三、教师评价

教师填写“实现共赢”能力教师评价表，如表 6-23 所示。

表 6-23 “实现共赢”能力教师评价表

评价等级	评价标准	备注
优秀	牢固树立了与同事沟通时实现共赢的意识，很好掌握了实现共赢的方法与技巧，学习积极主动	
良好	较好树立了与同事沟通时实现共赢的意识，较好掌握了实现共赢的方法与技巧，学习比较积极主动	
合格	树立了与同事沟通时实现共赢的意识，基本上掌握了实现共赢的方法与技巧，学习比较积极主动	

职业能力拓展

在学校或系里组织的大型活动前夕（如运动会、卫生评比、团体技能大赛等），你和参加活动的同学沟通并一起制订一个“优秀星级团队”的计划，并在此项活动中努力实现。记录每个团队成员在此过程中的表现，并进行分析。

项目七
与客户沟通

有人把秘书比作单位的商标。从某种意义来讲，秘书的形象的确就是单位的形象。作为秘书，不仅需要处理好个人与上司、同事之间的关系，还必须协助上司处理好与客户的关系。企业之间经常有工作联系、业务往来、友好访问等。来客目的、任务、地域、人数、是否预约各不相同，秘书需配合上司做好接待，或全面负责接待工作。秘书工作的好坏将直接反映企业的工作作风和外在形象，也直接体现了秘书本身的素质、能力、水平和形象。

名人名言

处内以睦，处外以义，检身以正，交际以诚。

——林逋

学习目标

- 树立客户就是上帝的意识。
- 能通过有效途径了解客户及客户与上司或企业的关系，并获得信任。
- 能把握沟通技巧，提供专业帮助。
- 能根据企业需要与客户建立友好联系。

任务一 了解客户

任务目标

1）能主动了解、收集客户信息。

2）能掌握与客户沟通的方法。

3）能协调领导与客户之间的关系。

任务描述

这几天经理出差了，刚刚经理打电话给秘书小鹿，他说晚上有一个老客户要带一行人到达本市，让小鹿按老规矩负责安排客户的食宿及娱乐活动，但小鹿对客人的具体情况并不了解，可是电话里又不便多问经理，小鹿对于

名人名言

如果你是对的，就要试着温和地、技巧地让对方同意你；如果你错了，就要迅速而热诚地承认。这要比为自己争辩有效和有趣得多。

——卡耐基

能否顺利完成领导交办的任务感到心虚。此时，小鹿深切地感受到了解客户对于秘书工作的重要性。

■任务分析

与客户打交道是企业秘书对外沟通工作的重点，要想与客户进行有效的沟通，达到沟通的目的，秘书就要充分了解客户及其需求，进而使沟通达到理想的效果。完成了解客户的任务，需要明确了解内容与获取信息的渠道。

相关知识

一、了解的内容

1. 客户的基本情况

作为秘书，首先应了解有关客户的一些基本信息，一般包括其姓名、别名、年龄、性别、民族、出生地、文化程度、职称、信仰、居住地、邮政编码、电话号码等；其次应了解客户的所属单位、职业、职务、决策范围和家庭成员的价值观念、特殊偏好、购买与消费的参照单位等个性资料；最后应了解客户与上司的往来关系。

2. 准确说出客户的姓名

每个人都希望得到别人的重视，重视别人的姓名就如同重视其本人一样重要。如果见过几次面，还经常叫错对方的姓名，甚至忘记客人的职称，那么对方会感觉自己可有可无、不受重视。相反，如果面对客人能够流利、准确、亲切、恭敬地叫出其姓名及头衔，就会立即拉近彼此的距离。

3. 捕捉客户的兴趣点

秘书与客户交谈如同演员的演出，如果只有表演者而没有观众和听众，再巧妙的技巧也毫无意义。同样的道理，如果客户对你所谈论的话题没有任何兴趣，那么不论你的沟通技巧有多么高明，也不会获得理想的沟通效果。因此，在与客户交流之前要提前了解或准备好客户感兴趣的话题。“物以类聚，人以群分”。根据人际交流中相似性的理论来看，绝大多数人对与自己有共同观点和爱好的人感兴趣，而且容易产生好感。因此，与客户谈共同的话题，能够引起对方的交流热情和兴趣。

4. 客户的五种类型与应对方法

在企业往来中，客户通常包括五种类型，作为秘书，在沟通中应当根据客户的不同特点，选择合适的应对方法，如表 7-1 所示。

表 7-1　客户的五种类型

客户类型	特点	应对方法
矫揉造作型	自尊心、虚荣心强，喜欢不懂装懂	不要指责客户讲话中存在的缺点，应因势利导，保持良好的气氛
吹毛求疵型	妄自尊大，善于诡辩	不要与客户争辩，要表示接受他的建议

续表

客户类型	特点	应对方法
讨价还价型	善于讨价还价	在开始报价时要讲究技巧，留有一定的还价余地，但态度应坚定
满腹牢骚型	怀有强烈的不满情绪	充分理解对方的心情，尽量帮助客户解决一些问题
豪爽干脆型	办事干脆利索，性格开朗，热情豪爽，容易接近，但往往缺乏耐心，易感情用事	谈话应开门见山，简明扼要，重点突出，当明确客户不需要时，要尊重对方的意愿，不可纠缠不休

二、收集客户信息的渠道

1. 自行收集客户的信息

自行收集客户的信息资料大多来源于客户自身的描述，也有一部分是在自己与客户的沟通中发现、总结出来的。这就需要秘书有很好的沟通能力及洞察力，从而获得自己想要的信息。这样的信息收集、归类工作在日常接触过程中就可以顺便进行，有助于拉近与客户的距离，为下一步的工作奠定基础。

2. 通过客户来访时的细节观察找出客户特别的需求

如果来访的客人是预约的客户，那么你已经获知了来访客户的相关信息，此时可以通过进一步的谈话获得更多的信息；如果来访的客户未预约，此时秘书要主动去沟通获得客户信息并了解其需求。无论是哪种来访的客户，他们都知道秘书是他们要见上司的通道，常理上都会积极地配合秘书的谈话，所以此时秘书应通过对细节的观察找出客户的需求，这将使你与客户之间建立一种非常独特、深厚、别人无法取代的信任关系。

3. 通过上司与客户的接触收集相关信息

作为秘书，应该善于从上司身上寻找有关客户的信息，譬如通过上司交代的任务来分析客户与上司是属于业务往来还是属于友情交往；通过上司的态度来分析与客户交往时应持积极主动还是保持被动应付；通过上司与客户交往的频率来判断上司与其交往关系的深浅程度等。秘书从上司那里获得的客户信息，有利于秘书与客户进行交流时“度”的把握，更有助于秘书协调好客户与上司的关系。

4. 通过公共信息渠道收集客户信息

现代社会是信息社会，报纸、杂志、广播、电视及互联网等大众传媒中包含大量的企业信息，特别是电视和互联网中关于企业信息的报道非常及时，而通过互联网能够更加主动地选择所需要的信息。这些渠道可以使你认识到客户代表的是个人还是企业，以及他所代表的企业是什么性质，客户个人或代表的企业在行业中的地位如何等。可见，通过大众传媒可以捕捉到客户的大量信息，经过提炼后把有价值的信息反馈给上司，可以协助上司做出准确判断。需要注意的是，互联网上的垃圾信息、虚假信息比较多，所以你在收集信息的时候应该选择国内知名的经济类网站和官方网站，这些网站上的信息可靠性较高。如果客户集中在某几个行业，还可以通过订阅有关行业的专业刊物来了解信息，甚至预测客户所在行业的发展前景。

5. 通过专业机构收集客户信息

企业选择客户时要考虑他们的专业经验、人员配备、从业时间、专业化水准、服务价格等因素。通过信誉良好、执业严谨的信用调查机构收集客户信息能够提高信息的可靠程度，有利于企业做出正确的决策。

相关链接

一、与客户沟通的方法

与客户沟通时，要以积极的态度面对顾客。一般来说，你对别人是什么态度，别人对你就是什么态度。因此，要想尽快与客户沟通并建立联系，你就要展现出你的态度，给客户留下良好的第一印象。对待客户的态度主要体现在以下几个方面。

1. 自身的外在形象

你的个人形象越好，你对客户的态度就越显积极。

2. 身体语言

良好的身体语言可以帮助你传递信息，从而与客户建立相互的理解和信任。

3. 说话的语气

你与客户交流时，如果表现得语气温和，通情达理，并且声音清楚自然，那么你已经在说话的语气上赢得了客户。

4. 保持精神饱满

如果你能始终如一地为客户提供帮助并保持友善，客户会通过长期的合作回报你。

二、与客户沟通的原则

人们往往会用自己的亲身感受去影响周围的人。在秘书沟通活动中，如果懂得与客户沟通的原则，就一定能广结良缘，协调好客户与上司的关系，促进企业的发展。若要友好地与客户沟通，则应该坚持以下几项原则。

1. 树立“客户就是上帝”的观念

时至今日，“客户就是上帝”的观念已成为许多企业的信条和经营法宝。日本日立公司广告课长和田可一曾说过：“在现代社会里，消费者就是至高无上的王，没有一个企业胆敢蔑视消费者的意志。蔑视消费者，一切产品就会卖不出去。”从这个意义来说，客户的确是企业命运的主宰。

2. 诚挚热情，以礼相待

秘书人员往往是客户第一个会见的人，秘书的态度和形象会影响客户对本单位的看法，甚至影响工作的进展。无论是对待贵宾，还是对待有一般业务工作关系的人员，秘书人员都应态度诚恳，热情欢迎。以礼相待是秘书接待工作的基本要求。

3. 乐于服务，坚持原则

无论何方来宾，找上门来，总有其意图和目的。尤其是上门寻求业务的，往往渴求得到业务项目。秘书人员应该尽可能提供条件，给予方便，而绝不能给人留下“门难进，脸难看”的印象。当然，乐于助人也必须同实事求是的原则统一起来，一定要按公司原则办事。在条件许可的情况下，要尽量给予帮助；对难以解决的问题，则要讲清原因，求得来宾的谅解。

4. 了解客户的需求，争取客户的信任

友好地与客户相处，首先应当考虑客户的利益，以诚恳的态度征求客户的意见，了解客户的需求，取得客户的信任。

5. 坚持双向沟通、互利互惠的原则

从公共关系的角度来讲，仅把客户看成上帝还不够。这是因为，一方面，它只是把企业与客户的关系确定在单向经济利益的基础上，只考虑了企业通过客户才能获得利润，而没有充分体现出企业应以客户利益为导向的原则；另一方面，客户既然是“上帝”，企业就只能被动地满足上帝的需求，而无须主动地关心、体贴客户，甚至引导客户，也就没有体现出企业与客户双向沟通、互利互惠的原则。

我们提倡的是，在与客户沟通中，客户不仅仅是企业的“上帝”，更应当是企业的朋友。

拓展与提高

一、巧妙协调客户与上司之间的约见

1. 上司主动约见客户

在给客户打电话前你需要了解具体的一些资料并放在手边，如约见日期、时间、地点、谈话内容、会见的时间长短、有无其他与会者或特殊要求等。如果对方以要出门或很忙等理由拒绝，那么秘书要争取见面的机会，并表达上司约见对方的愿望及诚意，秘书不要首先主动放弃或表露不快、傲慢的情绪，而要表现出你的耐心。约会被拒绝，千万不要无礼气愤、强求或软磨硬泡，也不要撒谎。约见的最佳方式为先写封介绍信，然后打电话；电话安排成功，需要再写一封确认函；如果此约定是与对方秘书进行的，那么要与其秘书交朋友。

2. 处理客户的约见要求

当客户要通过你来约见上司，那么会出现两种情况：一种是上司愿意见，如客户、重要人物或上级之类，可马上安排约见；另一种是不清楚上司是否同意见，此时先尽可能多地了解来电人的姓名、公司、职位、来访目的等背景资料，然后告诉他，你将和上司商定后给他

回电话。此时，你可以安排更适合的人来约见上司。

3. 面对不速之客

作为秘书，你要和上司做出约定：什么样的人没预约也可以见，什么样的人必须预约。如果安排约见，你要告诉上司来访者的详细信息，如来访者的姓名、职业、来访目的、需要大约多长时间等。如果拒绝约见，态度要委婉，建议对方约个时间，或向来访者要电话，说上司会打电话给他，或者告诉他在一个更适当的时间再来。

4. 领导忘记了约见

领导忘记了约见，如果可能，在客人到来之前取消约见。保持冷静，表示合情合理的关心，但不要从个人角度表示关心或感情用事。绝不要责备上司，要提供一个合适的理由向对方表示歉意，但不要太过分，建议重新安排时间。

5. 客户取消与我们的约见

客户取消与我们的约见，应得体地接受，弄清约见者的姓名、日期、时间及电话。从日程上删去该约见，并及时通知上司。约见取消时，咨询对方能否另约时间。除非你有充分的理由，否则不要询问客户约见取消的原因。

二、谨慎对待不同类型来访客户

1. 对待固执任性的客户

有些来访者不听任何解释，死缠烂打，这时秘书应该毫不妥协，不失礼貌而又态度坚决地反复进行解释。同时，不要忘记向来访者保证：如果对方写信给上司，上司一定会看到这封信。

2. 对待进行威胁的客户

如果来访者进行威胁，秘书可以悄悄地告诉老板，或者给公司保安部门打电话，千万不要与来访者直接发生冲突。

3. 对待情绪激动的客户

如果来访者情绪激动，那么秘书应想办法使其平静下来。

案例分析

红光公司的经理秘书小敏正在为没有客户而无精打采，这时，一位衣着简朴的中年人来访，小敏勉强应酬，用食指和中指夹着名片递给对方，没等对方将名片接住，便放在桌子上，中年客户见状，眉头微皱，但依然以礼相待，双手递上自己的名片，小敏单手接过，随便放在桌上，恰好一阵风吹过，名片像一只蝴蝶飘落在地上。小敏假装看不见，客户忍无可忍，起身离去。正在这时，总经理走出来，看见中年人，又惊又喜，握手寒暄，中年人勉强应对，借故离开。总经理对小敏说："此人有意向和我们签订 300 万元的合同，他怎么了？"

（资料来源：《社交礼仪》试题[EB/OL].（2012-03-20）[2021-03-25]. https://wenku.baidu.com/view/aa3cc50ef78a6529647d53c8.html.）

分析：

1）秘书小敏在接待工作中的哪些不妥致使一笔300万元的生意成为泡影？

2）作为秘书，小敏在接待客户时最大的弊病是什么？

3）如果你是秘书，你该如何接待这位客户？

完成任务

1）了解自己的家长或其他人，将所获信息填入“了解客户”任务表，如表7-2所示。（两周后完成即可），信息要属实。

表7-2　“了解客户”任务表

<table>
<tr><td rowspan="8">个人基本情况</td><td>姓名</td><td></td><td>性别</td><td></td><td>年龄</td><td></td><td>民族</td><td></td></tr>
<tr><td>职务</td><td></td><td>出生地</td><td colspan="2"></td><td>政治面貌</td><td colspan="2"></td></tr>
<tr><td>文化程度</td><td></td><td>健康状况</td><td colspan="5"></td></tr>
<tr><td>饮食习惯</td><td colspan="2"></td><td>业余爱好</td><td colspan="4"></td></tr>
<tr><td rowspan="2">联系方式</td><td>手机</td><td colspan="2"></td><td>座机</td><td colspan="3"></td></tr>
<tr><td>电子邮箱</td><td colspan="2"></td><td>家庭住址</td><td colspan="3"></td></tr>
<tr><td colspan="2">工作单位名称</td><td colspan="2"></td><td>单位地址</td><td colspan="3"></td></tr>
<tr><td colspan="2">职责范围</td><td colspan="6"></td></tr>
<tr><td rowspan="3">所在企业信息</td><td colspan="2">单位简介</td><td colspan="6"></td></tr>
<tr><td colspan="2">企业的性质及特点</td><td colspan="6"></td></tr>
<tr><td colspan="2">企业在行业内的地位</td><td colspan="6"></td></tr>
</table>

2）完成以上任务后填写完成任务反馈表，如表7-3所示。

表7-3　完成任务反馈表

<table>
<tr><td colspan="2">项目</td><td colspan="5">内容</td></tr>
<tr><td rowspan="3">沟通前的准备</td><td>目的</td><td colspan="5"></td></tr>
<tr><td>态度</td><td colspan="5"></td></tr>
<tr><td>策略</td><td colspan="5"></td></tr>
<tr><td rowspan="2">沟通中的表现</td><td>沟通次数</td><td></td><td>沟通地点</td><td>①</td><td>②</td><td>③</td></tr>
<tr><td>遇到的困难</td><td colspan="5"></td></tr>
<tr><td rowspan="2">沟通中的表现</td><td>解决的办法</td><td colspan="5"></td></tr>
<tr><td>最后的结果</td><td colspan="5"></td></tr>
<tr><td rowspan="3">沟通后的反思</td><td>得到的收获</td><td colspan="5"></td></tr>
<tr><td>存在的问题</td><td colspan="5"></td></tr>
<tr><td>改进的措施</td><td colspan="5"></td></tr>
<tr><td>被了解人意见</td><td colspan="3"></td><td>签名</td><td colspan="2"></td></tr>
</table>

能力评价

一、自我评价

学生填写“了解客户”能力学生自我评价表，如表 7-4 所示。

表 7-4 “了解客户”能力学生自我评价表

<table>
<tr><td colspan="2" rowspan="2">主要内容</td><td colspan="4">自我评价等级（在符合的情况下面画“√”）</td></tr>
<tr><td>全都做到了</td><td>大部分做到了</td><td>基本做到了</td><td>没做到</td></tr>
<tr><td colspan="2">用心观察，认真总结，全面了解客户</td><td></td><td></td><td></td><td></td></tr>
<tr><td colspan="2">掌握客户特点、运用有效途径与客户沟通</td><td></td><td></td><td></td><td></td></tr>
<tr><td colspan="2">能协调客户与上司之间的关系</td><td></td><td></td><td></td><td></td></tr>
<tr><td colspan="2">在小组活动中积极主动，协作性强</td><td></td><td></td><td></td><td></td></tr>
<tr><td rowspan="4">自检评价</td><td>我的优势</td><td colspan="4"></td></tr>
<tr><td>我的劣势</td><td colspan="4"></td></tr>
<tr><td>我的努力目标</td><td colspan="4"></td></tr>
<tr><td>我的具体措施</td><td colspan="4"></td></tr>
</table>

二、小组评价

组长填写“了解客户”能力小组评价表，如表 7-5 所示。

表 7-5 “了解客户”能力小组评价表

<table>
<tr><td rowspan="2">主要内容</td><td colspan="4">小组评价等级（在符合的情况下面画“√”）</td></tr>
<tr><td>全都做到了</td><td>大部分做到了</td><td>基本做到了</td><td>没做到</td></tr>
<tr><td>用心观察，认真总结，全面了解客户</td><td></td><td></td><td></td><td></td></tr>
<tr><td>掌握客户特点、运用有效途径与客户沟通</td><td></td><td></td><td></td><td></td></tr>
<tr><td>能协调客户与上司之间的关系</td><td></td><td></td><td></td><td></td></tr>
<tr><td>在小组活动中积极主动，协作性强</td><td></td><td></td><td></td><td></td></tr>
<tr><td colspan="5">建议：

组长签名：　　　　　　　　　　　　　　　　　　　　年　月　日</td></tr>
</table>

三、教师评价

教师填写“了解客户”能力教师评价表，如表 7-6 所示。

表 7-6 “了解客户”能力教师评价表

评价等级	评价标准	备注
优秀	① 牢固树立了主动了解客户的意识，很好掌握了收集客户信息的途径与方法 ② 在小组活动中非常积极主动，协作性强	
良好	① 较好树立了主动了解客户的意识，掌握了收集客户信息的途径与方法 ② 在小组活动中比较积极主动，协作性较强	
合格	① 树立了主动了解客户的意识，掌握了收集客户信息的途径与方法 ② 在小组活动中基本上积极主动，协作性较强	

职业能力拓展

1）搜集本校五名教师（非本专业的任课教师）的信息，填写教师调查表，如表 7-7 所示。

表 7-7　教师调查表

姓名	性别	工作职务	联系电话	毕业院校	工作年限	工作信条

2）搜集尽可能多的与本专业相关的企业信息，了解其单位的基本情况及用人标准，为今后自己的实习奠定基础（信息要属实，有待于班级同学进行交流，同时可以责成组长把所获得的信息反馈给实习分配处）。填写企业信息表，如表 7-8 所示。

表 7-8　企业信息表

企业名称	行业所属	联系人	联系方式	招工条件	招聘时间	沟通途径

任务二　适度关心

任务目标

1）能主动与客户沟通，并给予客户足够的关注。

2）能友善地对待客户，充分尊重客户。

3）能有效回应客户需求及感受，给予客户适度的关心。

任务描述

一天，小鹿因工作关系留宿南湖酒店。正好她的同学张丽是该酒店餐饮部李经理的秘书。小鹿办完公事想去跟张丽打个招呼的时候正赶上她垂头丧气，一问才知道是因为怠慢一位相貌平平、衣着简朴的客人让公司失去了一单很大的生意而受到经理的批评。这件事让张丽意识到对客户的尊重和足够的关心非常重要，对小鹿的触动也很大。

任务分析

许多客户对公司的第一印象就是来自秘书的态度，他们往往把秘书对他们的态度当作公司领导对他们的态度。因此，秘书作为公司的代言人，

名人名言

太阳能比风更快地脱下你的大衣；仁厚、友善的方式比任何暴力更容易改变别人的心意。

——卡耐基

在与客户交往的过程中一定要牢记两条原则：一是热情，二是礼貌。同时，为了公司的长远发展，秘书要对公司的客户给予足够的关注、尊重和适度的关心。

相关知识

一、热情礼貌、友善对待客户

无论客户打电话还是直接上门，秘书都要注意用语，热情接待。“敬人者，人敬之。”人与人之间是平等的，只有首先尊敬别人，才能得到别人的尊敬，也只有这样才能获得与他人进一步沟通、交流的机会。秘书在接待客户的过程中，要多尊重他人的意见，要学会多问征求性的话语，如“好吗？”“您看行吗？”“您觉得行吗？”等，特别是在接待那些不速之客的时候，如果秘书这样问对方：“您找我有什么事吗？”对方会产生一种被盘问的感受。如果对方心眼多、计较，还会认为你看不起他。因此，在接待那些不速之客时应该用这样的口气问对方：“我能帮您什么忙吗？”“如果你不嫌弃的话……”总而言之，要让客户觉得面对的是一个非常有礼貌的人，这样他们才会愿意与你交往，乐意合作。当然，如果来访的客人是上司的深交，秘书可以不必那么客套，给他沏一杯茶，简单问候几句就可以了；如果过分热情，反而会让对方反感。

二、关注客户的情绪，培养和谐的客户关系

作为秘书，要想与客户进行良好的沟通，进一步开展工作，就必须注重培养与客户的和谐关系，这就要求秘书关心、重视客户，关注客户的情绪。作为秘书，每天可能要接待一个或数个客户，来访的客户目的各有不同，有的是主动预约的，有的是被预约的，有的是无预约的，这些来访客户的性格、情绪、说话、办事风格也是迥然不同的。因此，秘书要学会察言观色，在客户焦急的时候，要学会急客户之所急；在客户感到伤心或情绪低落的时候，要给予客户必要的安慰与关心，体现出你的同情心；在客户心情舒畅、情绪高涨的时候，要给予客户适度的赞美，满足客户的优越感。

三、诚心诚意地关心客户

每个客户都是企业的“上帝”，如果业务谈完之后就把客户忘掉，等到有需要时再去找对方，那么对方肯定不愿意再次合作，因为他们会觉得你是一个薄情寡义之人。秘书应该定期或不定期地与重要的客户联络和交流，给予其适度的关心，如电话问候、信件祝贺、登门拜访等。一般关于问候和联系的时间可根据自己平时对客户的了解和需要而定。如果秘书能够培养和维持客户对企业的好感，就等于是给企业积累了一大笔财富。

相关链接

一、尊重来访客户

1）尊重来访客户的个性特点。例如，在接待专家、学者、各界知名人士、企业家时，

要在沟通上体现对他们各自特点的尊重，他们有知识、有专长、有名气，在与他们“沟通”时，要尽量多地了解他们的专长，要表现出对专业知识、专业人才的尊重、敬仰。另外，尊重他们的生活个性，给他们充分的自由空间。

2）尊重来访客户的民族风俗习惯。秘书在接待来访客户时，要特别注重了解来访者的风俗习惯和饮食禁忌，在沟通过程中，要体现尊重客户的民族风俗特性。对于外宾的宗教禁忌、数字禁忌、语言禁忌等要在外宾到来之前了解清楚。例如，在机场迎接外宾时需要考虑所选的花卉是否符合外宾的习俗；为外宾安排饮食时需要考虑外宾的饮食禁忌，如外国人一般不吃动物内脏、头、脚等；在与外宾交谈时不要涉及年纪、收入等隐私问题。

二、遵守承诺

秘书一定要去拜访约见的人，因为是约见，相当于自己给对方一个承诺，所以一定要去。要实现这一承诺，远没有想象得那么简单，这其中有一些细节问题值得注意。

1. 再次确认

在出发之前或者前一天下班前要再次联系对方，确定对方的时间安排没有变化。有时候，对方可能非常忙碌，从而会把约会的事疏漏。因此，秘书应提前再次打电话确定对方的时间安排，一来能起到避免尴尬的作用，二来不至于因对方的变化而打乱自己的计划。

2. 慎重检查

出发前一定要检查东西是否带齐。资料、文件、名片、礼物、证件等，从内容数量再次确认，避免临时要用却找不到的尴尬。一旦有遗漏，就可能会造成难以挽回的损失。

3. 准时赴约

如果约见地点在对方的办公室，要准时到达，太早到达可能会打扰对方的工作进程；见面后如果对方正在忙，要安静地等待，等待中不要走来走去。如果约见地点在办公室以外的地方，要提前几分钟到达，以表示重视和礼貌。

4. 不要迟到

如果因为客观原因要晚到，一定要给对方一个电话道歉，并说明晚到的时间，方便对方安排工作。如果因故确实不能赴约，要提前打电话给对方，说明原因并道歉，求得对方的谅解，并约好下次见面的时间。

拓展与提高

一、发现客户需求，给予及时关注，适度表达关心

人的需求具有多维性、周期性、发展性等特性，即需求是有层次的，是可发展和转移的。作为秘书，了解人的需求层次有助于你判断客户有哪些需求，该采取哪些方式及给予怎样的关心。

美国心理学家亚伯拉罕•马斯洛（Abraham Maslow）认为，人的需求从高到低分为七

个层次，如表 7-9 所示。

表 7-9　人的需求层次

需求层次	含义
自我实现的需求	是指人们对实现自我人生价值、实现自己志向与理想、展示与显露自我潜力的追求
审美需求	是指人们对一切美好事物的追求。人们追求美好的形象；追求美好的环境；追求和谐、匀称与健美的外表；亦会产生对一切真、善、美的内涵的需求
认知需求	是人们对探索秘密、了解环境与事物发展变化规律，从而使自己更聪明，更具有智慧的需求
尊重需求	是指人们都有自我尊重与被人尊重的需求。人们需要得到别人的重视与敬佩，因此人们对权势、名利、地位、成功与自信产生需求。这是人们在精神方面的追求
社交需求	社交需求也称归属与爱的需要，是指人们有爱他人与被他人爱的需求，即人们有进行情感交流的需求。人们有与他人进行交往、参与各种社交活动、加入各种人群社团并被人接受与包容的需求。这是一种人们追求精神归属感的心理需求
安全需求	是指人对保护人身安全与心理安全的需求。当人们的生存得到保证后，人们又开始对良好的社会治安、有效的自我保护措施有需求；对能够消除疾病、获得健康长寿的物质与措施感兴趣；对能消除后顾之忧有需求
生理需求	是人的最低层、最基本的需求，是人们为了自己生存与发展的需要而对衣、食、住、行等物质产生的需求

二、礼品规范

赠送礼物给他人是联络感情的重要方式之一，已成为商业交往活动中的一项重要内容。赠送礼品作为一种文化现象，有其约定俗成的规矩。秘书受上司之托代表上司或企业送礼给对方，通常要注意以下几点。

1）除非上司特别叮嘱，否则不必赠送太昂贵的礼物。送给对方的礼物应该符合对方的身价，符合我们所求的价值。

2）赠送的礼物应恰如其分，适合对方。

3）赠送的礼物应去掉包装上的标价，为郑重其事，礼物应用精美的包装纸包装，以显示礼物的珍贵。

4）委托他人送礼时应在礼物外包装上附上赠送者的名片或亲笔便条。

5）鲜花、食品、化妆品、生活用品及一些寓意深刻的小玩意儿是最普遍的礼物。

6）赠送礼物应该注意场合和时间。

7）赠送礼物是互惠行动，如果曾经收受过对方的礼品，那么也应回赠价值相当的礼品。

案例分析

吉姆·史密斯（Jim Simth）的公司与同在佛罗里达的巴纳特银行之间的业务关系已经有很多年了，公司的存款在不断地增加，但巴纳特银行的管理层并没有在意这个客户。没有任何人给吉姆打过电话，没有任何人拜会过他，也没有任何人关心过他。

最近吉姆和助手去当地的巴纳特支行办理一笔大宗的电传转账。三名银行办事人员正在桌子前忙碌地接待客户。第四个经理模样的人正在起劲地打着电话，很明显那是一个私人电话。被激怒的吉姆来到了那个经理模样的人面前，那个人还握着话筒，面无表情地要求吉姆签到等待。吉姆说："我们来不是签到的，我们是来把我们存在这里的 180 万美元取走的!”四名银行职员立刻恭敬起来，但是太晚了。后来，巴纳特银行来了一封信，要求吉姆再给他们一次机会。但是仍没有人给吉姆打过电话，也没有人去拜会他，甚至没有人在意他。

（资料来源：根据相关资料整理得到。）

分析：

1）巴纳特银行为什么会失去像吉姆这样的大客户？

2）如果你是巴纳特银行的管理人员或秘书，你会如何进行补救？

完成任务

1）请你通过自己的行动认真填写“适度关心客户”任务表（表 7-10），并在填写完成表格的基础上概括总结自己的心得体会。

表 7-10　“适度关心客户”任务表

被关心的人	主要节日、时间、表达方式							对方情感反应
你的父母	节日	生日	元旦	五一	十一	所在行业节日	特殊节日	
	时间							
	表达方式							
你的班主任	节日	生日	元旦	五一	十一	所在行业节日	特殊节日	
	时间							
	表达方式							
你最要好的同学	节日	生日	元旦	五一	十一	所在行业节日	特殊节日	
	时间							
	表达方式							
你实习过的部门相关人员	节日	生日	元旦	五一	十一	所在行业节日	特殊节日	
	时间							
	表达方式							

通过关心别人，我的心得体会：____________________________________

2）完成以上任务后填写完成任务反馈表，如表 7-11 所示。

表 7-11　完成任务反馈表

项目		内容				
沟通前的准备	目的					
	态度					
	策略					
沟通中的表现	沟通次数		沟通地点	①	②	③
	遇到的困难					
	解决的办法					
	最后的结果					

续表

项目		内容		
沟通后的反思	得到的收获			
	存在的问题			
	改进的措施			
被关心人意见			签名	

能力评价

一、自我评价

学生填写“适度关心客户”能力自我评价表，如表 7-12 所示。

表 7-12 “适度关心客户”能力自我评价表

主要内容		自我评价等级（在符合的情况下面画“√”）			
		全都做到了	大部分做到了	基本做到了	没做到
能主动对客户进行关心性的沟通					
能细心观察客户，给予足够关注					
能友善对待客户，尊重客户					
能通过不同的方式体现对客户的关心					
在小组活动中积极主动，协作性强					
自检评价	我的优势				
	我的劣势				
	我的努力目标				
	我的具体措施				

二、小组评价

组长填写“适度关心客户”能力小组评价表，如表 7-13 所示。

表 7-13 “适度关心客户”能力小组评价表

主要内容	小组评价等级（在符合的情况下面画“√”）			
	全都做到了	大部分做到了	基本做到了	没做到
能主动对客户进行关心性的沟通				
能细心观察客户，给予足够关注				
能友善对待客户，尊重客户				
能通过不同的方式体现对客户的关心				
在小组活动中积极主动，协作性强				
建议：				
组长签名：				年　月　日

三、教师评价

教师填写“适度关心客户”能力教师评价表，如表 7-14 所示。

表 7-14　“适度关心客户”能力教师评价表

评价等级	评价标准	备注
优秀	① 能够主动对客户进行关心性的沟通，熟练掌握了关心客户的方式和方法 ② 在小组活动中非常积极主动，协作性强	
良好	① 能够主动对客户进行关心性的沟通，较好掌握了关心客户的方式和方法 ② 在小组活动中比较积极主动，协作性较强	
合格	① 能够主动对客户进行关心性的沟通，基本掌握了关心客户的方式和方法 ② 在小组活动中基本上积极主动，协作性较强	

职业能力拓展

请你用不同的方式来关心你身边的 10 个人，记录关心的时间、方式及对方的回应态度，并在班内进行相互交流。

任务三　提供帮助

名人名言

帮助他人的同时也帮助了自己。

——拉夫尔•瓦尔多•爱默生

任务目标

1）能熟悉提供帮助的环节。

2）能掌握和运用语言表达技巧。

3）能为他人提供帮助。

任务描述

一位老人到小鹿所在公司下属的酒店预订了两桌酒席，但由于预订人员的工作疏忽，老人预订的座位让他人占用了。小鹿知道此事后，马上查看了当天酒席预订的情况，及时向老人一家道歉，并提供一间大包间，为其消费打了八折。老人非常满意，当场把儿子结婚的酒席也预订在了本酒店。通过此事，小鹿更加坚定地认为帮助别人的同时其实就是在帮助自己。

任务分析

秘书在了解客户的现状和问题后，通过超值服务为其提供帮助，同时留住了客户的心。对客户而言，超值服务可以增加商品的附加值，提高自己的满足感。更好地为客户提供帮助，一般包括事先做足“功课”、确认客户需求、积极做出回应、提供专业帮助和服务及时跟进五个环节。

相关知识

一、事先做足“功课”

与客户进行沟通时，应事先做足功课。根据与客户沟通过程不同阶段的具体目标，有针对性地提供帮助。要弄清顾客需求，进行信息的选择、为实现目标设立问题、准备所需要的资料及保持积极热情的心态。例如，沟通的目的是什么，沟通的内容有哪些，你希望达到怎样的结果，对方可能希望达到的结果，沟通时怎样表达和倾听，沟通时要注意哪些问题等。

作为一名秘书，最核心的素质是亲和力和专业性。亲和力不是天生就有的，而是通过长期、用心、认真的锻炼得到的。秘书要随时保持“微笑着”的心态，不要给自己找任何理由逃避，通过话语中的语气、声调和重音等，使客户感到你的微笑和真诚，从而有效地传递感情。要想为客户提供帮助，秘书就必须非常熟悉业务。沟通前，秘书要对客户资料有一定了解，有针对性地设计问题，并对沟通中可能发生的事情进行合理的、符合常规的设想。准备客户基本资料和公司资料，制作工作帮助表，以便随时找到相关资料，迅速回答客户的问题。

二、确认客户需求

秘书要在沟通中了解客户的现状和需求，认真做好记录，记录每一次沟通过程，将与客户的每一次接触尽量详尽地记录下来（包括电话追踪、多次来访情况），以便掌握客户情况，尤其要询问客户的现状和潜在需求，想办法满足客户特定的利益。确认需求的方法包括陈述、介绍、询问和倾听。陈述时要注意答话及时，语速正常，保持轻松、自然，多用日常用语，少用专用名词，注意内容简明扼要，表达清晰易懂，切忌夸夸其谈或过分卖弄文采，那样反而会引起客户的反感。

三、及时、积极回应客户

秘书应该及时积极回应客户，这样客户就可以感受到你们公司细致的服务，满意度自然提高，从而成为你们公司的忠诚客户。当客户提出某项要求，而你没有能力为他解决问题时，不要轻易说不，而要积极帮他寻找解决问题的方法。例如，你可以告诉他：“没问题，虽然我们没有这项业务，但我知道哪些企业有，我会尽量为您提供他们的名称和电话，如果还没有办法，请打电话给我，我会再帮您想办法的。”如果你不知道哪家公司能提供客户要求的服务，就对他说：“我不知道，但让我查一查，我会免费为您找些名单。”客户看到你这么为他着想，心里肯定会感到受重视，以后需要合作伙伴的时候肯定就会想到你。

四、提供专业帮助

提出符合既定要求的建议，为客户的问题提供几种解决方案，让客户选择，并实现所提出的建议。若客户反对所提建议，则应主动询问与了解客户所需要的信息和希望提供的帮助，表现出我们的关心。这样才能获得客户的信赖与好感，促进双方关系的进一步发展。在这个过程中，让客户折服于我们的专业与敬业。答应客户的事情一定要多费心思，尽量去完成，无论事情大小，都不要等客户下次问起的时候才想起去做。相反，每次见面的时候要先提起上次答应的事情，每次走的时候也可以问问客户需不需要帮助，这样一来一往就可以建立起和谐友好的关系网络。

五、及时跟进服务

意见达成后，秘书应采取积极的态度，按既定措施处理，为客户提供规范化的一流服务和帮助。如果发生变化，要及时与客户进行沟通，根据实际情况联系相关部门，督察服务开展情况，并在规定时间内进行回访，询问客户对服务的满意程度。

相关链接

在为客户提供专业水准的个性化服务与帮助时，语言表达技巧是一门大学问。秘书对语言表达技巧的熟练掌握和娴熟运用，可以在整个与客户沟通的过程中体现出最佳的企业形象。每天早上一上班，当你坐在座位上，接听到客户的来电时，你的语言应该立刻从“生活随意型”转到“专业型”。你在家人、朋友面前可以不需考虑而随意表现个人的性格特点，但在工作环境中必须养成适当的修辞与发音的习惯来体现自己的专业性和逻辑性。方言中有一些表达方式，如“一塌糊涂”“不会啦”等，不应带到普通话的规范表达中。不同的语言表达方式会使客户产生不同的感觉。客户是非常“敏感”的，运用正确的专业术语不仅能够有效地向客户讲明观点，还能够树立自己的专业形象，从而影响客户与你及你所代表的企业的关系。

一、选择积极的用词与方式

在保持一个积极的态度时，沟通用语应当尽量选择体现正面意思的词语。例如，一个客户就产品的一个问题多次求教于你，你想表达让客户真正解决问题的意思，于是你说“我不想再让您重蹈覆辙”，提到这个倒霉的“覆辙”可能会让对方感到不快，如果改为“我这次有信心让这个问题不再发生”就要顺耳得多。再如，你想给客户以信心，于是说“这不比上次那个问题差”，按照上面的思路，你应当换为“这次比上次的情况好”；即使客户真的有麻烦，你也不必说“你的问题确实严重”，而应该改为“这次的情况与往常有点不相同”。

二、善用“我”代替“你”

在习惯用语与专业表达对照表（表 7-15）中学习用“我”代替“你”。

表 7-15 习惯用语与专业表达对照表

不同情境	习惯用语	专业表达
指出客户的问题	你错了，不是那样的	对不起我没说清楚，但我想它运转的方式有些不同
	你做的不正确	我得到了不同的结果。让我们一起来看看到底怎么回事
	听着，那没有坏，所有系统都是那样工作的	那表明系统是正常工作的。让我们一起来看看到底哪里有问题
向客户提出要求	你必须……	我们要为你那样做，这是我们要求的
	注意，你必须今天做好	如果您今天能完成，我会非常感激
	当然你会收到，但你必须把姓名和地址给我	当然我会立即发送给你一个，我能知道你的姓名和地址吗
帮客户解决问题	如果你需要我的帮助，你必须……	我愿意帮助你，但首先我需要……
	你没有弄明白，这次听好了	也许我说得不够清楚，请允许我再解释一遍

三、在客户面前维护企业和领导的形象

如果有客户的电话转到你这里，抱怨他在前一个部门所受的待遇，你已经不止一次听到这类抱怨了。为了表示对客户的理解，不应该这样说："你说得不错，这个部门表现很差劲。"适当的表达方式是"我完全理解您的苦衷"。当你有可能替客户想一些办法时，与其说"我试试看吧"，为什么不更积极地说"我一定尽力而为"。如果客户找错了人，不要说"对不起，这事我不管"，换一种方式："有专人负责，我帮您转过去"。当然，你还必须协助上司处理好与客户的沟通，当上司对此有所疏忽和处理不当时，你应该迅速给予适当的弥补，始终保持企业领导与客户之间的有效沟通。

拓展与提高

秘书为客户提供帮助要以客户为中心，以客户满意为宗旨，并与客户建立稳固的关系，以便以后更好地开展工作。

一、日常帮助，就像那些客服售后一样替客户着想

秘书与客户合作目的是追求双赢，特别是要让客户也能漂亮地向上司交差。你是为你的公司做事，希望自己做出业绩；对方也是为其单位做事，他也希望自己的事情办得漂亮。因此，不要提供给客户没有用或他不需要的东西，尽量为客户着想，不要让客户做多余的投入，这样客户也会节省你的投入。

二、危机帮助，就是出问题时候的沟通

当客户有为难之处时，一定要体谅对方，要善于引导和控制客户的情绪并做到不露声色。如果让客户为难，你要马上停止你的要求，询问对方需要怎样的帮助，并为对方做你力所能及的事情。你的善解人意会让对方觉得很感动，下次有机会对方就不会忘记补偿你。

三、升级帮助，相当于开发旧客户，增强合作关系

开发新客户的重要自然不言而喻，但是，与老客户保持联系也能为你带来无尽的收获。曾经使用你的产品的人，虽然已不再列入现有客户名单中，但很有可能还会和你有业务往来，值得保持联络。如果秘书能对客户进行资料收集与分析，针对有潜力的客户提供一对一服务，加强彼此的关系，维护老客户，开发新客户，根据客户的不同期望值进行定期回访，定期进行新产品的推介，就能够创造新的利润和价值，因为这些新产品、新服务最终的买家是原有的旧客户群体。由此可见，秘书对旧客户提供优质的服务和帮助是非常重要的。

案例分析

某省自然资源丰富，但由于历史的原因，其社会经济基础相当薄弱。改革开放后，该省筑巢引凤，广交天下朋友，共同开发丰富宝藏。一次，一位华侨企业家来此地拜访，省接待部门的秘书小琳积极、认真地做好领导的助手，提前做好接待预案，热情接待来访华侨，尽最大努力为其提供工作和生活上的方便，并

且不失时机地向来宾介绍该省丰富的自然资源和发展潜力；同时坦率地说明由于缺乏资金，宝藏仍沉睡地下，未能产生应有的效益，如果能引入资金共同开发本地资源，彼此都将获利受益。当得知华侨有投资意向时，小琳根据来宾情况主动帮助穿针引线，促进该省有关部门、单位与来宾的联系，增加了来宾与各职能部门的相互了解，增进了合作意向，增强了来宾在该省投资的决心，仅一个铝厂项目投资便达27亿元，一个化肥总厂项目也投资7.5亿元。

（资料来源：佚名，2011．秘书办事案例[EB/OL].（2011-08-17）［2021-02-22］. https://wenku.baidu.com/view/0d02e0a9d1f34693daef3eea.html.）

分析：

1）请分析，促使该华侨企业家做出投资决定的因素有哪些？

2）请你为该华侨企业家的来访活动制订一份接待预案。

完成任务

1）你的一名同学数学/英语/专业课的学习存在一定困难，而这正好是你的强项，这名同学想请你帮他提升一下，为了使你的帮助更具有针对性，需要具体地了解这名同学的实际需求。就学业提升计划做个小调查，并填写学业提升计划调查表，如表7-16所示。

表7-16　学业提升计划调查表

同学姓名			需要提升的学科		调查者	
简述目前状态	存在的主要问题	想要达到的目标	自己能做到什么	希望得到哪些帮助	时间安排	方式方法
	1.	1.	1.	1.	1.	1.
	2.	2.	2.	2.	2.	2.
	3.	3.	3.	3.	3.	3.
	……	……	……	……	……	……

2）完成以上任务后填写完成任务反馈表，如表7-17所示。

表7-17　完成任务反馈表

项目		内容		
沟通前的准备	目的			
	态度			
	策略			
沟通中的表现	沟通次数		沟通地点	①　　②　　③
	遇到的困难			
	解决的办法			
	最后的结果			
沟通后的反思	得到的收获			
	存在的问题			
	改进的措施			
指导老师意见			签名	

能力评价

一、学生评价

学生填写“提供帮助”能力自我评价表，如表 7-18 所示。

表 7-18 “提供帮助”能力自我评价表

主要内容		自我评价等级（在符合的情况下面画“√”）			
		全都做到了	大部分做到了	基本做到了	没做到
积极准备相关资料					
友善的问候和自我介绍					
对相关的人或物做简明扼要的说明					
及时响应对方提出的问题、要求					
热情征询对方的意见，确认与对方交流的可行性					
协助工作完成后，及时将完成情况反馈给对方					
由衷地微笑、礼貌而有吸引力的声音					
自检评价	我的优势				
	我的劣势				
	我的努力目标				
	我的具体措施				

二、小组评价

组长填写“提供帮助”能力小组评价表，如表 7-19 所示。

表 7-19 “提供帮助”能力小组评价表

主要内容	评价等级（在符合的情况下面画“√”）			
	全都做到了	大部分做到了	基本做到了	没做到
经常主动询问客户是否需要帮助				
当客户提出合理要求或问题时，及时回应				
尽快提供帮助，解决问题的时间远低于预期时间				
协助工作完成后，及时将完成情况反馈给客户				
建议：				
组长签名：				年　月　日

三、教师评价

教师填写“提供帮助”能力教师评价表，如表 7-20 所示。

表 7-20 “提供帮助”能力教师评价表

评价等级	评价标准	备注
优秀	① 牢固树立了与客户沟通时提供帮助的意识，很好掌握了提供帮助的方法 ② 在小组活动中非常积极主动，协作性强	

续表

评价等级	评价标准	备注
良好	① 较好树立了与客户沟通时提供帮助的意识，掌握了提供帮助的方法 ② 在小组活动中比较积极主动，协作性强	
合格	① 树立了与客户沟通时提供帮助的意识，掌握了提供帮助的方法 ② 在小组活动中基本上积极主动，协作性较强	

职业能力拓展

有一位朋友打电话给你，他将于国庆期间来京，想请你帮助他在你家附近寻找合适的宾馆预订一个房间，请你根据所学知识，制作一张预案调查表，并为朋友提供帮助。

任务四 保持关系

名人名言

对众人一视同仁，对少数人推心置腹，对任何人不要亏负。

——威廉·莎士比亚

任务目标

1）能把握与客户保持关系的原则。

2）能运用有效策略和方法与客户保持关系。

任务描述

小鹿对秘书工作的理解越来越深刻，工作起来也越发得心应手，不仅与单位内部的关系非常融洽，而且得到了客户的好评。每到节假日，她都不忘问候和祝福客户，公司如果有新产品或优惠让利的活动，她更是主动地告知客户。她深知与客户保持密切与长久的关系是秘书工作的重要组成部分。

任务分析

维护并保持客户群是秘书工作的组成部分。从公共关系的角度来看，和客户建立并保持关系是很划算的，如果和一家公司有个人关系，有些客户甚至宁愿花更多的钱来购买你的产品或服务。完成与客户保持关系的任务，首先要遵循“诚”“信”原则，对保持关系有正确的认识和态度，其次还需要运用有效策略和方法与客户保持关系。

相关知识

一、遵循“诚”“信”原则

1．“诚”的原则

秘书要想保持客户长期的忠诚度，就必须使产品与服务符合客户的要求，然后通过以下几种方法来培养客户忠诚度以设法保持客户。第一，要尊重客户。每个人都需要尊重，都需要获得别人的认同。对于客户给予的合作，我们一定要心怀感激，并对客户表达你的感谢，多说“请”或“谢谢”，而且一定要真诚。你的礼貌是否发自内心，别人一清二楚。有礼貌的举止行为，让客户在公司同事面前觉得有面子，他也会感到很高兴。第二，要真诚赞美。林肯曾经说过，“每一个人都喜欢被赞美”，每当你看到客户所做的事或所得到的成就时就要真诚而坦率地赞美。只要你的赞美是发自内心的，别人就会对你产生好感，会增加对你的满意度。第三，要宽容大度。对于客户的失误甚至过错，要表现出你的宽容，而不是责备，同时立即共同研究探讨，找出补救和解决的方案。这样，你的客户会从心底里感激你。第四，要说到做到。向客户保证或承诺的事情，要言出必行、说到做到，如果弄虚作假、言过其实，就会给客户造成很大的失落感，会伤害客户的感情。

秘书在与客户的接触与沟通过程中，要让客户感觉到是诚心为他们做事，是站在他们的角度思考问题，又能超出他们的专业范畴的，同时做到言必信，行必果，绝不对顾客食言，那还有谁会拒绝呢？

2. “信”的原则

“商道即人道”这句话告诉我们，信任是建立友好关系的基础。没有这个基础，任何说教都不会取得理想的效果。若不能恪守信用，则其他任何努力都将无济于事。一个信守原则的人最能赢得客户的尊重和信任，因为满足一种需要并不是无条件的，而必须是在坚持一定原则下的满足。所以只有这样，客户才有理由相信你对他同样遵守了一定的原则，他们才能放心地与你合作和交往。同样一个有利于客户发展的建议或方案，如果客户相信你，他就容易接受；相反，如果客户不相信你，他就较难接受。一个诚实、守信、守时的人往往容易获得他人的信任。

要想与客户建立并保持良好的关系，首先要从态度上来解决，把客户当成终生的合作伙伴来看待，精心经营这些关系。沟通时不掺杂任何的功利性，以真诚的心态与客户交往，建立长期的友好关系，而不是单纯的利益关系；否则，对方就会觉得你动机不纯或者太做作。应该使用不同的态度来看待沟通，对感情的沟通要随缘，对生意的沟通要用心。只要你在沟通时善解人意，为对方着想，努力取悦对方，双方就一定会保持长久的关系。

二、保持关系的策略

1. 建立客户档案

如果有条件，要对重要的商业客户分别建立档案；针对很久未进行来往的客户，也应该建立一个完整的资料档案。一份全面的客户资料应该包括客户基础资料、信用资料、经营资料及客户动态变化情况及分析。客户资料要做到时时更新，保证客户资料的价值，以便你在实际交往中能够有重点地予以关注。定期打电话给他们，但要注意不要过分打扰对方，也不要表现得不够专业；保持平静、友善的态度，更要表现出专业的能力。如果客户目前没有需求的意思，那么一两个月之后再去查询一下。

2. 关注客户需求

与客户保持关系的一个要素是关注客户的需要和喜好，为其提供优质的服务或产品，并努力争取超过客户的期望值。如果你对客户的兴趣爱好、愿望需求保持持续跟进，就会找到与其保持交往的方式。与客户建立起连接点，并保持对他的跟进，就如同在你和客户之间点燃了一盏灯，这盏灯照亮了你在客户心中的位置。许多时候，你不能只关注收益的增长，而应建立一个好的基准，目标是为客户能做得更好，超越这个基准，客户会变为永久的客户。

3. 传递有用的信息

跟客户保持关系良好的方法之一，就是把一些对客户有用的信息传递过去。如果你的信息对于客户是有用的，他自然觉得你是个可交的朋友。另外，自己公司有什么最新的优惠政策，要第一时间通知客户，平时也要定时给客户打电话，如果有客户居住在附近，记得花点时间去拜访一下。

4. 保持经常性的联络

很多情况下，秘书会在有业务时与客户保持较为密切的联系，而一旦客户购买产品或服务之后，这种联系就会明显减少甚至终止，这样不利于客户忠诚的建立。只有经常地与客户保持联络，才能了解他们的真实想法，更好地为他们服务，尽快使自己与他们从客户关系转化为朋友关系。现在的沟通工具也比较多，如微信、QQ、电话、电子邮件等。你可以根据客户的重要程度，在合适的时机（节日、纪念日等）通过不同方式与客户进行联系，重要客户采用电话沟通（或者多种方式都使用），一般客户则采用电子邮件或短信的形式保持联系。通过微信、QQ可以经常性地和客户保持联系，及时了解他们的需求；通过电话可以了解客户的意愿。同时，可以借客户的一些活动去走访，表示对他们的工作很感兴趣，甚至帮他们想一些促销的办法，提供一些竞争品牌的动向，在帮助他人的同时可以学习很多行业的新思路、新方法。

5. 多做些工作之外的事情

在逢年过节的时候，打上一通慰问电话或者发一条祝福的短信给客户；在他们需要某些资料又得不到时，我们帮他们弄到，甚至在他们生活中碰到一些困难时，只要我们得到消息又力所能及，我们就伸以援手。对于重要客户可以进行更多的交流，如偶尔的宴请或聚会，可以打入大多数人的圈子；而一些休闲活动，如高尔夫、保龄球等，可以提供更加放松的环境，加深相互间的了解。针对大量的普通客户可以考虑进行年度活动，既节约了金钱又达到了良好的效果。这样，我们与客户就不再是单纯的合作关系，而成为朋友关系。这样一来，一旦有什么合作，他们就会首先想到我们。

相关链接

在工作中，当一个电话或者一次拜访之后，接下来的跟进工作很关键，就是要不断地和客户保持联系。通常，你可以通过以下几种较为有效的方式与客户保持接触和联系。随着科技的进步，发微信已经成为保持关系的主要手段。

1. 打电话问候

电话是与客户保持接触和联系的主要工具之一。问候电话一般是针对比较熟悉的客户，可以选择以下时机进行问候。首先，在一年结束之际以电话形式问候客户，简单总结过去一年的合作情况，展望未来的愿景，并预祝对方身体健康、全家幸福。其次，在得知对方升迁或效益增长等情况的时候，以电话的形式向对方表示祝贺；在得知客户婚丧嫁娶等消息时也要首先以电话的形式向对方表示祝贺，或者慰问。最后，注意平时的沟通问候，如天气变化，出差办事，身体染病等情况都要给予适当的问候。

2. 群发电子邮件

通过群发电子邮件，可以与所有客户保持一个比较密切的联系，像节日问候、新产品介绍等都可以通过发电子邮件来完成。每两周向客户发送一封电子邮件，这样做的一个好处是不让那些暂时没有需求的客户忘记自己。不过，这样做要注意以下几点。

（1）征求客户的意见

得到客户允许后你才能发电子邮件给客户，提供一些客户最感兴趣的资料，可以加强与客户的关系。

（2）选择内容

邮件内容也很重要，最好是对客户有价值的信息，否则长期持续下去，我们的邮件就会变成垃圾邮件，反倒会损害客户关系。

（3）要体现出个性化

电子邮件群发要体现个性化，要让每个收到电子邮件的客户都认为这个邮件是发给他个人的。比较容易达到这一效果的方法就是电子邮件中对客户的独特称呼，给不同人的邮件用不同的称呼开头。如果公司在客户管理这方面已经有了足够的投入，那做到这一点就不难。通过合并邮件功能可以做到个性化群发邮件，邮件发出后应发条短信向客户确认。

3. 发短信

发短信也是一个比较好的与客户保持长期接触的方法。短信最普遍被应用于节日问候、生日祝福等。但是要注意不要过于频繁发短信问候，问候时机要恰当合适；如果对方是外国人，要考虑其国家的习惯，尊重其宗教信仰和民族风俗。使用短信与客户交流尽量不要进行产品和服务介绍，如果确实需要通过以短信的方式向客户服务，要预先告诉客户。现在中国移动推出针对企业用户的“企信通”服务，可以帮助企业向自己的客户群发短信，效率较高，成本较低，可以保持与客户的长期接触。

4. 询问QQ号码

在印名片的时候尽量把自己的QQ号码印在上面，在打电话或拜访客户的时候也可以顺便问问他有没有QQ号码，一些在电话里或见面不好说的话，通过QQ交流是很方便的。

5. 发微信

微信是近10年来兴起的智能化、多功能社交平台，即时通信+社交+内容的组合让微信成为移动互联网的一个底层应用。如今，微信已经成为社交的主要工具。互加微信，发送图片和文字、进行语音聊天、朋友圈互动等，不仅帮助建立关系，还有利于维护关系。

6. 寄信件/明信片

寄信件/明信片是一种传统的联系方式，以这种方式进行沟通会让人产生一种亲切感。虽然目前不太常用，但是在与客户保持关系中也有着不可估量的作用。寄信件/明信片可以给人以与众不同的感觉，而且可以与电子邮件搭配使用。信函方式主要在两者距离比较远、内容比较多，见面和电话沟通不方便的情况下使用。

7. 邮寄礼品

节假日来临的时候，通过短信和电子邮件向客户问候的方式已非常普遍，除此之外，在条件允许的情况下，最好能给客户寄一些礼品，这是实施情感沟通中必要的一个环节。在一些重要的节日，如圣诞节、元旦、春节、中秋节、重要合作厂商的公司纪念日等，秘书应在征求上司的意见之后，将礼品同贺信及时寄给对方，以维护与客户的友好关系。当然，对方如果是女士，每年的三八妇女节也可以送鲜花表示问候。对方的生日也是一个沟通的好时机，祝贺生日可以把送礼品和发送短信祝贺结合起来。小小的礼品，不一定很昂贵，但会让客户觉得你是真的关心他和在乎他，因此很容易被客户接受。

8. 当面拜会

出于生意或者工作的需要，到对方公司进行拜会是较佳的交流方式。这种拜会不能太多，一年进行两三次拜会即可，最好是双方多搞一些交流活动，如研讨会、座谈会等。作为秘书还应适时提醒上司并为其安排与客户的定期沟通活动，如一起吃饭，与客户建立经常性的沟通，以促进彼此的了解与进一步的合作。

9. 客户联谊

现在很多企业为了更好地为自己的客户服务，成立了自己的客户俱乐部，定期举办各种主题的客户联谊活动，以进一步增强客户关系。这种方式特别适合那些以关系为导向的企业，以及业务地域比较明显的行业，如电信行业、金融行业等。

拓展与提高

在实际工作中，秘书不论采取何种方式与客户保持关系，都应注意以下几点。

一、遵循“做人先于做事，做事必先做人”的主原则

好的人生态度是成功的一半。在为人之道上，我们是信奉“厚黑学”，还是“方圆之说”呢？一个商人讲“商德”并不是挂在嘴巴上的，“商德”不可能凌驾于“人德”之上。秘书不但要尽可能地满足客户的欲望和需求，而且要符合客户和全社会的长远利益，要变“以客户为中心”为“以社会为中心”，将客户、公司与社会利益三者结合起来，能最大限度地实现客户利益、公司利益和社会利益的统一。

二、遵循“小成靠智，大成靠德”的原则

“小成”是“以理服人”的最终结果，而“大成”是“以德服人”的最高境界。因此在社会中，“大成”也是商界或政界所追求的最高理想境界。成功的客户沟通不但要达到理想的沟通目标，而且要注重过程的“以情动之，以理劝之，以德服之”，即古人所云：“百战百胜，非善之善者也！不战而屈人之兵，善之善者也！”

三、方式与技巧应具有综合性

古人云："水无常形，兵无常法。"针对不同的客户群体，秘书在沟通方式和技巧上应既有综合性又有针对性。正如常言道"隔行如隔山"，客户的类型不同，与之相适应的沟通方式也不同，谁也不能肯定地说某种沟通方式比其他的方式要好些。不论是礼貌待客式、技巧推广式，还是个性服务式，三者都有其各自的优势，既不能说个性化的沟通模式是最有效的模式，又不能排斥礼貌待客式或技巧推广式。怎样才能与客户保持长久、稳定的关系，这就要看你在实践中如何运用自己手中的牌了，任何一次成功的沟通都是用汗水和努力换来的，同时离不开谋划与智慧。

四、要切记"三分说法，七分执行"的道理

好的沟通方式和技巧是从实践中不断提炼出来的。在工作中，秘书不仅仅代表个人，更代表领导和公司的形象，在与客户的沟通过程中，秘书要不断地学习和提升，时刻严格要求自己的一言一行，让自己所使用的非语言服务始终与语言服务保持一致，不断提高服务水平，提高客户的满意度，将公司利益、个人利益、客户利益三者有机地结合起来。

案例分析

赵灵是人力资源部李部长的秘书，每天上班后 1～2 个小时是她最忙的时候，电话不断，客人络绎不绝。一天，有一位与李部长预约好的客人提前 20 分钟到达，但李部长正在接待一位重要的客人，赵灵转告客人说："李部长正在接待一位重要的客人，请您等一下，请坐。"正说着电话铃又响了，赵灵匆匆用手指了一下椅子示意客人坐下，然后赶快接电话。此时客人面有不悦。她的同事小周赶紧过来为客人送上一杯水，有礼貌地请对方稍等一会儿，并与客人闲聊了几句，缓解了客人的情绪。

（资料来源：佚名，2013．情景模拟题[EB/OL]．（2013-03-04）[2021-02-12]．https://www.docin.com/p-607531793.html.）

分析：

1）客户为什么会对秘书赵灵产生不悦？后来是如何消除的？

2）请你从与客户保持关系的角度分析赵灵的失误和补救方法。

完成任务

1）教师邀请一位学生不熟悉的学校职工到班上（或者根据自己的生活实际，其他生活场景中遇到的情况也可以），学生结合所学知识进行接待，进行资料的搜集和整理，填写职工资料表，如表 7-21 所示。

表 7-21　职工资料表

姓名		身份		联系方式	
相貌特征					
衣着特点					
言谈举止					
你能了解的其他信息					
你的接待方式					
对方对你的态度					
你打算如何与其保持联系					

2）完成以上任务后填写完成任务反馈表，如表 7-22 所示。

表 7-22 完成任务反馈表

<table>
<tr><th colspan="2">项目</th><th colspan="5">内容</th></tr>
<tr><td rowspan="3">沟通前的准备</td><td>目的</td><td colspan="5"></td></tr>
<tr><td>态度</td><td colspan="5"></td></tr>
<tr><td>策略</td><td colspan="5"></td></tr>
<tr><td rowspan="4">沟通中的表现</td><td>沟通次数</td><td></td><td>沟通地点</td><td>①</td><td>②</td><td>③</td></tr>
<tr><td>遇到的困难</td><td colspan="5"></td></tr>
<tr><td>解决的办法</td><td colspan="5"></td></tr>
<tr><td>最后的结果</td><td colspan="5"></td></tr>
<tr><td rowspan="3">沟通后的反思</td><td>得到的收获</td><td colspan="5"></td></tr>
<tr><td>存在的问题</td><td colspan="5"></td></tr>
<tr><td>改进的措施</td><td colspan="5"></td></tr>
<tr><td>被了解人意见</td><td colspan="3"></td><td>签名</td><td colspan="2"></td></tr>
</table>

能力评价

一、学生评价

学生填写“保持关系”能力自我评价表，如表 7-23 所示。

表 7-23 “保持关系”能力自我评价表

<table>
<tr><th colspan="2" rowspan="2">主要内容</th><th colspan="4">自我评价等级（在符合的情况下面画“√”）</th></tr>
<tr><th>全都做到了</th><th>大部分做到了</th><th>基本做到了</th><th>没做到</th></tr>
<tr><td colspan="2">能遵守诚信原则</td><td></td><td></td><td></td><td></td></tr>
<tr><td colspan="2">会建立客户档案</td><td></td><td></td><td></td><td></td></tr>
<tr><td colspan="2">会关注客户需求</td><td></td><td></td><td></td><td></td></tr>
<tr><td colspan="2">会向客户传递有用的信息</td><td></td><td></td><td></td><td></td></tr>
<tr><td colspan="2">会保持经常性的联络</td><td></td><td></td><td></td><td></td></tr>
<tr><td colspan="2">会多做些工作之外的事情</td><td></td><td></td><td></td><td></td></tr>
<tr><td rowspan="4">自检评价</td><td>我的优势</td><td colspan="4"></td></tr>
<tr><td>我的劣势</td><td colspan="4"></td></tr>
<tr><td>我的努力目标</td><td colspan="4"></td></tr>
<tr><td>我的具体措施</td><td colspan="4"></td></tr>
</table>

二、小组评价

组长填写“保持关系”能力小组评价表，如表 7-24 所示。

表 7-24 “保持关系”能力小组评价表

主要内容	自我评价等级（在符合的情况下面画“√”）			
	全都做到了	大部分做到了	基本做到了	没做到
能遵守诚信原则				
会建立客户档案				
会关注客户需求				
会向客户传递有用信息				
会保持经常性的联络				
会多做些工作之外的事情				
建议：				
组长签名：				年 月 日

三、教师评价

教师填写“保持关系”能力教师评价表给出评价，如表 7-25 所示。

表 7-25 “保持关系”能力教师评价表

评价等级	评价标准	备注
优秀	① 很好掌握了如何保持关系的方法 ② 在小组活动中积极主动，协作性强	
良好	① 较好掌握了如何保持关系的方法 ② 在小组活动中比较积极主动，协作性较强	
合格	① 基本掌握了如何保持关系的方法 ② 在小组活动中基本上积极主动，协作性较强	

职业能力拓展

回忆自己曾经的同学（包括小学和初中）和朋友，尽可能搜集他们的资料并进行整理，选取你认为合适的一两种方式与他们取得联系，填写朋友资料表，如表 7-26 所示。与你的同学相比，谁的朋友更多。

表 7-26 朋友资料表

姓名	性别	身份	特点	爱好	联系方式	联络方法一	联络方法二	联络结果

项目八 特定情境沟通

现代社会，各种高科技的手段拉近了人与人之间的距离，即使远隔天涯，也可以通过现代通信技术近若比邻。在我们在日常沟通活动中，电话和电子邮件是必不可少的。掌握接打电话的技巧，学会收发电子邮件是秘书沟通能力的重要组成部分之一。同时，在参加各种会议和接待媒体过程中运用特定情境沟通技巧，实施有效沟通，也是秘书必备的重要技能之一。

名 人 名 言

人总是要犯错误、受挫折、伤脑筋的，不过决不能停滞不前。

——拉宾德拉纳特·泰戈尔

学习目标

- 掌握接打电话的技巧。
- 学会收发电子邮件。
- 在参加各种会议过程中能实施有效沟通。
- 在接待媒体时能实施有效沟通。

任务一 接 打 电 话

任务目标

1）能接听工作电话。

2）能拨打工作电话。

3）会转达工作电话。

任务描述

自担任总经理秘书后，处理工作电话就成了小鹿每天的重要工作之一，接听、拨打和转达电话非常频繁。小鹿意识到电话沟通的重要性，下决心掌握电话沟通技巧。

任务分析

一个人接听和拨打电话的技巧是否高明，常常会影响他是否能顺利达成本次沟通的目标，甚至也会直接影响企业、公司的对外形象。

名 人 名 言

和蔼可亲的态度是永远的介绍信。

——弗朗西斯·培根

相关知识

一、掌握接听、拨打电话的基本技巧

1. 电话机旁应配备记事本和铅笔

在电话机旁应放置好记事本和铅笔，当他人打来电话时，立刻记录主要事项。如果不预先备妥纸笔，电话打进来时会措手不及，不仅耽误时间，还会搞得自己狼狈不堪。

2. 先整理电话内容，后拨电话

事先把想讲的事逐条逐项地整理记录下来，然后拨电话，边讲边看记录，随时检查是否有遗漏。

3. 态度友好

言为心声，态度的好坏，都会表现在语言之中。接打电话应微笑着讲话，道歉时应低下头。

4. 注意自己的语速和语调

急性子的人听慢话，会觉得断断续续，有气无力，颇为难受；慢吞吞的人听快语，会感到焦躁心烦。因此，讲话速度应视对方情况，灵活掌握。打电话时，适当地提高声调显得富有朝气、明快清脆。

5. 不要随意使用简略语、专用语

将“行销三科”简称“三科”这种企业内部习惯用语，第三者往往无法理解。同样，专用语也仅限于行业内使用，普通顾客不一定知道。另外还要注意，一般情况下不穿插外语单词。

6. 养成复述习惯

为了防止听错电话内容，一定要当场复述。特别是同音不同义的词语及日期、时间、电话号码等数字内容，务必养成听后立刻复述、予以确认的良好习惯。

二、掌握转达电话的技巧

1. 听清楚关键字

代接电话态度一定要热情，先自报姓名，再询问对方“要我转达什么吗?”，当对方不便告知具体事项时，要留下他的姓名、电话及公司的名称。若受委托转告，则应边听顾客讲边复述，认真记录。转达时要说清顾客的姓名、公司名称、电话号码、打来电话的时间及具体内容。

2. 慎重选择理由

通常，被指定接电话的人不在时，原因很多，如因病休息、出差在外、上厕所等。这时，

代接电话的你，应学会应付各种情况。

告诉对方，××不在办公室时，应注意不要让对方产生不必要的联想，特别不能告诉对方××的出差地点，因为其出差所办事情，或许正是不能让对方知晓的商业秘密。

另外，如果领导正在参加重要会议，你突然接到客户的紧急电话，怎么办？这时应正确判断，妥当处理。如果领导有约在先："开会期间，不得打扰。"那转告之类的事，当然不在话下。要想谋求一个两全其美的办法，既不中断会议，又不打扰领导，就要活用纸条。例如，在纸条上写道："××先生电话找您，接电话（ ），不接（ ），请打对钩。"然后悄悄走进会议室，将纸条递给领导，领导一看便知，瞬间即可打对钩。如此这般，既不影响会议，领导又能当场定论，是一种很适合的方法。

相关链接

一、接听电话的程序

接听电话通常要遵循以下程序。

1）听到铃声响两下后拿起电话听筒。

2）自报公司名称及科室名称。

3）确认对方姓名及单位。

4）寒暄问候。

5）商谈有关事项，确认注意事项。

6）礼貌地道别，轻轻地放好电话听筒。

二、拨打电话的程序

拨打电话通常要遵循以下程序。

1）按重要程度整理谈话内容并记录。

2）确认对方的工作单位、姓名及职位。

3）自报公司名称及本人姓名。

4）寒暄问候。

5）商谈有关事项，确认注意事项。

6）礼貌地道别，轻轻地放好电话听筒。

三、手机礼仪

当今社会，手机已成为可以随身携带的重要通信工具，在使用手机时，应注意以下礼仪。

1）手机响了，请在第一时间接听。

2）不要在教室、图书馆、会议室、音乐厅、电影院等公共场所接打手机。

3）正与人谈话时要接手机，请说："对不起，我先接个电话"。

4）接打手机，请使用文明语言"你好""请问""对不起""谢谢""再见"等。

5）根据周围的环境决定自己接打手机的音量。

6）有风度地对待打错电话的人。

7）在进入教室、图书馆、会议室等公共场所时，请关闭手机或将手机设置成振动状态。

8）在医院、乘飞机时请您关机。

9）不要编写和传播不健康的短信。

四、微信使用

目前，微信已经成为工作中最常用的沟通方式之一，但微信使用不当会出现很多问题。在工作场景下使用微信的注意事项如下。

1）称谓恰当、礼貌。称谓要表达清楚接收方的身份，并体现礼貌原则。

2）首句反映主题。在首句中即反映主题，旨在帮助接收方及时高效地读取信息。

3）内容简洁、有条理。内容应与公务有关，且简明扼要，突出要点。尽可能用一条微信容纳全部信息，减少信息往来次数。若需要传递的信息有多项，则宜分点进行阐述。

4）结尾语按需设置。如果是比较重要的事情，可在结尾处注明“收到请回复，谢谢！”。如果没有收到回复，有必要打个电话确认对方是否收到信息。特殊的公务短信或微信，如通知，应使用专用结尾语“特此通知”，以示规范和严谨。

5）署名应明确、勿漏。较为正式和规范的公务短信或微信，结尾处署名更显正规。

6）用语应礼貌、规范、温和。

7）发送时间要恰当。注意在工作时间发送消息，以保证接收方及时处理。早上 8:00 以前、晚上 10:00 以后尽量不要发公务信息，因为信息提醒的响声或震动声会打扰对方休息。

8）妥善处理接收延迟的情况。如果是比较重要的事情，就请对方回复以确认收到，或者在微信发送之后致电对方询问接收情况。

9）不得滥发微信。要做到“四禁止”：禁止发送与公务无关的信息；禁止群发广告或非法信息；禁止对无关人员发送信息；禁止发送涉密信息。

拓展与提高

应对特殊事件的技巧

1. 听不清对方的话语

当听不清楚对方讲话时，应客客气气地反问：“对不起，刚才没有听清楚，请您再说一遍好吗？”

2. 接到打错了的电话

热情友好地处理打错的电话，可使对方对公司抱有初步好感，说不定对方会成为本公司的客户，甚至成为公司的忠诚支持者。

3. 遇到自己不知道的事

遇到自己不知道的事，应尽快理清头绪，了解对方的真实意图， 然后说：“关于某某事，很抱歉，我不清楚，请稍等，我让负责此事的人来接电话。”

4. 接到领导亲友的电话

领导的亲朋好友，打到公司来的电话，你一定要热情对待。因为他们对接电话的你的印象，会在很大的程度上左右领导对你的评价。

5. 接到顾客的索赔电话

接到顾客的索赔电话要洗耳恭听，让客户诉说不满，并耐心等待客户平心静气、怒气消失。其间切忌申辩，应一边肯定顾客话中的合理成分，一边认真琢磨对方发火的根由，找到正确的解决方法，用肺腑之言感动顾客。

案例分析

案例一

一位女士认为腾达公司的乘务员服务态度不好，因此向该公司投诉。接到该顾客的书面投诉后，客户部经理秘书小丽代表公司向她致电。电话接通后，小丽马上报出自己的公司名称、姓名和职务。那位女士的反应十分敏捷，有着极强的语言表达能力，她开始叙述事件的整个过程及其对乘务员的不满。在她说话停顿后，小丽就开始道歉，尽力解释乘务员确实有一些特殊原因导致服务不到位。但是小丽说了很长一段话，对方既没有声音也没有回应。终于，在小丽解释完之后，对方冷冰冰地回应说“我对你的工作很不满意”，而后挂断了电话。

（资料来源：佚名，2021．电话沟通的特点有哪些[EB/OL].（2021-08-10）[2021-01-15]. https://www.qinxue365.com/kczx/440176.html.）

分析：

1）客户不满挂断电话的原因是什么？

2）如果你是小丽，遇到这种情况，你会怎么做呢？

案例二

微信误点误传致泄密

全国“两会”期间，某报社总编室需要将一份涉密文件内容告知正在北京指挥“两会”报道的副总编李某，报社总编办工作人员齐某负责此事。为迅速完成这项工作任务，齐某用手机将文件拍成图片，准备通过微信发给李副总编。在使用计算机登录微信发送图片时，突然弹出一个微信群的窗口，齐某误将图片发到了该微信群。虽然发现后马上“撤回”，但仍有人已保存，最终造成信息外泄。案件发生后，直接责任人员齐某被辞退，报社总编办主任张某停职检查，其他相关领导也受到不同程度的处罚。

（资料来源：佚名，2019．将微信用于涉密办公致泄密，一报社总编被通报批评[EB/OL].（2019-02-17） [2021-05-15]. https://www.sohu.com/a/295250043_410899.）

分析：

1）齐某为什么会犯下泄密的错误？

2）如果这件事交给你来完成，你会怎么做？

完成任务

1）以小组为单位完成任务，组内分角色进行模拟接打电话训练。

① 本部门经理布置工作的电话。

② 本部门同事讨论工作的电话。

③ 向下属分公司通知会议的电话。

④ 接到顾客的索赔电话。

⑤ 用手机接打电话。

2）完成以上任务后填写完成任务反馈表，如表 8-1 所示。

表 8-1　完成任务反馈表

项目		内容			
沟通前的准备	目的				
	态度				
	策略				
沟通中的表现	沟通次数		沟通地点	① ② ③	
	遇到的困难				
	解决的办法				
	最后的结果				
沟通后的反思	得到的收获				
	存在的问题				
	改进的措施				
任课教师意见			签名		

能力评价

一、自我评价

学生填写“电话沟通”能力学生自我评价表，如表 8-2 所示。

表 8-2　“电话沟通”能力学生自我评价表

主要内容		自我评价等级（在符合的情况下面画“√”）			
		全都做到了	大部分做到了	基本做到了	没做到
与上级领导电话沟通					
与本部门同事电话沟通					
与其他部门电话沟通					
与客户电话沟通					
与其下属电话沟通					
手机电话沟通					
在小组活动中积极主动，协作性强					
自检评价	我的优势				
	我的劣势				
	我的努力目标				
	我的具体措施				

二、小组评价

组长填写“电话沟通”能力小组评价表，如表 8-3 所示。

表 8-3　“电话沟通”能力小组评价表

主要内容	小组评价等级（在符合的情况下面画“√”）			
	全都做到了	大部分做到了	基本做到了	没做到
与上级领导电话沟通				
与本部门同事电话沟通				
与其他部门电话沟通				
与客户电话沟通				
与其下属电话沟通				
手机电话沟通				
在小组活动中积极主动，协作性强				
建议：				
组长签名：				年　月　日

三、教师评价

教师填写“电话沟通”能力教师评价表，如表 8-4 所示。

表 8-4　“电话沟通”能力教师评价表

评价等级	评价标准	备注
优秀	① 全面理解接听、拨打、转接电话的知识，很好掌握了电话沟通的方法和技巧 ② 在小组活动中积极主动，协作性强	
良好	① 较好理解接听、拨打、转接电话的知识，掌握了电话沟通的方法和技巧 ② 在小组活动中比较积极主动，协作性较强	
合格	① 基本理解接听、拨打、转接电话的知识，掌握了电话沟通的方法和技巧 ② 在小组活动中基本上积极主动，协作性较强	

职业能力拓展

1）给班主任老师打电话请假。

2）给同学打电话通知学校事项。

3）写出学生使用手机的注意事项。

任务二　收发邮件

任务目标

1）能拟写电子邮件。

2）能收发电子邮件。

3）能管理电子邮件。

名人名言

简洁的语言是智慧的灵魂，冗长的语言是肤浅的藻饰。

——莎士比亚

■ **任务描述**

小鹿任总经理秘书后，每天上班的第一件事就是查阅电子信箱，处理工作邮件。下载、回复、转发、上报各种工作邮件是小鹿每天的主要工作之一。

■ **任务分析**

秘书拟写、收发和管理工作邮件与处理私人邮件有着很多不同，实施有效的邮件沟通要做到正确拟写和收发电子邮件。

相关知识

一、正确拟写电子邮件

1. 主题

主题是接收者了解邮件的第一信息，因此要提纲挈领、简短有效，这样可以让收件人迅速了解邮件内容并判断其重要性。标题栏一定不要空白，这是最失礼的。标题要简短，不宜冗长；要能反映文章的内容和重要性，切忌使用含义不清的标题；一封信尽可能只针对一个主题，不在一封信内谈及多件事情；可适当使用大写字母或特殊字符来突出标题，引起收件人注意，但应适度，特别是不要随便用“紧急”之类的字眼；回复对方邮件时，可以根据回复内容的需要更改标题。

2. 称呼与问候

恰当地称呼收件者，拿捏尺度。邮件开头或结尾要有问候语。

3. 正文

邮件正文要简明扼要，行文通顺；注意邮件的论述语气；邮件正文多用列表，力求清晰明确；尽可能避免拼写错误和错别字，注意使用拼写检查；合理提示重要信息；合理利用图片、表格等形式来辅助阐述。

4. 附件

如果邮件带有附件，应在正文里面提示收件人查看附件；附件文件应按有意义的姓名命名；正文中应对附件内容做简要说明，特别是带有多个附件时；附件数目不宜超过四个，数目较多时应打包压缩成一个文件；如果附件是特殊格式文件，应在正文中说明打开方式；如果附件过大（不宜超过 2MB），应分割成几个小文件分别发送。

二、正确收发电子邮件

接收、阅读邮件只需打开收件箱中的文件及附件，发送邮件主要分为三种情况：新建邮件、答复邮件和转发邮件。利用电子邮件的“附件”形式，可以传送可执行文件、数据文件、图像文件和声音文件等，接收方启动相应的软件即可处理。

相关链接

一、回复技巧

1）及时回复邮件。理想的回复时间是 2 小时内，特别是对一些紧急重要的邮件。如果事情复杂，你无法及时确切回复，应该及时回复“收到了，我们正在处理，一旦有结果就会及时回复”等。如果你正在出差或休假，应该设定自动回复功能。

2）进行针对性回复。当回件答复问题的时候，要把相关的问题抄到回件中，然后附上答案。另外，还应该进行必要的阐述，让对方一次性理解，避免反复交流，浪费资源。

3）回复不得少于 10 个字。

4）不要就同一问题多次回复讨论。

5）要区分单独回复和回复全体。

6）主动控制邮件的来往。

为避免无谓的回复，浪费资源，可在文中指定部分收件人给出回复，或在文末添上以下语句：“全部办妥”“无须行动”“仅供参考，无须回复”。

二、正确使用发送、抄送、密送

收件人要受理这封邮件所涉及的主要问题，理应对邮件予以回复响应；抄送人则只是需要知道这回事，而没有义务对邮件予以响应；如果抄送人有意见或建议，也可以回邮件；收件人是不知道你发给了其他收件人的；各收件人的排列应遵循一定的规则。

拓展与提高

一、恰当选择电子邮箱

选择电子邮件一般从信息安全度、邮箱容量、稳定性、收发速度，能否长期使用和邮箱的功能等方面综合考虑。

1）如果需要经常和国外的客户联系，建议使用国外的电子邮箱，如 Hotmail，Yahoo mail 等。如果只是在国内使用，那么 QQ 邮箱也是很好的选择，拥有 QQ 号码和@qq.com 的邮箱地址能让你的朋友通过 QQ 和你发送即时消息。

2）如果经常需要收发一些大的附件，建议使用 Gmail，Yahoo mail，Hotmail，网易 163 mail，126 mail，Yeah mail 等。

3）如果自己有计算机，那么最好选择支持 POP（post office protocol，邮局协议）/SMTP（simple mail transfer protocol，简单邮件传输协议）的邮箱，可以通过 outlook，Foxmail 等邮件客户端软件将邮件下载到自己的硬盘上，这样就不用担心邮箱的大小不够用，同时能避免别人窃取密码以后偷看你的邮件。

4）使用收费邮箱既要注意邮箱的性价比是否合适，又要考虑自己能否长期支付邮箱的使用费用，可选网易 VIP 邮箱、188 财富邮等。

二、对电子邮件进行分类、保存、复制、移动或删除

秘书要定期整理工作邮件，选择邮件列表中要移动或复制的邮件，将其移动或复制到指

定文件夹中；清理邮箱时往往需要删除过期或已移动过的文件。

案例分析

十一长假归来，腾达公司经理秘书小英打开办公室公用邮箱，收件箱里有五封未读邮件，还有两封“垃圾邮件”。小英逐一打开五封未读邮件，其中有两封是系统节日贺卡，一封是本公司青年团节日期间参加活动的总结，一封是给远在美国的合作伙伴发出的洽谈会邀请函的回复，还有一封是本市秘书协会进行秘书培训的通知。

（资料来源：根据相关资料整理得到。）

分析：

秘书小英应该怎样处理这些邮件，为什么？

完成任务

1）选择适合的网站，建立自己的邮箱。

2）搜集身边同学、朋友、家人或老师的邮箱，并分类、保存。

3）选取上述邮箱中的 2～3 封邮件，发送问候或感谢邮件，同时选取一篇自己认为有意义的文章以附件形式发送给对方。

4）将自己的电子邮箱告知老师，复制、移动和保存老师统一发送的邮件，同时礼节性回复老师发送的邮件。

5）整理自己的邮箱，对收到的邮件进行分类、保存，并及时删除垃圾邮件。

6）填写邮箱档案表，如表 8-5 所示。

表 8-5　邮箱档案表

<table>
<tr><td>姓名</td><td></td><td>邮箱</td><td></td></tr>
<tr><td rowspan="6">搜集到的邮箱</td><td colspan="3"></td></tr>
<tr><td colspan="3"></td></tr>
<tr><td colspan="3"></td></tr>
<tr><td colspan="3"></td></tr>
<tr><td colspan="3"></td></tr>
<tr><td colspan="3"></td></tr>
<tr><td rowspan="6">发送邮件</td><td rowspan="3">收件人</td><td colspan="2"></td></tr>
<tr><td colspan="2"></td></tr>
<tr><td colspan="2"></td></tr>
<tr><td>主题</td><td colspan="2"></td></tr>
<tr><td>内容简介</td><td colspan="2"></td></tr>
<tr><td>附件内容</td><td colspan="2"></td></tr>
<tr><td rowspan="2">接收老师邮件</td><td>主题</td><td colspan="2"></td></tr>
<tr><td>保存地址</td><td colspan="2"></td></tr>
</table>

7）完成以上任务后填写完成任务反馈表，如表 8-6 所示。

表 8-6　完成任务反馈表

项目		内容		
沟通前的准备	目的			
	态度			
	策略			
沟通中的表现	遇到的困难			
	解决的办法			
	最后的结果			
沟通后的反思	得到的收获			
	存在的问题			
	改进的措施			
指导教师意见			签名	

能力评价

一、自我评价

学生填写“邮件沟通”能力学生自我评价表，如表 8-7 所示。

表 8-7　“邮件沟通”能力学生自我评价表

主要内容		自我评价等级（在符合的情况下面画“√”）			
		全都做到了	大部分做到了	基本做到了	没做到
拟写电子邮件					
收发电子邮件					
管理电子邮件					
在小组活动中积极主动，协作性强					
自检评价	我的优势				
	我的劣势				
	我的努力目标				
	我的具体措施				

二、小组评价

组长填写“邮件沟通”能力小组评价表，如表 8-8 所示。

表 8-8　“邮件沟通”能力小组评价表

主要内容	小组评价等级（在符合的情况下面画“√”）			
	全都做到了	大部分做到了	基本做到了	没做到
拟写电子邮件				
收发电子邮件				
管理电子邮件				
在小组活动中积极主动，协作性强				

续表

主要内容	小组评价等级（在符合的情况下面画"√"）			
	全都做到了	大部分做到了	基本做到了	没做到
建议：				
组长签名：				年　月　日

三、教师评价

教师填写"邮件沟通"能力教师评价表，如表 8-9 所示。

表 8-9　"邮件沟通"能力教师评价表

评价等级	评价标准	备注
优秀	① 很好掌握了拟写、收发和管理邮件的方法和技巧 ② 在小组活动中积极主动，协作性强	
良好	① 较好掌握了拟写、收发和管理邮件的方法和技巧 ② 在小组活动中比较积极主动，协作性较强	
合格	① 基本掌握了拟写、收发和管理邮件的方法和技巧 ② 在小组活动中基本上积极主动，协作性较强	

职业能力拓展

给班内所有同学每人发一封电子邮件，内容自选，然后将自己收到的邮件保存或删除，然后进行分类整理。

任务三　参加会议

名人名言

会议是管理工作得以贯彻实施的中介手段。

安迪·格罗夫

■任务目标

1）能有礼有节地参加会议。

2）能有效地主持会议。

3）能调整自己适应会议角色。

■任务描述

小鹿担任总经理秘书不到一个月，总经理先后让她参加和主持了两个会议，她知道掌握相关会议技巧对她做好工作的重要性，于是在工作中，她有意识地学习会议沟通技巧。

■任务分析

完成参加或主持会议的任务，需要明确了解的内容和获取会议信息的渠道。

相关知识

一、了解的内容

1. 会议的主题和目的

会议主题是会议指向的问题或内容。一般来说，会议主题要明确，以避免造成歧义或误解。举行会议的目的一般有信息共享、动员激励、信息传播、问题解决和决策制定。秘书参加或主持会议，一定要了解会议的主题和目的，这是达成会议目标、做好会议沟通的前提。了解会议目的包含两个方面：一是了解会议本身的目的；二是了解与会者的目的。

2. 会议的时间和地点

了解会议的时间应包括两个方面的内容：一是会议召开的时间，具体到年、月、日、时；二是会议将持续的时间和结束的时间。了解会议的地点也应包括两个方面的内容：一是会议召开的大致的地理位置，以便为交通出行做准备；二是具体的会议地址。

3. 会议的与会者

秘书对参加会议的人员要做到心中有数。首先，要了解参会者的姓名和职务，做到人名与面貌能对得上号；其次要分析每个参会者与会议目的的关系及他们各自的目的；最后，要了解每个参会者对某个问题的了解程度、沟通技巧及在人际关系方面存在的差异。

4. 会议相关的背景资料

秘书参加或主持会议应做到有备而来。首先，要了解会议召开的背景。促使会议召开的因素很多，如人事任免、突发事件、日常管理问题等都会促使会议召开。其次，要了解会议召开的内容。对会议所涉及的每个问题要有所研究，形成自己的观点。

5. 自己在会议中担当的角色和承担的责任

秘书出席会议，可能充当会议参加者或会议主持者的角色。作为会议参加者，参加本单位、本部门会议时，秘书要当好沟通者和协调者；参加其他单位、其他部门的会议，秘书要做好倾听者、传达者。作为会议的主持者，秘书是上司的代言人，要当好主导者。

二、获取会议信息的渠道

1. 通过会议通知获取会议信息

会议通知的内容一般包括会议的主题，会议召开的时间、地点，有的还包括组织者组织会议的目的和与会者的范围。秘书可以从会议通知中了解会议信息。

2. 通过会议议程获取会议信息

秘书可以通过会议议程了解会议所要通过的文件、所要讨论或解决的问题等重要信息。

3. 通过收集资料，获取会议信息

秘书平时要注意调查研究，收集资料，随时关注、了解本单位、本部门及相关单位和部门的组织结构、人员构成、业务关系、工作动态及行业动态等。秘书可以通过这些资料了解会议背景、内容和与会者。另外，网络、信息报道、同事及他人的评论及自己平时的观察也是获取信息的重要渠道。

相关链接

一、参加或主持会议的技巧

1. 参加会议

在参加会议时，秘书通常应做到以下几点。

1）花一点时间为会议做准备，会前阅读分发的材料，思考所要讨论的问题，记下思考心得。

2）认真倾听他人的观点，关注正在讨论的事项。不随便打断他人的发言，不随便插话，尊重他人，有大局观。尽量避免出现以下行为：阻碍他人提出合理的建议，事事唱反调；对同一问题喋喋不休；试图攻击、驳倒他人的观点，总想使自己的论点占上风；盲目认同他人的观点。

3）积极发表自己的见解。首先，要注意发言的时机。一般来说，发言的最佳时机在会议前 1/3 的时间段，如有准备可以尽力争取；当会议处于争执状态时，不要发言，等争执停止后再发言。其次，要注意发言的内容。会议发言要目标明确，观点正确，语言精练，时间控制在会议要求内。发言时，让大家知道你做了准备，或将自己的观点与某个大人物的评论联系起来，这是引起别人重视的小诀窍。最后，注意发言的风度。尽量做到态度温和，音量、语速中等，措辞得体，不使用攻击性、讽刺性的语言和语气。

4）注意克制开会时不礼貌的行为举止。不礼貌的行为举止主要有迟到、早退或进进出出；发言超过规定的时间；没有做预先的准备工作；无精打采，坐姿不端，做与会议无关的事；打断别人的讲话；对人进行嘲讽挖苦；不参与、不倾听或故意制造混乱，阻挠会议进程等。

5）做好汇报和传达工作。秘书代领导参加会议的，要做好会议记录，以及录音、录像工作。向领导汇报会议情况前，要先整理会议记录，将会议讨论的观点、决议、决定、重要的声明、结论等一一列出，排出汇报的顺序，同时查阅补充会议相关知识，并对会议的议题、结论等形成自己的观点，以备领导询问。

2. 主持会议

在主持一项会议时，秘书通常应做好以下工作。

1）拟定会议主持计划。

2）成功地开始会议。第一，用洪亮的声音对每个人表示欢迎，并为新成员做介绍；第二，准时开会；第三，宣布会议规则，让与会者明白在会议中哪些行为是允许的，哪些行为是不允许的；第四，分配记录员和计时员的职责。计时员负责记录时间并保证讨论持续进行，记录员则负责做会议记录。

3）有效控制会场的气氛。会议开始后，主持人要尽早引出主题，并说明讨论的目的，使每个与会者都明白会议要达到的目标；按会议议程有序地推动会议进程，在一段时间里要集中讨论一个议题，避免跑题，有效控制会议局势或讨论议题；要鼓励每个人发表自己的见解，协调和抵制讨论中可能出现的不和谐因素；对已表述的观点要及时加以概括总结，尽早得出结论；要注意避免不礼貌的行为举止，如不准时开始或结束会议，没有介绍自己和出席者，没有提及全部与会者，没有安排中间休息等。

4）做好会议结束的发言。在会议结束时，主持人应该重新回顾一下会议目标、会议达成的共识和成果，并就下次会议的日期地点等事项达成一致意见；在一种和谐的气氛中结束会议。

二、会议的主持提问类型

要成为一名优秀的会议主持人，你应该熟知问题类型和提问方式，如表 8-10 所示。

表 8-10 问题类型和提问方式

问题类型	提问方式
开放型问题	向与会者询问看法、意见，需要与会者花费一定的时间和精力思考后回答，答案可以因人而异。例如，“小王，你对这个问题怎么看？”
封闭型问题	问题的答案已经包含在问句里，与会者只需进行判断或用一两句话回答。例如，“小王，你同意这种观点吗？”
棱镜型问题	把别人向你提出的问题反问给所有与会者。例如，与会者：“我们应该怎么做呢？”你可以说：“好吧，大家都来谈谈我们应该怎么做。”
环形问题	向全体与会者提出问题，然后每人轮流回答。例如，“让我们听每个人的工作计划，小王，由你开始。”
广播型问题	向全体与会者提出一个问题，然后等待一个人回答。例如，“这份财务报表中有三处错误，谁能够纠正一下？”这是一种具有鼓励性而没有压力的提问方式，因为你没有指定人回答，所以大家不会有压力
定向型问题	向全体提出问题，然后指定一人回答。例如，“这份财务报表存在三处错误，谁来纠正一下？小王，你说说看。”这种提问方式可以给被问及者留一定的准备时间

拓展与提高

开会时出现问题是不可避免的。在任何情形下，主持者都有责任调动现场的气氛，确保与会者都参与讨论，并保持讨论的正确方向，因此，能够灵活应对会议中可能出现的各种困境是职业秘书的基本能力之一。

一、有些人试图支配讨论的局面

在会议中，常常会出现“一言堂”的局面。有些人可能因为富有经验或职位较高而处于支配地位，其他人通常就只能坐着听。这时，主持者应该提一些直接的问题，将其他与会者调动起来。如果办法不能奏效，不妨尝试在中间休息时与那个人私下谈一谈，也许会有所帮助。

二、有些人想争论

有些人可能自认为无所不知，或者是个吹毛求疵的家伙，喜欢插话打断主持者。对于这种人，在任何情形下，主持者都要保持清醒的头脑。如果对方没完没了，主持者可以通过提问引出其不合情理或牵强的发言，然后不再理睬他们。通常，这种人会激怒全体与会人员，之后往往会有人讲出不欢迎他们的话，然后一片沉默。这时，主持者可再问其他与会者一些直接的问题，从而维持会场讨论气氛的平衡。一般情况下，这个喜欢辩论的人会意识到自己的问题，然后安静下来。但如果这个人不敏感的话，主持者就必须直截了当地向他指出，他这种吹毛求疵的做法扰乱了会议的进程，浪费了宝贵的会议时间；然后立即向另一个人提问，以便让讨论继续下去。

三、有些人和身边的人开小会

当与会者人数很多时，经常会发生这种情形。开小会往往是因为某个人想讲话，但又没有机会，或者某个谨慎的与会者在向大会提出某种想法前，想先试探别人的看法。一般情况下，这种小会都比较简短，只有当小会时间持续较长时才会成为一个问题。这时，主持人应该请这个人告诉大家他刚才所讲的内容；或者可以沉默下来，然后看着那个开小会者，这样会议秩序就会很快恢复。

四、习惯性跑题

假设小王是个很风趣的人，他总是在开会的时候讲很多笑话，导致会议跑题。为了约束他，通常可以运用 FAST 法解决这个问题。

F（face，面对），即面对造成问题的人，注视着他说：“小王，我有个建议……”

A（appreciation，感谢），即感谢或肯定这个人及他/她的良好意图：“首先，你的笑话都棒极了……”

S（suggest，建议），即建议一种新的行为方式：“但是我仍然不清楚你那聪明的脑袋对这个问题真正是怎么看的？说真的，你是否能够告诉我们你的建议?”

T（try，尝试），即多做几次尝试，可以逐步改变或者提高你的要求，如果他还是没有改变，你可以更加严厉一些：“别这样了。我们已经乐过了，但是现在的要点究竟是什么呢?”

如果这些公开的干预仍然不能见效，你可以问小王是否可以在休息的时候和他单独谈一谈。私下里告诉他：你看到了他做的那些事情，你如何评价他的这些做法，你的感受和你希望他做些什么。这样的谈话可以比公开场合中的语气更为坚定和严厉。

案例分析

小华是红光公司总经理的秘书。一周前，小华发出召开关于削减预算的会议通知。会议当天，虽然有 3 名重要的员工迟到，但作为主持人的小华还是按时宣布会议开始。他指定一名书记员负责在一块活动板上写下提出的建议要点，然后对削减预算的背景做了一个简要的介绍，之后介绍会议的主要议题。最后，他提出会议讨论的两个基本原则：讨论只限于议事日程中的议题；每个人有 5 分钟的发言时间。

小华通过询问确认每个人都明白了会议的目标和基本的议事原则，然后开始认真倾听与会者的发言。当雷切尔（Rachel）开始抨击管理层的时候，小华就要求她形成一个具体的建议以解决这个问题。虽然有两名成员喜欢畅所欲言，但是小华并不让他们主宰整个会议或者让会议变成他们两人之间的一场对话。他鼓励那些沉默的与会者发表一下看法，当发言者说些无关的话题时，小华又巧妙地将他们引回到原来的议题上。小华通过告诉每一名发言者每一议题所剩余的时间，严格按时间表的安排讨论每个议题。只要与会者在某一点上达成了共识，他就马上对大家的立场进行总结，并询问他们是否同意他所做的总结。在整个会议快要结束的时候，小华看着活动板上的内容，对所有达成一致的要点做了总结性的发言。他对所有与会人员表示感谢，并承诺每个人都会收到一份会议记录副本。

（资料来源：佚名，2017. 江南大学现代远程教育第二阶段测试题[EB/OL].（2017-01-03） [2021-04-15]. https://www.ap5u.com/forum.php?mod=viewthread&tid=71872&extra=page%3D1&page=1&_dsign=879e4645.）

分析：

1）小华在主持会议过程中哪些方面做得好？

2）请以此案例为蓝本，进行一次模拟会议。

完成任务

1）红光公司将要在 12 月 25 日召开年终销售总结会，请你去主持，请设想一下你将如何主持这个会议。将你设想的内容填入会议主持内容要点表，如表 8-11 所示。

表 8-11　会议主持内容要点表

项目		内容
会前	需要了解的内容	
	需要准备的物品	
会中	开场发言要点	
	会场气氛控制要点	
	会议结束语要点	
会后	会议精神传达要点	
	其他注意事项	

2）在完成以上任务后填写完成任务反馈表，如表 8-12 所示。

表 8-12　完成任务反馈表

<table>
<tr><td colspan="2">项目</td><td colspan="5">内容</td></tr>
<tr><td rowspan="3">沟通前的准备</td><td>目的</td><td colspan="5"></td></tr>
<tr><td>态度</td><td colspan="5"></td></tr>
<tr><td>策略</td><td colspan="5"></td></tr>
<tr><td rowspan="4">沟通中的表现</td><td>沟通次数</td><td></td><td>沟通地点</td><td>①</td><td>②</td><td>③</td></tr>
<tr><td>遇到的困难</td><td colspan="5"></td></tr>
<tr><td>解决的办法</td><td colspan="5"></td></tr>
<tr><td>最后的结果</td><td colspan="5"></td></tr>
<tr><td rowspan="3">沟通后的反思</td><td>得到的收获</td><td colspan="5"></td></tr>
<tr><td>存在的问题</td><td colspan="5"></td></tr>
<tr><td>改进的措施</td><td colspan="5"></td></tr>
<tr><td>指导教师意见</td><td colspan="2"></td><td>签名</td><td colspan="3"></td></tr>
</table>

能力评价

一、自我评价

学生填写“参加和主持会议”能力自我评价表，如表 8-13 所示。

表 8-13 “参加和主持会议”能力自我评价表

主要内容		自我评价等级（在符合的情况下面画“√”）			
		全都做到了	大部分做到了	基本做到了	没做到
能有礼有节地参加会议					
能有效主持会议					
能调整自己适应会议角色					
自检评价	我的优势				
	我的劣势				
	我的努力目标				
	我的具体措施				

二、小组评价

组长填写“参加和主持会议”能力小组评价表，如表 8-14 所示。

表 8-14 “参加和主持会议”能力小组评价表

主要内容	小组评价等级（在符合的情况下面画“√”）			
	全都做到了	大部分做到了	基本做到了	没做到
能有礼有节地参加会议				
能有效主持会议				
能调整自己适应会议角色				
建议：				
组长签名：				年　月　日

三、教师评价

教师填写“参加和主持会议”能力教师评价表，如表 8-15 所示。

表 8-15 “参加和主持会议”能力教师评价表

评价等级	评价标准	备注
优秀	很好掌握了会议沟通的方法，学习积极主动	
良好	较好掌握了会议沟通的方法，学习比较积极主动	
合格	基本掌握了会议沟通的方法，学习比较积极主动	

职业能力拓展

1）阅读以下会议通知单（图 8-1），并填写会议情况了解要点表，如表 8-16 所示。

日期：2021 年 12 月 30 日，星期四
时间：下午 2:00—4:45
地点：远辰大厦第二会议室
会议目的：研究一号项目进展情况
参会人员：总经理张红光、副总经理李平、各部门负责人

图 8-1 红光计算机公司一号项目检查会议通知单

会议主持：副总经理李平
会议议程：
① 公司第四季度销售情况；　② 上次会议记录；
③ 上次会议记录中提出的问题；　④ 技术部张云关于 CPU 进展报告；
⑤ 广告部李明关于 Case 设计进展报告；　⑥ 李松关于软件进展报告；
⑦ 下次会议日期、时间、地点。
附件：
① 软件进展报告；② Case 设计进展报告；③ 关于软件问题的短文（行政部印发）。

图 8-1（续）

表 8-16　会议情况了解要点表

项目	内容
会议名称	
地点	
日期	
时间	
会议目的及会议议题	
与会单位、人员	
人数	
主持人	
会议召集单位	
会议主要工作人员	
与会者应备的资料	
会场展示资料	
召集者拟分发资料	

2）根据左栏的问题，从右栏挑出相应的对策，将问题和相应的对策用直线连接起来。

问题	对策
① 你想令讨论热烈。	A. 请每个与会者总结其他人的发言
② 你想打断某项讨论。	B. 问小组一个开放式的问题
③ 几个与会者在开小会。	C. 询问小组的反馈意见
④ 两名与会者就一个观点争执。	D. 问小组一个具体的问题
⑤ 与会者问了你一个难以回答的问题。	E. 把问题转回给小组
⑥ 你想调查对一个观点的支持程度。	F. 问与会者一个具体的问题
⑦ 你想知道自己是否是个成功的会议主持人。	G. 请某个与会者总结讨论要点

任务四　媒体沟通

任务目标

1）能主动进行媒体公关。

2）懂得非常态环境下的媒体沟通。

3）能善待、善用、善管各类媒体。

> **名人名言**
>
> 谁掌握了信息，控制了网络，谁就拥有了世界。
>
> ——阿尔文·托夫勒

■ 任务描述

公司举办十周年庆祝活动，小鹿邀请了几家在行业中有一定影响力并保持良好关系的媒体参加活动。在她的精心准备和周密安排下，几家媒体不仅对活动大加赞赏，事后更是为公司大幅宣传。小鹿深深懂得，媒体沟通是秘书搞好对外关系的重要一课。

■ 任务分析

秘书要充分重视媒体对于公众的影响力，不但要注重平时与媒体的沟通，更要在公司发生重大事件或者危机时，采取适当的方式与媒体进行沟通。

相关知识

一、常态环境下的媒体沟通

1. 主动进行媒体公关

“多听、多看、多交往”，听起来好像很老套，却是秘书与媒体沟通的不二法门。在平时工作中，秘书应与媒体主动建立并保持良好的关系，以期在突发环境下争取媒体最大的支持。一般情况下，与媒体沟通应做到以下几点。

（1）建立良性互动

和媒体建立长期的良性互动关系是秘书的重要任务之一。需要强调的是，这里所说的互动并不只是肤浅的聊天、打哈哈，而是互相的交流与合作。只有建立了实质性的互助合作关系，你和媒体记者的关系才能经得起长时间的考验。

（2）懂得与媒体配合

要懂得与媒体和记者配合，这是与媒体搞好关系的重要原则。第一，必须研究媒体，你要知道你将要合作的各家媒体的风格、趣味，甚至熟悉其版面设计；了解记者写作时比较偏爱的兴趣和角度，视其需求适时适度提供材料和稿件，赢得媒体记者的好感。第二，对媒体提出的采访要求，在请示上级批准后，应尽量给予配合帮助，如果涉及保密等原因而不能公开报道的，要态度诚恳地对记者解释清楚，而绝不能不理不睬，与媒体之间产生隔阂和误会。第三，适时提供媒体所需要的资讯。媒体如有信息，短时间内予以响应相当重要，因为无论是媒体记者还是消费者，通常心中都只有前三大品牌，因此把握机会是相当必要的。平常即使不是为企业客户服务发稿，如果记者有特定的资讯需求，也应该尽量在短时间内就给予响应，在自己力所能及的范围适度地提供帮助。这样，当你需要帮助的时候，记者也会尽力帮助你。

（3）保持友好联络

保持友好联络是秘书与媒体记者搞好关系并长期保持的重要方法。第一，你的大门应当随时为新闻界敞开。接待时出手要大方一些，哪怕同行者比记者还多。记者们的座席要预留好，吃喝免费，活动结束时再来一点酒菜，与记者们边饮边叙，才是上策。第二，了解记者的兴趣和希望。如果你要大张旗鼓地开展新闻工作，就要登门拜访所有重要的媒体并寻找交谈的机会，让对方了解你的工作和打算；利用这个机会，你也可以弄清楚记者们特有的兴趣和希望，对一些因有保留看法迄今为止未能实现良好合作的缘由进行澄清并加以消除。第三，向记者赠送一些花钱少但很有意义的小礼品是无可非议的，有时向记者们提供一些有兴趣的消息就可以，这样既表示了你的友善和感谢，又可以维持友谊，但送十分贵重的礼品要慎重。

2. 双方互动并占据主动

要加强与媒体的互动并占据主动。向媒体发布信息时坚持“以我为主”的传播方针，时刻围绕已经确定的发布内容和范围进行，只发布经过授权和核实的准确信息，不做任何猜测，确保达到信息传播的目的，主动引导媒体的宣传。由被动应付媒体转变为主动、有计划地影响媒体，引导其为自己的工作服务，使双方形成一种良性的互动关系。尤其是面对危机，仅仅由企业公司或个人来唱“独角戏”是不行的；对媒体的种种不实报道置之不理，抱着“人正不怕影子歪，酒香不怕巷子深”的老观念也是不行的。因为通过媒体可以直接面对公众，所以有必要制订相应环境下的媒体沟通方案，第一时间反应，发出自己的声音，降低和消除不良影响，扭转不利局面。

应对媒体的核心是态度和内容。不能敷衍媒体，不能对记者嬉笑怒骂、调侃讽刺随性发挥，也不能无正当理由地回避、拒绝记者，否则就会转变为对公众知情权的不尊重。要在秉承诚实、公开的态度和发布及时、准确信息的前提下，迅速掌握主动权。只有做到公开、透明，才能尽可能地争取主动权。

二、非常态环境下的媒体沟通

非常态环境通常是指影响组织发展的危机环境。在危机期间，媒体是信息的主要传递者，因此危机环境中的媒体沟通是危机处理的一个重要组成部分。

1. 突发事件的媒体沟通

首先，要积极合作。此类危机事件发生后，秘书要以积极负责的态度与媒体进行合作，保证媒体与公司的沟通渠道畅通。在危机处理过程中，发言人一旦确定，秘书要协助发言人与媒体进行顺畅沟通，保证其在媒体和公众面前的权威性。其次，争取主流媒体的支持。一方面，对同一事件，不同媒体会从不同角度进行报道评论，这时要争取主流媒体进行正面报道；另一方面，对批评的反面意见要虚心接受，并及时反馈给公司领导。

2. 负面报道危机的媒体沟通

不管对哪一种负面报道，处理与新闻媒体关系的艺术的核心是如何将新闻媒体的消极报道转为积极。秘书在媒体负面报道危机处理上，可遵循以下做法妥善处理。首先，及时汇报，积极调查。对于在社会上已造成较大影响的负面报道，要及时向公司领导汇报，尽快进行调查处理，同时主动与新闻媒体进行协调，表明公司态度和处理决心。其次，坦诚开放，妥善处理。在调查有结果后，应依据公司的决定做出恰当处理，及时向新闻媒体公开报道处理结果，消除负面影响，树立正面形象。最后，平等相待，不卑不亢。无论各方媒体是站在什么角度去报道，都应对其一视同仁，并表示出诚意，争取媒体的支持。对于经调查不属实的报道，要及时向媒体澄清事实真相，以正视听，防止负面炒作。

3. 网络传播危机的媒体沟通

互联网作为新兴媒体力量，目前已经取得越来越大的影响力。网络传播速度极快，交互性强、反馈手段有效，非常容易形成强大的舆论势力。互联网上出现涉及公司的重大、敏感问题的讨论时，秘书应迅速、及时向上级汇报请示；事实调查清楚之后，要迅速以公司的名义撰文回复，发布正确消息，澄清事实，及时解决网民的疑问，引导网上话语方向，形成一股正面回应的合力，逐步解决危机。

三、善待、善用、善管各类媒体

1. 彼此尊重，善意对待

要善于与新闻媒体交往、交流、交朋友。首先，与新闻媒体打交道，既不能拉关系、走后门，又不能敬而远之、避而远之，更不能不理不睬、无可奉告；而是要在平等的基础上信任新闻媒体。其次，要尊重各自工作特点和规律，在此基础上寻求合作，寻找平衡点，在与媒体的接触过程中，调动一切积极的因素，与媒体互相尊重，平等合作，以获得双赢的结果。

2. 主动了解各类媒体的性质、特征和特殊需要

电视记者在掌握事件事实材料的基础上，需要尽量多的高质量录像画面。对提供给报纸杂志等平面媒体的记者的新闻稿，要注意其新闻性和时效性，并尽可能多地配以生动的图片。注意照顾媒体记者进行采访时的实际工作需要，如停车场地、插座、桌椅等。

3. 对媒体进行分类管理和维护

根据与自身关系的紧密程度，媒体可划分为核心、常用、外围、临时四个层面，依据需要，对媒体进行分类管理和维护。因为秘书交往媒体有很多，不可能均分精力加以维护，适当的层面划分有助于秘书对不同媒体进行维护，以保持长期的工作关系。例如，与那些核心媒体记者组成企业媒体俱乐部，提供一个企业、媒体、个人三者紧密沟通的平台，这样你所面对的可能多是一些熟面孔，对媒体的信息传播也多了几分掌控。

相关链接

一、角色定位

秘书应对媒体的角色定位主要有两种：一是作为新闻发言人，二是作为定向采访对象。一般来讲，新闻发言人只能代表组织，不能代表个人。新闻发言人的职责是在一定时间内就某一重大事件或时局问题举行新闻发布会，或者约见个别记者，发布有关新闻或阐述本部门的观点立场，并代表有关部门回答记者的提问。一般情况下，新闻发言人走到媒体面前时，部门内关于要发布的信息已经有了一致的决议和共识，秘书只是作为部门或组织的代表履行部门或组织政务公开、信息公开的义务。日常工作中记者的采访、突发事件时的现场采访，也有可能会使秘书成为定向采访对象。这种采访是不能无端拒绝和躲避的，否则属于“行政不作为”。秘书面对媒体时，首先要以部门或组织的工作需要接受采访、回答问题，但是对于尚不能确认或尚未达成共识的问题，应当明确指出“这是我个人的观点”等。

二、危机处理原则

英国公共关系专家杰斯特提出处理危机中媒体关系的“3T”原则，具体如下。

1. 以我为主发布消息

如果与媒体的沟通渠道超过一个，那么就有可能因为主渠道之外的某个渠道的一个微小错误而使企业陷入被动。在网络空前发达的今天，所有信息都可能在极短的时间内到达世界上任何一个角落。这时企业内部高层管理唯一可能的也是必须做的就是保留一个权威的沟通渠道，即以我为主发布消息（tell your own tail）。这个渠道的出口可以是企业的 CEO（chief executive officer，首席执行官），也可以是企业指定的新闻发言人。

2. 讲清事情的全貌

有关企业的危机报道的第一篇报道出炉后的 24 小时内，会爆出无数具有臆想色彩的信息。如果经理人永远比媒体晚一步了解更多的信息或者真相，那无疑是把自己放到了一个被动的局面上。但不管你了解的是否比媒体多，你所能做的就是提供你所了解的全部事实，而且必须强调你确认的事实和观点即讲清事情的全貌（tell it all）。对于那些暂时无法回答的问题，必须真诚地回答："我们暂时还没有确认，但我们会尽快调查，并给大家一个准确的答复。"

3. 第一时间对外表态

你将事实呈现给公众和媒体的速度有多快，事情的解决速度就有多快。危机出现后的 24 小时内是应对的最佳时机，因为媒体的猜测在这个时间会大量涌现，如果拖延对企业的伤害就会呈几何级数放大，所以必须第一时间对外表态（tell it fast）。

拓展与提高

一、与媒体沟通的态度与形式

应对媒体时的态度会直接影响企业公开工作的结果和效果，处理不当甚至会适得其反。居高临下、以己为主、趋利避害、只重宣传、讨厌问题、拒绝批评等都是不可取的态度，要本着以人为本、诚信可靠、平等公平、沟通合作、换位思考等正确的态度，才能真正以正确和恰当的态度应对媒体。

与媒体沟通的形式包括以下几种。第一，发表新闻通稿与接受采访。以新闻通稿、安排记者采访的形式，选择报纸、广播、电视、网络等媒体渠道进行发布，在最短的时间内将尽量多的信息传达给最广大的受众，使社会公众能够通过媒体尽可能多地了解信息内容并留下深刻的印象。第二，召开新闻发布会。当企业有重大事件、活动时，可以组织召开记者招待会，将各媒体的记者集中起来进行统一的信息发布和传播，这样可以缩短信息传播路径，减少不必要的信息流失和干扰，使信息保持全面、准确。第三，邀请媒体采访报道企业公司策划的专题活动。可举办开放日等活动，邀请媒体全程采访，以便对企业公司进行正面、客观的报道，树立良好的企业形象。

二、与媒体沟通的注意事项

与媒体沟通应注意以下事项。

1）尽可能与记者面谈。记者们整天忙于各种事务，他们获得多如牛毛的信息中仅有很少一小部分被关注和刊登。如果能够与记者面谈，你就有机会阐述你的独创之处。

2）寻找正确的谈话对象。打电话前，你必须彻底弄清楚要通话的这家媒体的情况。正规报纸可以让你很快知道哪些记者或社外聘用人员负责哪些专题，即使小报副刊也有明确的采访分工。

3）选择合适的时间与记者见面。记者几乎没有不忙的时候。他们的工作时间不同于其他办公室的上班时间，上午十点至晚上七八点都是他们的工作时间。下午正是记者们忙得心烦意乱的时候，因为明天见报的稿子这期间必须完成。因此，如果会见他们，最好选择上午十一点之后会见。

4）与记者打交道不能掉以轻心。与所有公共关系活动一样，与媒体沟通是一个长期持久的工作，即使你已经建立起良好的关系也不要掉以轻心。你不可以简单地通过传真发一则新闻短讯，而应尽可能面谈或当面递交，同时可以递交一些补充材料或背景材料，并再次当面邀请编辑和记者光临你安排的活动。

5）常从对方的角度去思考沟通主题，培养合适的媒体朋友。

三、接待采访的基本原则

在接待媒体采访的时候，应注意以下几方面原则。

1）报道内容要实事求是，与实际情况相吻合，同时要达到宣传的目的。

2）掌握信息的保密度，做到内外有别。

3）报道中的重要观点和提法，要经领导审定，以免造成差错或失误。

4）无论是撰写报道稿，还是为媒体采访报道提供服务，都要准备得全面周到、主动积极。

5）在传递的方式和内容选择上应本着对象、效果、时效、费用的原则综合考虑。

6）要随时注意收集外界舆论和新闻媒体反映信息的报道，为领导准确掌握情况提供参考。

7）要为召开媒体沟通会提供必需的信息资料，使会议领导者能更好地向新闻媒体介绍会议情况，回答记者的提问。

案例分析

某日，网络上的一个帖子引起许多网民关注。一网友在网上发帖称，自己在浏览某县政府网站时发现，县政府办公室人员联系名单中竟然有一半人是秘书，有网友戏称该县政府办“堪比联合国”。有网友打开该县政府网站进行核实，发现在政府办联系方式中，信息职务为秘书的人员多达28名，其中又按驾驶、信息、会计等进行分工，驾驶类分工的秘书达15人。

次日上午，该县委宣传部部长称，以前，该县县政府除了科级干部，管理后勤的、写文章的都被称为“秘书”，对于私下里的这种称呼，现任县领导及前任县领导都不知情。不久前搞政府政务公开，有工作人员不慎将名单发布在政府网站上，结果被别有用心的人看到，并借题发挥，“在我们看来，这其实是一个笑话”。这位宣传部部长还表示，下一步会规范称谓。

（资料来源：齐彬，2010．河南商水县委回应“秘书门”事件：这是一个笑话[EB/OL].（2010-02-25） [2021-04-03]. http://www.chinanews.com/gn/news/2010/02-25/2138262.shtml.）

分析：

1）在这件事上，该县政府办存在什么问题？

2）为什么县政府网站会出现这样的“笑话”？

3）你认同该县委宣传部部长的说法吗？为什么？

4）如果你是该县政府办工作人员，你将如何解决这个问题？

5）作为秘书，为保证自己单位与媒体沟通时不出现这样的笑话，应该做些什么？

完成任务

1）公司要推广一款新化妆品，打算召开新闻发布会。老总想邀请几家媒体参加发布会，并为新产品的上市推广做宣传。请你策划这次邀请媒体参加发布会活动的程序。

2）完成以上任务后填写完成任务反馈表，如表 8-17 所示。

表 8-17　完成任务反馈表

<table>
<tr><th colspan="2">项目</th><th colspan="6">内容</th></tr>
<tr><td rowspan="3">沟通前的准备</td><td>目的</td><td colspan="6"></td></tr>
<tr><td>态度</td><td colspan="6"></td></tr>
<tr><td>策略</td><td colspan="6"></td></tr>
<tr><td rowspan="4">沟通中的表现</td><td>沟通次数</td><td></td><td>沟通地点</td><td>①</td><td>②</td><td colspan="2">③</td></tr>
<tr><td>遇到的困难</td><td colspan="6"></td></tr>
<tr><td>解决的办法</td><td colspan="6"></td></tr>
<tr><td>最后的结果</td><td colspan="6"></td></tr>
<tr><td rowspan="3">沟通后的反思</td><td>得到的收获</td><td colspan="6"></td></tr>
<tr><td>存在的问题</td><td colspan="6"></td></tr>
<tr><td>改进的措施</td><td colspan="6"></td></tr>
<tr><td>指导教师意见</td><td colspan="4"></td><td>签名</td><td colspan="2"></td></tr>
</table>

能力评价

一、自我评价

学生填写“与媒体沟通”能力自我评价表，如表 8-18 所示。

表 8-18　“与媒体沟通”能力自我评价表

<table>
<tr><th colspan="2" rowspan="2">主要内容</th><th colspan="4">自我评价等级（在符合的情况下面画“√”）</th></tr>
<tr><th>全都做到了</th><th>大部分做到了</th><th>基本做到了</th><th>没做到</th></tr>
<tr><td colspan="2">懂得与媒体配合</td><td></td><td></td><td></td><td></td></tr>
<tr><td colspan="2">与媒体保持友好联络</td><td></td><td></td><td></td><td></td></tr>
<tr><td colspan="2">尊重、善待各类媒体</td><td></td><td></td><td></td><td></td></tr>
<tr><td colspan="2">主动了解各类媒体的性质、特征和需求</td><td></td><td></td><td></td><td></td></tr>
<tr><td colspan="2">分类管理和维护不同媒体</td><td></td><td></td><td></td><td></td></tr>
<tr><td rowspan="4">自检评价</td><td>我的优势</td><td colspan="4"></td></tr>
<tr><td>我的劣势</td><td colspan="4"></td></tr>
<tr><td>我的努力目标</td><td colspan="4"></td></tr>
<tr><td>我的具体措施</td><td colspan="4"></td></tr>
</table>

二、小组评价

组长填写“与媒体沟通”能力小组评价表，如表 8-19 所示。

表 8-19 “与媒体沟通”能力小组评价表

主要内容	自我评价等级（在符合的情况下面画“√”）			
	全都做到了	大部分做到了	基本做到了	没做到
懂得与媒体配合				
与媒体保持友好联络				
尊重、善待各类媒体				
主动了解各类媒体的性质、特征和需求				
分类管理和维护不同媒体				
建议：				
组长签字：				年　月　日

三、教师评价

教师填写“与媒体沟通”能力教师评价表，如表 8-20 所示。

表 8-20 “与媒体沟通”能力教师评价表

评价等级	评价标准	备注
优秀	① 很好掌握了与媒体沟通的方法 ② 在小组活动中积极主动，协作性强	
良好	① 较好掌握了与媒体沟通的方法 ② 在小组活动中比较积极主动，协作性强	
合格	① 基本掌握了与媒体沟通的方法 ② 在小组活动中基本上积极主动，协作性比较强	

职业能力拓展

1）就学校或班级的一项活动举办一场新闻发布会，分组设计与媒体沟通的方案。

2）某著名歌手来北京签售唱片，因现场歌迷众多，为不失信于歌迷，他坚持为现场每一位歌迷签名，因此延误了时间，迫不得已取消了记者见面会，失去了和北京媒体面对面的机会。第二天，有媒体报道称他要大牌，网上也出现类似的报道，甚至有网友称应对他进行“封杀”。如果你是这位著名歌手的经纪人或秘书，你认为该如何回应媒体，应对此次事件？

主要参考文献

陈嫦盛，2007．秘书沟通[M]．深圳：海天出版社．
陈玲，2006．有效沟通细节训练[M]．北京：企业管理出版社．
戴尔•卡耐基，2008．卡耐基口才全书[M]．翟文明，译．沈阳：万卷出版公司．
方守基，2004．双赢沟通：无往而不利的人际沟通方式[M]．北京：中国华侨出版社．
郭台鸿，2009．高效沟通 24 法则[M]．北京：清华大学出版社．
胡巍，李寿德，王青，2007．管理沟通：游戏 66[M]．济南：山东人民出版社．
黄琳，2008．有效沟通：王牌沟通大师的制胜秘诀[M]．北京：中国华侨出版社．
基蒂•O. 洛克，斯蒂芬•乔•卡奇马莱克，2004．商务沟通教程[M]．兰天，王国红，译．北京：人民邮电出版社．
杰克•坎菲尔，珍妮特•斯韦茨，2011．就是要成功：为成功做准备[M]．闾佳，译．北京：机械工业出版社．
金盛华，2005．社会心理学[M]．北京：高等教育出版社．
康青，2006．管理沟通[M]．北京：中国人民大学出版社．
克劳迪娅•贝伦斯•施奈德，恩斯特•蒂迈尔，2003．当好秘书 100 诀窍[M]．李道斌，李冀生，译．北京：中央编译出版社．
李建军，俞慧霞，2006．与客户有效沟通的 N 个技巧[M]．北京：中国纺织出版社．
李谦，2009．现代沟通学[M]．3 版．北京：经济科学出版社．
历尊，2007．赢在会沟通[M]．北京：中国纺织出版社．
梁辉，2010．有效沟通实务[M]．北京：中国人民大学出版社．
廖金泽，2004．秘书标准[M]．深圳：海天出版社．
柳青，蓝天，2006．有效沟通技巧[M]．北京：北京大学音像出版社．
罗杰•费希尔，斯科特•布朗，2012．沟通力[M]．王燕，译．北京：中信出版社．
罗兰•毕，弗朗西斯•毕，2006．有效反馈[M]．刘宁，译．上海：上海人民出版社．
马蒂 • 布朗斯坦，2004．有效沟通[M]．北京燕清联合传媒管理咨询中心，译．北京：机械工业出版社．
玛丽•爱伦•伽菲，2006．商务沟通过程与结果[M]．2 版．柳治国，逄艳红，高鹏，等译．大连：东北财经大学出版社．
玛莎•戴维斯，金•帕利格，帕崔克•范宁，2009．强效沟通：工作与生活中的沟通改善手册[M]．石军伟，译．武汉：湖北人民出版社．
青木仁志，2004．沟通高手[M]．郭勰，等译．北京：中央编译出版社．
全琳琛，2009．沟通能力培训游戏经典[M]．北京：人民邮电出版社．
人力资源和社会保障部职业技能鉴定中心，2011．与人交流能力训练手册[M]．北京：人民出版社．
石咏琦，2007．五星级秘书[M]．北京：北京大学出版社．
谭一平，2008．我是职业秘书[M]．北京：机械工业出版社．
谭一平，吴良勤，2008．秘书人际沟通实训[M]．北京：中国人民大学出版社．
萧萧，毛金兰，2006．伟大的凝聚力[M]．北京：中国物资出版社．
邢群麟，姚迪雷，2008．有效沟通[M]．沈阳：万卷出版公司．
徐丽君，明卫红，2008．秘书沟通技能训练[M]．北京：科学出版社．
余世维，2006．有效沟通[M]．北京：机械工业出版社．
岳阳，2008．解码沟通[M]．北京：清华大学出版社．
张承良，2008．沟通与协调能力的培养[M]．广州：广东人民出版社．
张丽琍，2014．商务秘书实务[M]．3 版．北京：中国人民大学出版社．
张文光，2009．人际关系与沟通[M]．北京：机械工业出版社．
张烜搏，2009．赢得客户的 12 个关键电话[M]．2 版．北京：人民邮电出版社．
周彬琳，2009．秘书口才[M]．北京：机械工业出版社．
周志轩，2008．金牌团队：团队建设与管理实务手册[M]．成都：成都时代出版社．
周志轩，2008．实效沟通[M]．成都：成都时代出版社．
邹晓春，2008．沟通能力培训全案[M]．北京：人民邮电出版社．